유치원 교사를 위한

교직실무

곽현주 · 구수연 · 박성희 · 서동미
서혜정 · 손혜숙 · 이명순 · 이혜경 지음

도서출판 파란마음

머리말

대학에서 유아교사를 배출하는 교수들은 유아교사들이 유아교육기관에서 전문성을 발휘하기를 기대한다. 그런 기대와는 다르게 실제 현장에서의 유아교사들은 대학에서의 배움과 그들이 당면한 직무 사이에서 매우 큰 혼란을 느낀다.

> 대학에서는 어떻게 가르치는지만 배운 것 같아요. 정말 많은 걸 배웠죠. 그런데 유치원에 와보니 가르치는 것 외에 해야 할 일이 너무 많아요. 유치원에서 근무하다 보니 대학에서는 가르치는 것 외에는 배운 것이 너무 없다는 생각이 들어요. 이렇게 해야 하는 일이 많은지 정말 몰랐어요.
>
> 4년제 유아교육학과를 졸업한 신임교사의 이야기

이러한 신임교사의 넋두리는 그동안 현장에 내던져진 신임교사들의 어려움을 외면하지는 않았나 하는 반성을 하게 한다. 이러한 절름발이식의 유아교사배출에 대한 문제점을 인식하여 『교직실무』의 교과를 교육과정에 필수교과로 배정한 것은 무척 다행스러운 일이라 할 수 있다.

유치원 교사를 위한 『교직실무』의 책을 집필하기 전에 저자들은 현장에서 유아교사로 살아가는 교사, 원감, 원장을 대상으로 대학을 졸업하기 전에 신임유아교사들이 배워야 할 것은 무엇일지 인터뷰 하였다. 현장을 살아가는 그들의 목소리가 절대적으로 필요하기 때문이다. 이후 집필진들이 모여 현장의 목소리를 반영하여야 할 것은 무엇인지, 그리고 『교직실무』 교과에 들어가야 할 것은 무엇인지 협의를 하여 최종 책 구성을 마쳤다.

예비유아교사들이 신임유아교사가 되기 위해 배워야 하는 교육과정의 교과목에

『교직실무』와 겹치는 부분이 많이 있을 것이다. 그럼에도 불구하고 예비유아교사들이 신임유아교사가 되었을 때 배움과 실제가 너무 다르다는 이야기를 하게 되는 이유는 이론 중심의 교육이기 때문이라 생각한다. 본서는 유치원 교사를 위한 교직실무능력을 향상하기 위한 실제를 많이 담으려 하였다. 또한 실제 유아교사의 업무를 중심으로 풀어나가려 하였다.

현장경험이 많은 집필진들의 구성은 오히려 현장 실무능력에 초점을 맞추어야 하는 책 구성 취지에 많은 도움이 되었다. 그럼에도 불구하고 본서는 예비유아교사들이 유아교사들의 실무를 이해하는 데에 부족함이 있을지 모른다. 추후 그 부족함을 채워나갈 것을 기약하고자 한다.

협력의 가치에 대해 경험하며….

저자 일동

차례

01 교직실무의 이해

02 원아모집과 오리엔테이션 및 입학일

03 건강관리와 안전지도

04 교실환경 준비

05 교육계획안 작성하기

06 생활지도

07 포트폴리오

08 부모상담

09 가정통신문

10 유치원 행사

11 기관 내 교직원 관계

12 인사, 복무, 해임

13 공문서 관리

1

교직실무의 이해

1. 교직실무의 개념

2. 유치원 교직실무

1 교직실무의 개념

교직실무란 교직에 종사하는 사람들이 실제 수행해야 하는 직무를 의미한다. 교사의 직무는 교육을 직업으로 삼고 있는 자의 의무 또는 법적으로 규정된 교사가 꼭 해야 할 일(심진구, 1994)로서, 교사의 직위에 주어진 직책을 가지고 수행해야 할 업무(현안상, 1996)를 말한다. 교사의 직무(job)에 대해서는 업무(work), 역할(role) 등의 용어가 혼용되고 있다. 이들 용어는 거의 같이 사용되고 있으나 그 의미에는 약간의 차이가 있다. 즉, 직무(job)는 직업의 일을, 업무(work)는 직업으로 하는 일이나 맡아서 하는 일을 의미하며, 역할(role)은 직위를 차지한 사람에게 요구되는 기대이며, 이 기대에 따른 구체적인 행동을 의미한다(황순성, 1989).

교사의 직무는 실제로 교사가 하는 일을 의미하므로 교직과 유치원 조직의 특성을 전제로 교사가 처한 제반 상황을 종합적으로 고려해야만 교사 개인의 해야 할 직무를 명확히 밝힐 수 있다. 특히 다 같은 교직이라 할지라도 초 · 중등 교원과 달리 유치원 교원의 교직 업무 수행은 다르다. 가르치는 대상이 다르고 부모 및 지역사회와의 관계도 다르고 또한 유치원 교육이 처한 사회적 여건이 다르기 때문이다. 따라서 초 · 중등 교사가 해야 하는 업무와 유치원 교사가 해야 하는 업무는 성격상 비슷한 일처럼 보이지만 구체적으로 수행해야 하는 세부적인 일은 방법과 내용에 있어서 다르다. 이것은 유아교육이 처한 사회적 상황에 기인하는 부분도 있지만 본질적으로 가르치는 대상인 유아에게서 발생하는 특수성이 더욱 크다. 겉으로 보기에 유치원 교사는 유아를 가르치는 일만 하면 될 것 같지만 실상 가르치는 대상인 원아를 선발하기 위해서 유치원을 홍보하고 원아가 입소하는 오리엔테이션 과정에서부터 졸업을 하거나 진급하는 과정에 필요한 모든 일이 유치원 교사의 실제 업무가 된다. 또한 교사의 업무를 보조하는 사람이 있고 없음에 따라, 회계를 담당하는 사무원이 있느냐에 따라 교사의 업무는 달라진다. 유치원 교직은 어느 직업보다도 교사 혼자 많은 역할을 수행하는 업무상의 다양성이 존재하는 직업이다(이칭찬 · 주상덕, 2009). 이와 같은 유치원 교직의 다양성과 복합성은 곧 교사들의 전문성과 다면적인 능력 그리고 다양한 자질을 고루 갖춘 교사를 필요로 한다.

1) 교직의 이해

(1) 교직의 특성

'직업' 이란 생계를 유지하는 수단이지만, 그것을 넘어서 직업 자체가 삶의 중요한 요소로서 자아실현의 과정인 동시에 사회적 역할을 수행하는 과정이 된다. 즉, 우리는 직업을 통하여 자신과 가족의 생계를 유지하고 자신의 능력을 발휘함으로써 자아를 발견하며 사회 속에서 자기를 실현하는 것이다. 그러나 이러한 직업의 특성과 함께 교직이 갖고 있는 일반적인 특성이 있는데. 살펴보면 다음과 같다.

첫째, 교직은 사람을 상대로 하는 직업이다.

사람을 상대로 하는 직업은 물건 다루듯이 할 수 없다. 감정이 있고 느낌이 있고 의사소통을 해야 한다. 그러기 위해서는 서로가 서로를 이해하기 위한 자세와 따뜻하게 대하는 마음이 필요하다. 사람과 관계 맺는 기술과 사람을 이해하는 과정이 필수적이다.

둘째, 교직은 사람의 정신생활을 상대로 하는 직업이다.

정신세계는 눈에 보이지 않지만 가지고 있는 잠재력은 엄청나다. 우리가 아이들을 가르칠 때, 어떻게 아이들이 받아들이는지, 아이의 머릿속에서 무슨 일이 일어나는지, 어떤 변화가 있는지를 다 알 수는 없다. 그러나 최선을 다해서 그 가능성을 이해하고 정신세계에 자양분을 줄 수 있는 좋은 경험을 하도록 도와주어야 한다.

셋째, 교직은 주로 미성숙자를 상대로 하는 직업이다.

교사는 아직 성숙되지 않은 어린이들을 상대로 하여 훌륭한 인간상을 갖추는 것을 이상으로 삼아 교육한다. 어린이들은 나무와 같은 존재이다. 아직은 작아서 눈에 띄지 않지만 나중에 과실을 맺고 그늘을 만들어 주는 쓰임이 많은 나무를 키우는 직업이다. 따라서 잘 자랄 수 있도록 해주어야 한다. 여기서의 미(未)는 듀이(Dewey)가 언급한 바와 같이 부족함이나 미숙함을 뜻한다기보다는 가소성으로서의 가능성을 나타내는 것이다. 유아기는 가소성이 크므로 무한한 가능성을 가진 한 인간으로서 인정하고 성숙한 인격을 가진 이상적인 인간으로 성장하도록 도와주어야 한다.

넷째, 교직은 봉사직이다.

교사는 전문직이면서 봉사직이기 때문에 물질적 보수에 목적이 있는 것이 아니고 사회봉사의 정신을 갖고 일하는 직업이다. 다른 사람을 위해 봉사하는 경험이 필요하고 다른 사람을 배려하는 마음을 길러야 한다.

다섯째, 교직은 국가나 민족에 지대한 영향을 주는 공적 사업이다.

현대교육은 어린이의 요구에 알맞은 교육을 바라기도 하지만 국가 사회의 필요한 요구에 알맞은 교육을 바라고 있다.

여섯째, 교직은 사회진보에 중대한 역할을 맡고 있는 직업이다.

교육 자체가 현 사회를 유지 · 재생산하는 기능과 함께 새로운 방향으로 이끌어가는 추진체가 된다. 따라서 인류가 이룩해 놓은 문화유산을 다음 세대에 전달해야 하는 임무를 지니고 있는 동시에 보다 살기 좋은 사회를 건설하는 과업에 선구자적 역할을 해야 한다.

일곱째, 교직은 끊임없이 자기 갱신을 통해 자기 향상을 도모하는 데 유리한 직업이다.

학생을 지도하는 과정은 교사 자신의 창의와 노력을 필요로 하며 동시에 자기 수양과 자기 발전의 계기가 된다.

여덟째, 교직은 인류공영에 기여하는 직업이다.

교육의 중요한 기능은 인류가 쌓아온 문화유산을 보존하고 계승하여 새로운 문화를 창출하는 것이라고 할 수 있다. 따라서 교육을 담당하는 교사는 인류가 축적해 온 문화유산을 다음 세대에 전달하는 동시에 현재를 출발점으로 하여 보다 나은 문화를 창조하고 희망찬 미래를 건설하는 주역인 것이다.

이상의 논의를 종합해 보면, 교직은 미성숙자를 대상으로 하여 바람직한 이상적 인간 성장 발달을 조장하고 국가와 민족의 번영을 꾀하는 것이다. 뿐만 아니라 인류 사회의 진보와 발달을 이룩할 수 있는 전문적이고 봉사적이면서 한편으로 자기 갱신을 도모하고 윤리성이 요구되는 공공적 직업이라고 할 수 있다.

(2) 교직의 본질

교사를 어떤 직업으로 보느냐에 따라 교사의 역할은 달라질 수 있다. 김종철은 교직관을 성직관, 노동직관, 전문직관으로 나누고 각 유형에 따라 교사상이 다르다고 지적하였다. 그 각각에 해당하는 교사의 역할은 다음과 같다(염지숙 외, 2007).

① 성직관

교사를 성직으로 보는 관점은 교사가 하나의 독립된 직업이 되기 이전에는 종교기관의 성직자들이 주로 교육을 담당했던 것에서 유래한다. 성직관은 교사가 학생들에게 한없는 사랑, 희생, 봉사를 베풀 것을 요구한다. 따라서 교사가 보수, 승진, 전보 등 세속적인 일에 관심을 쏟는 것은 바람직하지 않다고 본다.

② 노동직관

교사가 계약에 의해 고용된 상태로 보고 교사직을 노동직으로 생각한다. 교사는 근무조건과 보수 향상을 위해 단체 결성권, 단체 교섭권, 단체 행동권이라는 노동 3권을 갖춘 노동조합을 결성하고 단체활동을 할 권리가 있다고 주장한다.

③ 전문직관

전문직으로서의 교사는 오늘날 가장 보편적으로 받아들여지고 있지만, 교사가 전문직으로서의 조건을 갖추기 위해서는 아직도 노력해야 할 부분이 많이 남아 있다. 교사가 전문직으로서의 역할을 다하기 위해서는, 전문성 확보를 위해 장기간의 교육과 훈련을 받아야 할 뿐만 아니라 새로운 지식의 습득과 변화하는 사회에 대처하기 위해 계속적인 연구를 통해 자기 발전을 해야 하며, 사회적 책임성도 지녀야 한다.

위에서 살펴본 바와 같이 교직의 본질을 무엇으로 보느냐에 따라 성직, 노동직, 전문직으로 보는 관점이 있다. 이 중 전문직관으로의 교직이 오늘날 광범위하게 받아들여지고 있다(최인경, 2003). 그러나 우리 사회는 하급 교육기관일수록 훈련을 덜 요구하고 보수, 근무조건, 복지제도 등이 더 낮아도 된다는 보편적 인식과 함께 남성 위주의 직업보다 여성 위주의 직업이 전문성이 더 낮다고 판단하는 경우가 많아(이영석, 1997), 교직에 있어서도 유치원 교사의 전문성에 대한 인식은 초 · 중등 교사에 비해 낮다고 볼 수 있다. 그러나 하이더브랜드(Hiderbrand, 1979)는 유아교사직은 전문직이며 전문직 중에서도 진정한 의미로서의 창조적인 전문직이라고 정의하였다. 또한 교사의 직무를 법으로 규정하고 있는 것이나 교직단체의 윤리강령과 아울러 사회가 교사에게 묵시적으로 요구하고 있는 도덕적 책무성 또는 교사의 실제적 직무를 생각해 볼 때, 교사는 학생을 가르치는 교육활동에 최대한 헌신해야 하는 전문가임을 분명히 하고 있다(한상원, 2003). 전문직의 기준이나 특성을 여러 학자들이 제시하고 있고 이러한 기준에 비추어 교직이 전문직인지에 대한 논의가 지금도 꾸준히 다루어지고 있지만 교직이 대상에 대한 봉사, 자기관리, 지적인 기술과 전문화된 훈련, 전문적인 자율성을 가지기 때문에 교직을 전문직으로 규정하려는 학자들이 많다. 교사에 대한 인식을 조사한 연구에서도 학부모와 교사 모두 교직을 전문직으로 인식하는 경우가 많다.

전문직으로서의 교직은 업무를 수행하는 과정에서 여타의 전문직과 다른 특수성을 지니고 있을 뿐만 아니라 학생들로부터 다양한 역할과 기대, 그리고 사회로부터 도덕적 의무감까지도 지니게 된다. 오늘날과 같이 급속도로 변화하는 사회 속에서 우리 사회의 어떤 영역들도 전문성 없이는 효과적으로 직무를 수행할 수 없게 되었으며 따라서 유치원 교사들의 교직 전문성에 대한 요구도 필연적으로 대두된다(정계영 외, 2000).

2) 유아교직의 이해

(1) 유치원 조직의 특성

일반인에게 유치원은 학교라는 인식이 부족한데 그것은 유치원 조직의 특성과 설립 유형, 운영방식이 초 · 중등학교와 다르기 때문이다. 따라서 유치원 교직을 이해하기 위해서는 유치원의 조직특성을 살펴볼 필요가 있다(김동춘, 1997).

첫째 유치원은 유아를 가르치고 바람직한 방향으로 변화시킨다는 광범위한 목적을 가진 학교조직으로 융통성 있고 교수학습의 질적인 면에서 공헌해야 한다.

둘째, NAEYC(1984)에서는 유치원을 봉사조직이라고 했는데, 프로그램의 질을 지속시키고 향상시키는 과정에 참여하는 사람들을 돕기 위함이라고 유치원은 봉사 조직임을 명시했다.

셋째, 교육기관은 전문적 관료제로 유치원 교사가 되기 위한 전문적인 교육을 받았고 유치원에서 교육목적을 수행하기 위하여 자신의 독립된 영역에서 자신의 판단에 따라 자신이 맡고 있는 유아들을 가르친다.

넷째, 유치원 조직은 정해진 규칙과 절차가 기계적으로 적용되지 않을 수 있어 느슨한 구조를 가진 체제이다. 예를 들어 교사들이 가진 자율 재량권은 유치원교육의 목적과 내용에 대한 교사의 전문적 해석에 따라 다양하게 적용될 수 있다.

다섯째, 유치원은 체제유지 조직이며 적응적 조직이다. 체제유지 조직은 사회체제를 유지하기 위하여 구성원을 사회화시키는 특징이 있고 적응적 조직은 지식을 창조하거나 새로운 법칙과 이론을 발전시켜 사회의 문제를 해결하여 사회를 새로운 사태에 대하여 적응시키는 역할을 담당한다.

이상에서 보았듯이 유치원은 조직의 규모에 비해 다양한 특징을 지닌 조직이다. 유아는 인간 발달의 초기에 있으므로 무엇보다 그 중요성이 강조되고 있어 다른 학교기관의 교사들보다 유치원 교사의 중요성이 더욱더 강조되고 있다. 유치원은 타 교육기관과 달리 일정한 교과서가 없기 때문에 교육내용, 학습범위, 교수방법, 교재 · 교구 선정 등의 모든 교육활동이 교사주관에 의해 운영되고 조절되므로 유아교사는 교육의 질을 결정하는 중요한 요인이 된다.

김경화(2001)는 유치원의 특성을 교육활동, 교육조건, 제도적 측면의 세 가지로 나누어 분류하였다.

첫째, 교육활동 측면에서 살펴보면, 유치원의 교육활동은 유아의 발달적 특성에 따라 놀이중심과 아동중심의 통합교육이 일반적이며 유아 · 교사 · 교구 간의 상호작용이 활발하게 이루어진다는 점이다. 따라서 유아교사의 역할이 초 · 중등 교사의 역할보다 포괄적이며 다양하고, 보다 복합적인 역할을 수행한다. 아직 미성숙하고 계속적인 발달 특성 중에 있는 유아기는 어떠한 물리적 환경이나 내용보다 종합적이며 구체적인 학습 환경을 구성해 주는 교사의 역할이 다른 어떤 시기보다 더 절대적이고 중요하다고 볼 수 있다. 또한 초등학교 이상의 학교 교육에 있어서 보조적인 의미를 가지는 시설 설비에 비하여 유치원의 시설 및 교재 · 교구 등은 교육의 효과에 크게 영향을 미치고 있다.

둘째, 교육조건 측면에서 살펴보면, 유치원은 일반 학교에 비해 규모 면에서 작다. 초 · 중등학교에 비하여 유치원은 소규모의 학급으로 이루어져 있다. 유치원은 소수의 교사들로 이루어진 조직이므로 기본적인 업무부담의 정확성과 공식적인 의사교환에 덧붙여 업무 분담의 융통성, 상호협조체제, 그리고 사적인 의사전달체제의 활용이 운영에서 중요시된다. 소수의 교사 집단이기 때문에 기능이 세분화될 수 없으며 업무의 분담은 재통합, 조정되어야 하며, 부재 시 즉각적으로 상호보완이 이루어질 수 있어야 한다. 이를 위하여 특수한 분야의 분담능력보다는 모든 업무를 담당할 수 있는 능력의 배양이 더 중요시되며, 상호 간 신뢰, 믿음, 동료애 등이 더 중요하다는 조직의 특성을 가지게 된다.

셋째로 제도적인 측면을 살펴보면, 유치원은 초·중등학교와 비교할 때, 사립의존도가 매우 높다. 기관 수와 취원 아동 수의 비율을 살펴볼 때, 유치원의 경우, 국공립과 사립의 수가 비슷하나 취원 아동 수의 면에선 사립의 비중이 크다. 학교는 법과 제도적으로 확보된 학생 수와 필요한 재원이 안정적으로 보장되어 있지만 유치원의 높은 사립의존도는 원아유치와 재원 확보를 위한 상호 치열한 경쟁이 나타나게 된다. 유아의 수업료를 주요한 재원으로 하여 운영하는 사립의 경우 부모의 의견이 중요하며 유치원의 규모에 따라 교사 처우도 제각각이기 때문에 결과적으로 교육의 질적 저하를 가져올 수 있는 구조가 된다.

이상에서 살펴본 바와 같이 유치원은 조직특성뿐 아니라 교육활동의 측면, 교육조건의 측면, 제도적 측면에서 초·중등학교와는 다른 특수성이 나타난다. 그러므로 유치원의 조직 풍토 및 조직 효과성은 이러한 개별기관의 특수성을 명확히 인식하고 분별하며, 특성을 충분히 살릴 수 있는 방향으로 교사의 업무가 계획되고 실천되어져야 한다.

(2) 유아교직의 특성

캐츠와 고핀(Katz & Goffin, 1990)은 교직으로서의 유아교사의 특성을 다음과 같이 정리하였다(고미경, 2006 재인용).

첫째, 유치원 교사는 유아의 다양한 정서적, 사회적, 신체적 그리고 인지적인 요구와 발달과업을 충족시켜야 하기 때문에 유치원 교사가 수행해야 할 역할은 광범위하고 역할 경계선이 명확하지 않다.

둘째, 유치원은 교육의 목적, 목표 등이 다양한 유아교육 프로그램을 실시하고 있기 때문에, 교사의 임무와 교육이념도 실시하는 프로그램에 따라 달라진다.

셋째, 학습자가 어릴수록 신체적, 정서적, 사회적으로 교사에 대한 의존도가 높기 때문에 유아기는 대인적 관계와 물리적 환경에 잠재되어 있을 위험에 취약하다. 그러므로 유아들에게 전인적 경험을 제공할 수 있는 환경을 조성하고 유아들을 보호

할 수 있는 자질을 갖춘 교사를 필요로 한다.

넷째, 유아는 생애 처음으로 공적 집단의 일원이 되어 단체생활에 적응해 나가야 하므로 유아교사는 유아들이 분리 불안을 극복하는 것을 도와주고 유치원 생활의 일상적인 일과에 적응하는 것을 도와주어, 가정에서 유치원으로의 전환을 용이하게 한다.

다섯째, 유치원 교사는 유아의 전인 발달을 비롯한 여러 광범위한 쟁점에 대하여 부모와 직접적으로 정서적 관계를 맺으며 상호 협력한다.

여섯째, 유아들은 교사에 대한 높은 의존도를 보이므로 유치원 교사는 내면화된 윤리강령에 의해 행동해야 한다.

일곱째, 유아교육과정은 통합 운영되므로 유아의 발달과 흥미를 고려하여 고안하여야 한다.

유치원 교사의 직업적 특성은 교사들에게 어려움을 느끼게 하는 반면 더 보람 있는 일로 만들어 주기도 한다. 가르치는 대상이 어리면 어릴수록 무엇이 중요하게 부각되는지를 생각해 본다면 유치원 교사에게 다음의 측면이 중요하게 고려되어져야 한다.

① 유아교직은 사랑에서 시작되어야 하는 직업이다.

교육은 사람과 사람이 만나는 관계에서부터 출발한다고 생각했을 때, 사랑이라는 요소는 무엇보다도 중요하고 어떤 것보다도 앞서야 한다. 특히 유아기의 아이들은 교사와의 개별적인 관계, 즉 래포 형성이 중요하고 교사와 유아의 바람직한 관계형성이 교육의 성패를 좌우한다고 해도 과언이 아니다. 이러한 관계의 형성에서 기본이 되는 것이 사랑이다. 그러므로 유아를 가르치는 교사에게 있어서 아주 소중한 그리고 꼭 있어야 할 요소가 바로 사랑이다. 그런데 이러한 사랑이라는 개념은 공적이기보다는 사적인 성격을 가진 것으로 여겨져 전문 직업을 가진 사람에게는 적합하지 않은 것으로 여긴다. 따라서 유아교사에게 필요한 사랑을 사적인 것으로 간주하여 부모의 사랑과 같은 것으로 오인하기도 한다. 그러나 교사로서의 사랑은 모성적인 사랑과 구별되는 것으로 모성적인 사랑처럼 처음부터 있어 왔던 사랑이 아니라 유아와의 개별적인 관계에서의 노력에 의해 생겨난다. 그리고 모성적인 사랑은 영원한 것이지만 교사와 유아의 사랑은 1년을 단위로 새롭게 형성된다. 그리고 교사의 사랑은 모성적인 사랑과 감정을 포함하지만 여기에 교육의 실행자로의 요소를 포함한다(Goldstein, 1997).

② 유아교직은 가르치는 일과 돌보는 일 사이의 조화를 유지해야 하는 직업이다.

만 3세부터 입학하는 유치원 원아들을 보면서 개별적인 차이를 많이 느끼게 된다. 만 3세 교사는 만 5세 교사보다 돌봄에 더 많은 역할을 수행해야 한다. 유치원 교사는 유아들의 연령에 따라 보육과 교육의 중점을 탄력적으로 운영해야 하며 유아들을 관찰함으로써 적절하게 교육과 보육의 비중을 구성해야 한다. 교육과 보육은 분명히 경계를 정하기 어려운 특성이 있다. 잘 보살피는 것이 잘 교육하는 것이 되기도 한다. 그러나 교사가 의도를 가지고 그리고 교육적 기대를 갖고 접근한다면 그 순간은 교육이 이루어지는 것이다. 따라서 유아교사는 돌보는 일과 가르치는 일의 경계를 잘 넘나들면서 유아들에게 필요한 것이 무엇인지를 결정해야 한다.

③ 유아교직은 눈에 보이지 않는 측면의 상호작용에 민감해야 하는 직업이다.

유아들은 언어로 자신의 의견이나 감정을 표현하는 일이 서툴다. 따라서 초·중등학생들처럼 언어를 통한 의사소통에 의존한다면 교사와 유아 사이에 교감이 이루어지지 못하고 서로가 부적절함을 느끼게 될 것이다. 가르치는 일은 배우는 사람과의 교감이 중요하다. 이를 위해서 교사는 유아의 얼굴표정, 행동적 특징, 눈빛 등의 비언어적인 신호에 민감해야 한다. 따라서 언어를 통한 의사소통보다는 보이지 않는 비언어적인 여러 가지 신호들에 민감해야 하는 직업이다.

이상과 같은 유치원 교직의 특성은 다른 교육기관의 학생들과 달리 유아들이 발달의 초기에 있기 때문에 학습과 발달에 있어 타 기관의 교사들보다 교사의 중요성이 더 강조된다는 점에서 기인하는 것이다.

2 유치원 교직실무

1) 법령에 명시된 직무

유치원 교사가 책임을 지고 담당해야 하는 직무에 대해서는 헌법, 교육기본법, 유아교육법 및 시행령, 교육공무원법, 국가공무원법, 공무원 근무사항에 관한 규칙 등에서 그 근거를 찾아볼 수 있다. 교육기본법 제14조 2항은 '교원은 교육자로서 갖추어야 할 품성과 자질을 향상시키기 위하여 노력하여야 한다' 고 명시함으로써 교사의 전문성 신장을 위한 노력을 중요한 직무로 규정하고 있다. 유아교육법 제21조 3항은 '교사는 법령이 정하는 바에 따라 원아를 교육한다' 라고 명시함으로써 유치원 교사의 주된 직무는 유아를 교육하는 것임을 분명히 하고 있다. 법령에 명시된 유치원 교사의 직무는 다음과 같다.

표 1-1 | **유치원 교사의 직무와 관련된 규정**

영역	하위영역	내용	관련근거
교육	교육의 방향	• 학교교육은 학생의 창의력계발 및 인성의 함양을 포함한 전인적 교육을 중시하여 이루어져야 한다.	교육기본법 제9조 제3항
	교육과정 및 수업	• 교사는 법령이 정하는 바에 따라 원아를 교육한다.	유아교육법 제21조 제3항
전문성 신장	자질함양	• 교원은 교육자로서 갖추어야 할 품성과 자질을 향상시키기 위하여 노력하여야 한다.	교육기본법 제14조 제2항
	연구개발	• 교육공무원은 그 직책을 수행하기 위하여 연구와 수양에 노력해야 한다.	교육공무원법 제38조 제1항
	연수	• 교육인적자원부장관 및 교육감은 유치원 교원의 자질향상을 위한 교육 및 연수를 정기적으로 실시하여야 한다.	유아교육법 시행령 제28조 제1항
		• 교원은 수업에 지장이 없는 한 소속기관의 장의 승인을 얻어 연수기관 또는 근무 장소 이외의 시설 또는 장소에서 연수할 수 있다.	교육공무원법 제41조 제1항
복무	이행의무	• 공무원은 성실의 의무, 복종의 의무, 친절 공정의 의무, 비밀 엄수의 의무, 청렴의 의무, 품위 유지의 의무 등을 수행해야 한다.	국가공무원법 제56조~61조, 제63조~66조
	금지의무	• 직장 이탈 금지의 의무, 집단 행위의 금지의 의무 등을 수행해야 한다.	
대외관계	전문/교원단체 참여	• 교원은 상호 협동하여 교육의 진흥과 문화의 창달에 노력하며, 교원의 경제적 · 사회적 지위를 향상시키기 위하여 각 지방자치단체 및 중앙에 교원단체를 조직할 수 있다.	교육기본법 제15조 제1항

참고: 한국교육개발원(1999). 학교급별, 직급별, 취득자격별, 교원 직무수행기준에 관한 연구.

한편, 2007년에 고시된 유치원 교육과정(교육과학기술부, 2007)을 살펴보면 유치원 교사의 직무에 대해 간접적으로 살펴볼 수 있다. 물론 이러한 내용은 유치원에 해당되는 것으로 유치원 교사뿐 아니라 유치원의 인적 자원인 원장이나 원감이 수행할 수 있는 일도 포함되어 있다. 그러나 대부분의 일들은 유치원 교사가 직 · 간접적으로 관련되거나 수행하는 일들이다. 이에 따르면, 유치원 교사는 유치원 실정, 유아의 발달 수준, 지역사회와 학부모의 요구를 고려하여 교육과정을 편성하고, 놀이 중심의 통합적인 교육과정을 운영하며, 부모교육을 실시해야 한다. 또한 유치원 교사는 균형 있는 일과를 운영하고 다양한 교수매체를 사용하며, 유아와 긍정적인 상호작용과 확산적 질문으로 유아의 발달을 돕고 특수 유아를 배려해야 하고, 다양한 평가방법을 사용하여 유아의 발달 정도를 기록하고 이를 활용해야 한다. 이러한 내용을 정리하면 다음과 같다.

표 1-2 | 유치원 교사 직무와 관련된 개정된 제 6차 유치원 교육과정의 내용

영역	하위영역	내용
교육과정 편성	유치원교육과정 편성	• 유치원은 제6차 유치원 교육과정과 시 · 도의 유치원 교육과정 편성 · 운영 지침, 지역교육청의 유치원 교육과정 편성 · 운영에 관한 장학 자료를 바탕으로, 모든 교원이 전문성을 발휘하여 참여하는 민주적인 절차와 과정을 거쳐 유치원의 실정에 알맞은 교육과정을 편성, 운영한다.
	합리적 편성과 효율적 운영	• 교육과정을 합리적으로 편성하고 효율적으로 운영함으로써 교육의 질 관리를 위해 노력한다.
	교육활동내용	• 교육활동 전반을 통하여 기본생활습관교육, 사람과 자연을 존중하는 인성교육, 전통문화교육, 창의성교육을 강조하고, 교육과정에 적극 반영한다.
	영역별 내용 편성 원칙	• 이 교육과정의 5개 영역의 내용은 지도의 순서를 의미하는 것이 아니므로, 각 영역의 내용을 시기와 상황, 필요에 따라 선정하여 통합적으로 편성한다.
	수준별 편성 원칙	• 각 영역의 수준별 내용은 연령별 내용을 의미하는 것이 아니므로, 유아의 발달 및 흥미 연속성을 고려하여 수준별 교육과정을 편성, 운영한다.
	교육 일수와 시간 편성	• 연간 교육 일수와 하루의 교육시간은 시 · 도 교육청의 지침 및 유치원과 유아, 학부모의 요구와 필요 등을 고려하여 결정한다.
교육과정 운영	교육과정 운영원칙	• 유치원은 다음과 같은 사항에 유의하여 유치원 교육과정을 운영한다. ① 유아의 일상생활과 놀이를 중심으로 교육과정을 통합적으로 운영한다. ② 유치원의 실내외교육환경은 다양한 흥미영역으로 구성하여 운영한다. ③ 유아가 성별, 종교, 가족 배경, 신체적 조건, 민족 배경으로 인한 편견을 가지지 않도록 편성, 운영한다.
	지역 및 요구에 기초한 운영	• 유치원 교육과정을 편성 · 운영함에 있어서는 교원조직, 유아의 실태, 학부모의 요구, 지역사회의 실정, 교육시설 및 교육여건과 환경이 충분히 반영되도록 한다. ① 지역사회의 실정과 특수성을 반영하고 학부모 자원을 활용하여 운영한다. ② 부모와 유치원의 실정에 따라 다양하게 실시한다.

영역	하위영역	내용
교육과정운영(계속)	장애아 특수학급	• 유치원에 장애아를 위한 특수학급을 설치하는 경우, 유아의 장애 정도와 능력에 따라 교육과정을 조정하여 운영하거나 특수학교 교육과정 및 교수학습 자료를 활용할 수 있다.
	특수교육대상 유아	• 유치원은 특수교육대상 유아가 부모와 관계 전문가의 도움을 받아 적절한 교육을 받도록 안내한다.
	교사 연구활동	• 유치원은 교사 모임, 현장연구, 지역연수 등을 통해서 교사들의 교육활동 개선이 이루어지도록 한다.
	교육과정 평가반영	• 유치원은 유치원 교육과정 편성과 운영의 적합성, 타당성, 효과성을 자체 평가하여 문제점과 개선점을 추출하고, 다음 학년도의 교육과정 편성·운영에 그 결과를 반영한다.
	범교육과정적 주제를 융통성 있게 운영	• 민주시민교육, 인성교육, 환경교육, 경제교육, 에너지 교육, 근로정신 함양교육, 보건교육, 안전교육, 성교육, 소비자교육, 진로교육, 통일교육, 한국문화정체성 교육, 국제이해교육, 해양교육, 정보화 및 정보윤리교육, 청렴교육, 물 보호교육, 양성평등교육, 장애인 이해 교육, 인권교육, 안전·재해 대비 교육, 저출산·고령 사회 대비교육, 여가활용교육, 호국·보훈교육, 효도·경로·전통윤리교육, 아동·청소년 보호교육, 다문화교육, 문화예술교육, 농업·농촌이해교육, 지적 재산권 교육, 미디어 교육, 의사소통·토론 중심 교육 등 범교육과정적 주제는 유치원에서 필요한 경우에 교육과정의 편성·운영에 융통성 있게 반영하고, 지역사회 및 가정과의 연계 지도에 힘쓴다.
교수학습방법	놀이 중심의 통합적인 교육활동	• 유아의 발달과 흥미를 고려하여 놀이 중심의 통합적인 교육활동을 전개한다.
	하루의 교육활동을 균형 있게 운영	• 하루의 교육활동 운영은 동적인 활동과 정적인 활동, 실내활동과 실외활동, 개별활동과 소집단·대집단활동, 유아주도활동과 교사주도활동이 균형 있게 이루어지도록 한다.
	다양한 상호작용의 격려	• 유아가 또래와 교사 및 주변환경과 다양한 상호작용을 할 수 있도록 한다.
	긍정적이며 수용적인 언어와 태도	• 긍정적이고 수용적이며 사랑과 정성이 담긴 언어와 태도로 유아를 대한다.
	창의적 사고의 유도	• 교육활동별 특성에 따라 다양한 질문을 하여 창의적 사고를 유도한다.

영역	하위영역	내용
교수학습방법(계속)	개별 유아에 대한 지속적인 관찰과 지원	• 개별 유아의 잠재력이 최대한 발현될 수 있도록 유아를 지속적으로 관찰하고 적절한 지원을 한다.
	직접적이고 구체적인 경험의 제공	• 주변의 다양한 자료와 자연물을 적극 활용하여 유아들이 직접적이고 구체적인 경험을 할 수 있도록 한다.
	흥미영역의 재구성	• 흥미영역은 계절, 주제, 행사 및 유아의 요구에 따라 재구성한다.
	시간 연장제 및 종일제의 운영	• 시간 연장제 및 종일제의 오후 일과는 오전의 교육활동을 그대로 반복하거나 지식 및 기능 위주의 교육을 하기보다는, 편안한 휴식과 함께 바깥놀이와 개별 유아의 특성을 충분히 고려한 놀이 중심의 활동으로 구성한다.
평가	평가목표	• 교육과정 목표와 내용을 준거로 유아의 특성과 변화의 정도를 평가한다.
	평가내용	• 유아의 태도, 지식, 기능 등이 종합적으로 포함되도록 평가한다.
	평가의 장	• 유치원 일과 속에서 생활과 교육활동 전반에 걸쳐 포괄적으로 평가가 이루어지도록 한다.
	평가방법	• 관찰, 활동 결과물분석, 면담 등 다양한 방법을 사용하여 종합적으로 평가하고, 그 결과를 기록한다.
	평가결과의 활용	• 평가결과는 유아에 대한 이해와 유아 지원을 위한 의사결정, 교수학습 방법 개선, 교육과정의 편성과 운영, 부모 면담, 생활기록부 작성 등을 위한 기초자료로 활용한다.

출처: 교육과학기술부(2007). 유치원교육과정해설. 교육인적 자원부 고시 제 2007-153호.

2) 역할에 준한 직무

사립 유치원 교사를 대상으로 직무를 체계적으로 분석한 김은영(2006)은 유치원 교사의 직무영역을 교수학습 준비, 교수학습 실제, 교수학습 평가, 전문성 신장, 유아보호 관련 업무, 학부모 관련 업무, 행사 관련 업무, 사무 관련 업무, 시설설비 관련 업무, 대인관계 및 사회적인 업무의 10가지로 정의하였다.

김은영(2006)의 연구 자료를 교사의 역할에 준하여 크게 네 가지로 묶어 유치원 교사의 직무 성격을 구체적으로 살펴보고자 한다.

표 1-3 | 유치원 교사의 직무영역

역할	직무영역	직무구분	직무의 수
교수자	교수학습 준비 업무	• 교육계획, 교재 · 교구 준비, 환경구성, 수업준비, 수업협의	20
	교수학습 실제 업무	• 등 · 하원지도, 놀이지도, 생활지도, 상호작용, 활동운영, 현장학습지도	40
	교수학습 평가 업무	• 유아평가, 수업평가, 프로그램 평가	12
자기 개발자	전문성 신장 업무	• 연수 참여, 참관, 연구 관련활동, 전문가로서의 활동	20
양육자	유아보호 관련 업무	• 건강, 청결, 안전	33
운영자	학부모 관련 업무영역	• 부모와의 연계, 부모상담, 부모교육, 가족지원	13
	행사 관련 업무	• 행사 준비, 행사 진행, 행사 마무리	10
	사무 관련 업무	• 문서작성, 문서관리, 사무관리, 물품관리, 운영관리	26
	시설설비 관련 업무	• 안전관리, 기자재 관리	8
	대인관계 및 사회적인 업무	• 대인관계, 지역사회와의 관계	8

(1) 교수자로서의 직무

교사의 가장 주된 업무는 유아를 가르치는 일이다. 가르치기 위하여 준비하고 실행하고, 평가에 이르는 일련의 과정은 가장 본질적인 업무이다. 이 직무는 크게 학습 준비, 학습 실제, 학습 평가로 나누어 살펴보았다. 교수학습 준비영역은 유치원 교사들이 교수학습의 실제활동을 하기 위해 준비하는 모든 직무를 포함하는 영역으로 직무내용은 다음과 같다.

표 1-4 | 교수학습 준비영역의 직무내용

직무구분	직무내용	직무의 수	
교육계획	• 연간 교육 계획하기, 월간 교육 계획하기, 주간 교육 계획하기, 일일 교육활동 계획하기, 현장학습 계획하기	5	20
교재 · 교구 준비	• 교재 · 교구 제작하기, 교재 · 교구 보수하기, 교재 · 교구 정리하기	3	
환경 구성	• 실내 흥미영역 배치하기, 주제에 따라 흥미영역 구성하기, 흥미영역 외 교실 환경 구성하기, 교실 외 환경 구성하기, 실외 흥미영역 구성하기	5	
수업 준비	• 수업 준비를 위한 정보 검색하기, 교수 자료에 대한 정보 얻기, 교수 자료 준비 및 점검하기, 개별 수준에 따른 수업자료 수정하기	4	
수업 협의	• 다른 교사와 수업에 관해 협의하기, 학급 내 교사 간 역할 분담하기, 공동시설 사용 협의하기	3	

위에 나타난 바와 같이 유치원 교사는 교수학습활동을 위하여 교육계획을 하고, 교재 · 교구를 준비하며, 교육 환경을 구성하고, 수업을 준비하고 수업을 위한 협의 등의 직무를 수행함을 알 수 있다. 초 · 중등학교의 교사와 비교했을 때 유치원 교사로서 독특하게 수행하는 직무는 교재 · 교구 제작과 실내외 흥미영역 배치와 구성이다. 유치원 교사도 초 · 중등학교 교사가 수업을 하는 것과 마찬가지로 대 · 소집단활동을 진행하지만, 유치원에서는 놀이 중심의 교육과정을 운영하기 때문에 이러한 놀이를 지원해 줄 수 있는 환경 구성이 중요한 의미를 갖는다. 유아의 발달을 지원하는 방향으로 놀이가 이루어질 수 있도록 하기 위하여 유치원 교사는 교실을 흥미영역으로 구성하고 각 영역에 유아들의 발달에 적합한 교재 · 교구를 배치한다.

표 1-5 | 교수학습 실제영역의 직무내용

직무구분	직무내용	직무의 수	
등 · 하원 지도	• 등원 지도하기, 귀가 지도하기	2	40
놀이지도	• 실내 놀이 계획 지도하기, 실내 놀이 지도하기, 놀잇감의 안전한 사용 지도하기, 놀잇감 정리 · 정돈 지도하기, 놀이 평가 지도하기, 실외 놀이활동 지도하기, 놀이 안전 지도하기, 발달과 수준에 따른 개별 지도하기	8	
생활지도	• 바르게 인사하기 지도하기, 자기 물건 정리 지도하기, 바른 언어사용 지도하기, 차례 지키기 지도하기, 아껴 쓰기 지도하기, 부적응 행동 관리하기, 친사회적 행동 격려하기, 교우관계 지도하기, 문제 상황 개입하기, 유아의 독립성 격려하기, 유아의 자율성 격려하기, 자조기술 발달 장려하기, 정서적 안정 돕기, 영양 교육하기, 급 · 간식 준비 및 정리 지도하기, 식습관 지도하기, 식사 전후 청결 지도하기, 급 · 간식 도우미 지도하기, 화장실 사용 지도하기	19	
상호작용	• 유아 간 상호작용 격려하기, 개별 유아와 긍정적 상호작용하기, 유아의 요구에 반응해 주기	3	
활동 운영	• 대집단활동 운영하기, 소집단활동 운영하기, 전이활동하기, 특별실활동 지도하기, 특기 교육하기, 학기초 유아 오리엔테이션 진행하기	6	
현장학습지도	• 현장학습 전후 활동 지도하기, 현장학습 지도하기	2	

교수학습 실제영역은 유치원 교사들이 교수학습의 실제를 위해 수행하는 모든 직무를 포함하는 영역이다. 위 표에 나타난 바와 같이 유치원 교사들은 교수학습의 실제에서 상당히 다양한 업무를 수행한다. 유치원에서는 교과목이 아닌 이야기 나누기, 동화, 동극, 동시, 신체표현, 게임, 새 노래 배우기, 음악감상, 악기 다루기, 실험 및 관찰, 요리하기 등의 활동을 통해 초 · 중등학교에서 교과목 수업을 통해 이루어지는 언어, 수, 과학, 사회, 음악, 미술, 체육 등의 개념과 기술 발달이 통합적으로 이루어진다.

이는 유치원 교육과정이 교과목이 아닌 건강, 사회, 언어, 탐구, 표현 생활의 5가지 생활영역으로 이루어진 것과 관련이 있다. 초 · 중등학교의 수업에 해당하는 대 ·

소집단활동 외에 유치원 교육의 독특한 점은 놀이를 통한 교육과 유치원 생활 전반에 걸쳐 수행되는 생활지도를 통한 교육이다. 또한 초 · 중등학교 교사와 달리 유치원 교사는 교육 대상이 어리기 때문에 등 · 하원 지도를 매일 수행하고 이러한 과정에서 생활지도가 동시에 이루어지는 경우가 많으며, 유아와의 상호작용을 중요한 교수학습의 실제로 인식하고 있다.

교수학습 평가영역은 유치원 교사들이 교수학습의 평가를 위해 수행하는 모든 직무를 포함하는 영역으로 직무내용은 다음과 같다.

표 1-6 | 교수학습 평가영역의 직무내용

직무구분	직무내용	직무의 수	
유아평가	• 표준화 검사하기, 놀이 관찰 기록하기, 대 · 소집단활동 관찰 기록하기, 흥미영역 평가하기, 유아 포트폴리오 제작 및 분석하기	5	12
수업평가	• 유아들과 하루 일과 회상하기, 수업에 대한 저널쓰기, 학급 경영록 평가란 기록하기, 다른 교사와 교육과정 운영 평가하기	4	
프로그램 평가	• 평가척도를 이용한 프로그램 평가하기, 프로그램에 대한 부모 의견 수렴하기, 평가결과 반영을 위한 계획 세우기	3	

위에 나타난 바와 같이 교수학습의 평가는 유아평가, 수업평가, 프로그램 평가를 통해 이루어진다. 유치원 교사는 유아들의 행동, 놀이, 활동을 관찰하고 기록하고 분석하거나 그들의 작품이나 활동기록을 수집함으로써 유아들에 대한 평가를 한다. 유치원 교사들은 초 · 중등학교의 교사들처럼 과제물을 검사하거나 시험을 통해 유아를 평가하지 않는데, 이는 유아의 발달수준이 이러한 평가를 받기에 적합하지 않기 때문이다. 유아에 대한 평가 외에 유치원 교사들은 다양한 방법으로 자신의 수업이나 프로그램에 대한 평가를 하게 되며, 이러한 결과를 반영하기 위한 계획을 세운다.

(2) 자기 개발자로서의 직무

교직의 본질 중 하나는 끊임없는 자기 계발과 전문성 증진을 위한 체계적인 노력이다. 동료장학, 워크숍, 세미나 등을 통한 전문성 신장이 무엇보다 중요한 교사의 직무 중 하나이다. 전문성 신장영역은 유치원 교사들이 자신의 전문성 향상을 목적으로 수행하는 모든 직무를 포함하는 영역으로 직무내용은 다음과 같다.

표 1-7 | 전문성 신장영역의 직무내용

<table>
<tr><th>직무구분</th><th>직무내용</th><th colspan="2">직무의 수</th></tr>
<tr><td>연수 참여</td><td>• 원내 연수 참여하기, 자격 연수 참여하기, 직무 연수 참여하기, 기타 외부 연수 참여하기</td><td>4</td><td rowspan="5">20</td></tr>
<tr><td>참관</td><td>• 외부 수업 참관하기, 외부 시설 참관하기, 유아교육 박람회 참관하기</td><td>3</td></tr>
<tr><td>연구 관련 활동</td><td>• 학술대회 참여하기, 연구회 활동하기, 연구 참여하기</td><td>3</td></tr>
<tr><td>장학</td><td>• 전공과 관련된 상위 학교 진학하기, 신입교사 오리엔테이션 진행하기, 교생 지도하기, 교육청 장학지도 받기, 동료 장학 실시 및 받기, 자기 장학하기</td><td>6</td></tr>
<tr><td>전문가로서 활동</td><td>• 교사로서의 윤리 실천하기, 교사의 법적 권리와 의무 이행하기, 소속 기관의 팀 구성원으로 협동하기, 다른 전문가와 네트워크 만들기</td><td>4</td></tr>
</table>

위에 나타난 바와 같이 유치원 교사는 전문성 신장을 위해 연수에 참여하고 외부 수업이나 시설을 참관하며, 연구 관련활동을 하고 장학을 실시하고 받으며, 전문가로서 활동하는 등의 직무를 수행하고 있다. 사실 전문성 신장을 위한 활동은 이상의 활동을 통해서만 성취되는 것은 아니다. 유치원 교사들이 교수학습의 실제를 위해 준비하고 교수학습을 실행하고 평가를 하는 과정과 다른 직무영역을 수행하는 과정을 통해서도 끊임없이 전문성 신장이 이루어지고 있다.

(3) 양육자로서의 직무

양육자로서의 교사 직무는 유아 보호 관련 업무영역이다. 이 영역은 유치원 교사들이 유아들을 보호하기 위해 수행하는 모든 직무를 포함하는 영역으로 직무내용은 다음과 같다.

표 1-8 유아보호 관련 업무영역의 직무내용

직무구분	직무내용	직무의 수	
건강	• 유아 시진하기, 지역의료기관과 협약하기, 유아 건강검진에 대한 계획 세우기, 교사 건강검진 받기, 전염성 질환 예방대책 세우기, 적절한 휴식 취하도록 지도하기, 투약하고 확인 기록하기, 아픈 유아 간호하기, 식단 짜기	9	33
청결	• 유아 씻기기, 배변 실수 처리하기, 실내 온도 · 습도 · 채광 · 조도 조절하기, 유아 개인용품 청결하게 관리하기, 놀잇감 청결 유지하기, 교실 청소하기, 교실 외의 시설 청소하기	7	
안전	• 항상 유아 주시하기, 유아 안전에 관한 교육받기, 원내 안전규칙 세우기, 안전과 관련된 법규 따르기, 위험물에 대한 안전관리하기, 안전점검 기록부 관리하기, 차량 탑승하여 안전 지도하기, 유아 안전 관련 보험 가입하기, 아동 학대의 징후가 있는지 살피기, 응급 상황 시 역할분담 계획하기, 응급상황 훈련하기, 응급상황에 대비해 부모나 주양육자 전화번호 관리하기, 응급 시 의료처치에 대한 부모 동의서 받기, 응급처치 물품과 기능 익히기, 응급처치 자격증 따기, 응급처치하기, 사고가 났을 경우 적법한 절차 따르기	17	

위에 나타난 바와 같이 유치원 교사들은 유아들의 건강과 청결, 안전을 위해 상당히 다양한 업무를 수행하고 있다. 유치원 교사의 직무 중 유아보호 관련 업무가 많은 이유는 첫째, 유치원 교육의 대상이 하향화되었고, 둘째 유아들이 유치원에 머무는 시간이 증가하였으며, 셋째 초 · 중등학교처럼 행정직원, 양호교사, 영양교사 등이 없는 경우가 대부분이기 때문에 상급 학교에서 이러한 직원들이 수행하는 일까지 유치원 교사가 모두 담당해야 하기 때문이다.

(4) 운영자로서의 직무

운영자로서 교사는 유치원 운영과 관련된 실무를 담당한다. 이 직무는 교사의 본질적인 직무를 위한 보조직무이거나 잡무인 경우가 많다. 시설 설비를 관리해 주는 사무원이 있다면 교사의 업무가 되지 않을 수도 있지만 그렇지 않을 경우, 교사가 보조적으로 수행해야 한다. 다섯 개 영역으로 나누어 살펴보고자 한다.

① 학부모 관련 업무

학부모 관련 업무영역은 유치원 교사들이 학부모와 함께 일하기 위해 수행하는 모든 직무를 포함하는 영역으로 직무내용은 다음과 같다.

표 1-9 학부모 관련 업무영역의 직무내용

직무구분	직무내용	직무의 수	
부모와의 연계	• 학기초 학부모 오리엔테이션 하기, 부모-교사 협의회 하기, 학부모와 수시로 정보 교환하기, 학부모에게 안전 전화하기, 학부모 지원 요청하기	5	13
부모상담	• 개별상담하기, 집단상담하기	2	
부모교육	• 부모 참여수업하기, 학부모 워크숍 하기, 부모교육하기	3	
가족 지원	• 부모 간의 교류 제공하기, 지역사회 자원에 대한 정보 제공하기, 다양한 방법으로 가족 지원하기	3	

위에 나타난 바와 같이 유치원 교사들은 부모와 함께 일을 하기 위해 부모와 긴밀하게 연락을 하고 유아들에 대한 부모상담을 실시하며 부모교육을 할 뿐만 아니라 가족을 지원하기 위해 다양한 방법을 모색하는 직무도 수행한다. 상급 학교 교사들이 부모들과 일정한 거리를 유지하는 데 비해 유치원 교사들은 유아들을 교육하는 데 있어 유아들과 기관에 대한 정보를 공유하기 위해 다양한 방법으로 부모들과 접촉하고 그들의 참여를 이끌어낸다. 이는 유아들의 발달 특성상 유아들을 교육하는 데 있어 상급 학교보다는 부모의 도움을 많이 필요로 하기 때문이며, 유치원과 가정이 연계가 되어 협조적으로 교육이 이루어질 때 일관성 있고 체계적인 교육이 가능하기 때문이다.

② 행사 관련 업무

행사 관련 업무영역은 유치원 교사들이 유치원에서 행해지는 다양한 행사를 치르기 위해 수행하는 모든 직무를 포함하는 영역으로 직무내용은 다음과 같다.

표 1-10 행사 관련 업무영역의 직무내용

직무구분	직무내용	직무의 수	
행사 준비	• 행사 계획하기, 행사 준비를 위한 정보 수집하기, 행사 역할분담하기, 행사 관련 유인물 제작 및 발송하기, 행사 관련 물품 준비하기, 행사 관련 프로그램 준비하기, 행사 관련 환경 구성하기	7	10
행사 진행	• 행사 진행하기	1	
행사 마무리	• 행사 뒷정리하기, 행사 평가하기	2	

위에 나타난 바와 같이 교사들은 행사를 계획 및 준비하고 행사를 진행하고 마무리하는 과정을 통해 행사를 치르게 된다. 이러한 행사의 종류는 유치원에 따라 다양하게 나타나며 그 빈도에 있어서도 차이가 있다. 유치원의 경우 대부분 부모들이 선택을 하고, 유치원의 입장에서는 원아모집이 되어야 운영이 가능하다. 이로 인해 유치원에서는 자기 기관을 알리기 위한 일종의 원아모집 수단으로 많은 행사를 치르게 되고, 이로 인해 유치원 교사의 업무부담은 크다.

③ 사무 관련 업무

사무 관련 업무영역은 유치원 교사들이 유치원 운영을 위해 수행하는 문서 관리 등의 직무를 포함하는 영역으로 직무내용은 다음과 같다.

표 1-11 사무 관련 업무영역의 직무내용

직무구분	직무내용	직무의 수	
문서 작성	• 교육과정 운영과 관련된 문서 작성하기, 원아관리와 관련된 문서 작성하기, 교원관리와 관련된 문서 작성하기, 공문서관리와 관련된 문서 작성하기, 재무관리와 관련된 문서 작성하기, 교육청 요청 자료 작성하기, 각종 보고서 작성하기, 제 증명서 발급하기, 유인물 제작 및 발송하기	9	26
문서 관리	• 각종 문서 관리하기, 회의록 관리하기, 각종 신청서 관리하기, 공문 처리하기	4	
사무 관리	• 전통(전언통신) 하기, 우편물 확인하기, 예금 관련 업무하기, 사진 관련 업무하기, 회계 관련 업무하기, 당직하기	6	
물품 관리	• 재고 조사하기, 물품 구입 계획 수립하기, 물품 구입하기	3	
운영 관리	• 원아모집 관련 업무하기, 홈페이지 관리하기, 학급 편성하기, 버스 노선 짜기	4	

위에 나타난 바와 같이 교사들은 문서 작성 및 관리, 사무 관리, 물품 관리, 운영 관리 등의 다양한 사무 관련 업무를 수행하고 있다. 이상의 사무 관련 업무들은 교사들의 업무 분담에 따라 자주 수행하기도 하고 별로 수행하지 않는 경우도 있다. 그러나 유치원에는 사무 관련 업무를 대신해 줄 행정인력이 없는 경우가 많기 때문에 이러한 사무 업무 역시 교사의 직무 중 하나가 된다.

④ 시설설비 관련 업무

시설설비 관련 업무영역은 유치원 교사들이 시설설비와 관련해 수행하는 모든 직무를 포함하는 영역으로 직무내용은 다음과 같다.

표 1-12 | 시설설비 관련 업무영역의 직무내용

직무구분	직무내용	직무의 수	
안전 관리	• 실내외 안전점검 의뢰하기, 수시로 실내 시설 안전점검하기, 수시로 실외 시설 안전점검하기, 실내 소독 계획 및 의뢰하기	4	8
기자재 관리	• 기자재 바른 사용법 익히기, 기자재 점검하기, 기자재 보수하기, 기자재 보수 신청하기	4	

위에 나타난 바와 같이 시설설비와 관련해 교사들은 안전을 위해 시설을 점검하는 일을 하며, 기자재를 점검하고 보수하는 일들도 행하고 있다. 상급 학교에서는 이러한 일들의 대부분을 관리직이 수행하고 있지만, 유치원에서는 관리직이 따로 없는 경우가 대부분이므로 시설설비 관련 업무들도 교사들이 수행하는 경우가 많다. 또한 교육대상이 어린 유아들이어서 스스로의 안전을 지키기에는 아직 미숙하기 때문에, 유치원 교사들은 항상 유아들의 안전을 위해 실내외 시설에 대한 세심한 주의를 기울인다.

⑤ 대인관계 및 사회적인 업무

대인관계 및 사회적인 업무영역은 유치원 교사들이 대인관계나 지역사회와의 관계를 위해 수행하는 직무를 포함하는 영역으로 직무내용은 다음과 같다.

표 1-13 | 대인관계 및 사회적인 업무영역의 직무내용

직무구분	직무내용	직무의 수	
대인관계	• 경조활동 참여하기, 교사 친목행사 참여하기, 상사 업무 보조하기, 손님 및 상사 접대하기, 졸업생 관리하기	5	8
지역사회와의 관계	• 지역사회 행사 참여하기, 지역사회 인사들과 좋은 관계 맺기, 지역사회를 위해 봉사하기	3	

위에 나타난 바와 같이 유치원 교사들은 대인관계나 지역사회 관계를 위해서도 다양한 업무를 수행하고 있다. 이러한 직무는 유아를 교육하는 일들과는 직접적인 관련이 없으나 생태학적인 관점에서 볼 때 유아를 교육하는 데 있어 어떤 형태로든 영향을 줄 수 있는 일에 속한다. 예컨대 동료 교사들이나 상사들과의 좋은 관계는 유치원 교사로 하여금 더욱 열심히 직무를 수행할 수 있는 원동력이 될 수 있으며, 지역사회와의 좋은 관계는 교사가 지역사회의 자원을 유치원 현장으로 끌어들일 수 있는 힘을 부여할 수 있다.

이상의 업무를 유치원 교사가 많든 적든 간에 다 수행하고 있으며 업무를 지원하는 인력여부에 따라 본질적인 업무보다 잡무를 우선하는 경우가 있을 수 있다. 그러나 유치원 교사가 가장 자주 수행하는 직무영역은 교수학습의 실제이고, 그 다음으로는 행사 관련 업무, 교수학습 준비, 유아보호 관련 업무 순으로 나타났다. 이상의 결과는 유치원 교사가 가장 많이 수행하는 직무는 유아를 직접 교육하는 일임을 시사한다(김은영, 2006).

초·중등과 다른 유치원 교사 업무의 성격을 김은영(2006)의 연구를 기초로 위에서 살펴보았다. 유치원 교사의 역할은 한마디로 규정하기 어려울 뿐만 아니라 하고 있는 일의 성격이나 내용도 다양하다. 이것은 곧 유아교사가 하는 일이 그만큼 많다는 뜻이다. 유아들을 가르치고 돌보는 일 외에도 교육과정을 계획하고 실행하는 일, 교재·교구를 준비하는 일, 다양한 문서와 공문처리, 전화 또는 대면을 통해 수시로 부모상담하기, 간식준비와 식사지도, 때로는 교실 청소에 이르기까지 셀 수 없이 많은 일을 한다. 이와 같이 매일 일상을 통해서 반복되는 일도 있지만 연간 일정에 따라 이루어지는 원아모집, 입학식, 부모 참여 행사 등의 업무도 있다.

이러한 직무는 교사가 수행하는 주요활동과 교육과정의 관련정도에 따라 필수업무, 보조업무, 잡무로 구분되기도 한다. 필수업무는 순수한 교육활동을 의미하며, 보조업무는 필수업무의 효과적인 성취를 보조하는 업무이다. 잡무는 순수한 교육활동 또는 관련 보조활동이 아닌 불필요한 업무이다. 여러 연구들에서 공통적으로 직무를 수행함에 있어 전문성을 방해하는 요인으로 잡무를 들고 있다. 교사들은 교사의 직무와 잡무의 한계를 명확히 구분하지 못하며 교사의 근무시간 중에서 큰 비중을 차지하는 행정업무는 교사에게 수업 외적으로 과중한 근무부담을 주어 수업활동에 전념할 수 없게 하는데, 그러한 행정업무에는 잡무가 매우 많다(김은영, 2006).

따라서 유치원 교사의 직무가 다양하여 직무수행에 있어 우선순위를 두고 수행하게 된다. 본질적으로 가장 중요한 업무인 유아들을 교육하는 업무에 대한 절대적인 중요성을 인식해야 한다. 수업계획, 수업준비, 수업의 실제와 관련된 본질적인 업무는 상대적으로 노출되지 않는다고 생각하여 소홀히 하고 행사 준비, 청소, 서류 처리와 같이 유아가 아닌 부모나 동료교사에게 보여지는 업무를 우선하는 경우가 있다. 본질적으로 교사 자신이 수행해야 하는 업무인지 다른 사람의 도움을 받을 수 있는 업무인지를 파악하고 업무의 시간 배분과 계획을 잘 세우고 평가하는 과정을 거쳐 업무의 효율성과 유능성을 확보하는 노력이 요구된다. 일을 잘 하는 교사도 중요하지만 본질적으로 유아를 사랑하고 수업 전문가로서의 교사 이미지를 구축하기 위한 노력이 계속 이루어져야 한다.

2

원아모집과 오리엔테이션 및 입학일

1. 원아모집

2. 오리엔테이션과 입학일

1 원아모집

유치원 운영의 가장 기초가 되는 것은 원아모집에서부터 이루어진다. 원아모집은 1년 농사에 빗댈 수 있는데, 1년 동안 어떻게 유치원을 이끌어 왔고 어떤 교육 프로그램으로 유아나 학부모가 만족하는 교육을 해왔으며, 봉사활동 등을 통해 지역사회와 얼마만큼 친밀한 교육기관으로 자리매김했는가에 따라 그 결실이 원아모집 기간에 맺어진다 해도 과언이 아니다. 이러한 결실은 학부모의 입소문, 재원아들의 등록률, 신입생 문의 등으로 판단되기도 한다. 본 장에서는 원아모집관련 실무를 살펴보도록 하자.

1) 원아모집 시기

각 원마다 사정이 다르겠지만 11월이 되면 원아모집을 위한 유치원 홍보 및 준비에 들어가서 11월 중순이나 12월 초에는 원아모집 기간에 들어가게 된다. 하지만 사실상 원의 홍보기간은 일 년 동안 이루어지는 것이라 할 수 있다. 한두 달의 원아모집 현수막이나 전단지만을 보고 입학하는 예는 그리 많지 않기 때문이다. 결국 체계적인 교육 프로그램의 운영이 지역에 알려질 때 실제적인 원아모집이 되는 것이다. 또한 재원생의 재등록에 따른 재원생 확보가 먼저 이루어져야 한다. 재원생의 등록률이 저조하다면 현재의 원 운영을 반성해 보아야 할 것이며, 재원생 등록이 잘 이루어진다면 그간 원 운영을 잘 했다는 평가와 더불어 학부모의 신뢰를 얻은 것으로 원의 이미지도 좋다는 의미일 것이다.

2) 원아모집 사전 점검 및 준비

원아모집을 시작하기 전에 먼저 해야 할 일은 작년도 원아모집에 따른 문제점 파악 및 그 보완점을 짚어보는 일이다. 제기된 문제점을 개선하여 효율적인 원아모집 계획을 세우도록 한다. 이와 관련하여 준비해야 할 업무를 점검하고 그에 따른 역할

분담을 하도록 하며, 특히 원아모집과 관련해서 주요한 사항들을 점검하고 체크하도록 한다.

표 2-1 원아모집 사전 점검 시 주요내용의 예

구분	점검내용	점검사항
시설 및 환경구성	• 실내 · 외 시설물(놀이터 등)의 배치가 실용적인가? • 실내 · 외 놀이기구는 안전한가? 수리할 것은 없는가? • 현관, 복도, 교실, 화장실 등의 환경구성은 깨끗하고 매력적인가?	
교육 프로그램	• 교육 프로그램의 평가가 객관적으로 이루어졌는가? • 내년도에 바꾸어야 할 프로그램은 무엇인가? • 내년도에 신설해야 할 프로그램은 무엇인가?	
교실관리	• 교실의 환경구성은 유아가 보기에 매력적인가? • 교실의 가구 배치와 영역별 교구가 적절한가? • 유아들의 사물함 정리가 잘 되어 있는가?	
원아관리	• 재원하는 원아와 재원하지 않는 원아를 파악하고 있는가? • 재원하지 않는 이유를 파악하고 있는가? • 재원하지 않는 문제점의 해결방안을 모색하고 있는가? • 원아들의 형제 관계를 파악하고 있는가? • 추천서 관리를 잘 하고 있는가?	
부모관리	• 재원하는 이유, 재원을 망설이는 이유, 재원을 하지 않는 이유를 파악하고 있는가? • 부모들과의 친밀함을 위해 지속적으로 관심을 보이는가?	
인사관리	• 원장은 내년도 교사의 동향을 파악하고 있는가? • 교사는 자아관리를 하고 있는가? • 교사와 원아, 부모들과의 신뢰감과 유대감 형성이 좋은가? • 조리사 및 차량기사 등의 역할 및 점검사항을 수시로 체크하고 있는가?	
원아모집 부모상담	• 원아모집관련 준비물품(현수막, 광고지, 슬리퍼 등)을 잘 준비하고 있는가? • 부모상담 예약과 일정이 조직적으로 이루어지는가? • 원아모집에 관한 부모들의 궁금증이 무엇인지 아는가? • 부모방문 시 상담교사가 준비되어 있는가? • 원아모집에 관한 정보를 잘 파악하고 있는가? (교육비, 차량노선 등) • 원아모집에 필요한 제반 서류(원서, 접수증, 영수증 등)가 구비되어 있는가? • 부모상담 자료(교육활동자료, 행사앨범, 팸플릿, 홍보용 책자, 입학안내서 등)가 구비되어 있는가?	

3) 원아모집 준비업무 및 역할분담

원아모집에 관한 준비업무 및 역할수행을 효과적이고 효율적으로 하기 위해 업무분담을 할 수 있다. 이때 효율적 분담 및 책임을 체계적이고 구체적으로 진행할 수 있도록 월별계획표 및 업무분담표를 만들어 모두 볼 수 있는 곳에 부착하거나 칠판을 이용하여 판서해 놓도록 한다.

4) 원아모집 홍보 방법

(1) 전단지 및 팸플릿 홍보

전단지 배포는 유치원 홍보의 가장 일반적이고 직접적인 방법 중 하나이다. 한정된 지면에 어떻게 효과적으로 유치원의 이미지와 교육내용을 전달해야 하는가에 초점을 맞추는 것이 일반적이다. 간결하고 세련된 편집으로 유치원의 이미지를 산뜻하게 전달하고, 간단명료한 문장을 사용하여 누구나 쉽게 알아볼 수 있게 한다. 또한, 직접 방문하여 상담하고 싶은 궁금증을 일으키도록 하는 것도 중요한 요소라 하겠다.

표 2-2 | 유치원 소개 전단지 및 팸플릿 내용구성 예

- 유아교육기관의 이름, 주소, 전화번호, 위치(약도 포함)
- 교육 프로그램의 주요 내용에 대한 소개
- 운영방침과 특징
- 운영자 및 교직원 소개
- 모집대상 유아의 연령, 모집 인원, 모집 시기 및 입학 절차
- 교육시간, 학급편성, 납입금, 교통편 등
- 전문단체의 등록 및 가입 여부
- 유치원 전경 사진
- 유치원 특징과 이미지를 나타낼 수 있는 글
- 홈페이지 주소

(2) 현수막 홍보

현수막은 제일 많이 사용하는 방법 중 하나로, 유치원의 이름과 이미지를 한눈에 각인시키는 효과가 있다. 글자 수 및 도안을 간결하게 하며 세련된 색상대비를 통해 강렬한 인상을 심어주는 것이 주요하다. 필요 이상으로 큰 현수막은 오히려 부담스러울 수 있으며 가까이에서는 한눈에 들어오지 않는다는 단점이 있다.

(3) 신문 및 잡지 홍보

주로 지역신문을 통한 광고가 가능하며 지역 내 광고 효과가 크다는 장점이 있다. 신문지면의 할당 정도에 따라 유치원에서 필요로 하는 정보 전달 내용을 한번에 알릴 수 있는 장점이 있다. 일간신문의 경우는 인지도가 높아 광고효과가 크게 나타날 수 있으나 광고료가 부담이 되므로 지역 내 유치원들과 연합하여 함께 홍보하는 것도 좋은 방법이 될 수 있다.

(4) 통학차량을 이용한 홍보

가장 적은 비용으로 효과적으로 홍보할 수 있는 방법이다. 평소 깔끔하고 매력적인 유치원 차량 자체가 관심의 대상이 될 수 있고 통학차량에 플래카드를 붙여 유치원의 교육내용을 한눈에 알릴 수도 있다. 외적으로 유치원 차량이 주민들의 관심을 끈다면 안전한 통학차량의 운행과 교사의 세심한 차량지도가 더 중요한 홍보요소가 되기도 한다.

(5) 인터넷 홈페이지 홍보

인터넷 사용이 대중화 되고 이미 많은 유치원이 홈페이지를 구축하고 있는 상황에서 인터넷 홈페이지는 새롭게 떠오르는 확실한 홍보방법 중 하나이다. 홈페이지를 통해 큰 비용을 들이지 않고 지속적으로 개성 있게 유치원을 홍보할 수 있다. 그러나 시기별로, 또 원내 행사 및 교육활동에 따라 수시로 업데이트가 되고 게시판 등이 활발하게 운영되어야 홍보의 효과를 제대로 볼 수 있다. 홈페이지 구성내용으로는 대체로 유치원의 설립취지와 역사, 교직원 소개, 교육목표, 교육시설 및 환경, 교육과정 및 교육내용, 교육행사 및 현장학습 사진, 위치 및 통학버스 노선, 원아소개,

유아 활동 및 작품 소개, 학부모교육, 가정통신문, 실시간 자녀관찰 시스템, 입학안내, 공지사항, 자유게시판 등이 있다.

(6) 기관 내 홍보(부모교육 강연회 및 입학설명회)

지역 내에서 부모초청교육을 실시하면서 유치원 공개 및 교육 프로그램 설명회를 함께 실시하여 재원 학부모와 더불어 입학대상 유아 부모들이 방문해 볼 수 있는 기회를 제공한다. 유치원 내부시설 공개 및 유치원 소개 비디오 상영, 월별 교육활동 자료 및 포트폴리오, 월별 교육행사 사진 자료집 전시, 담임 프로필, 유치원 소식지, 원아모집 요강 및 입학 상담자료 등을 전시해 자연스럽게 홍보할 수 있다. 이때 원아모집 요강은 모집원아의 연령, 인원 수, 교육비 및 제반비용, 준비서류, 전형일, 등록일정 등을 명료하고 정확하게 제시하여야 한다.

5) 원아모집 학부모 상담 준비

(1) 원아모집 시 학부모의 질문내용 파악 및 준비하기

원아모집 시 학부모들이 주로 궁금해 하는 사항 및 질의내용을 파악 및 예측하여 교사는 다양한 학부모의 궁금증이나 질문에 성실히 답변할 수 있도록 준비한다.

표 2-3 | 원아모집 시 학부모의 질문 내용 예

구분	학부모 질문 내용 및 궁금 사항
주변환경	• 주위에 차들이 많이 다니지 않나요? • 아이가 마음껏 놀 수 있는 주변 유희실이 있나요? • 교육적으로 도움이 될 만한 시설이 원 내에 있나요?
기관 내의 시설	• 도서관, 컴퓨터, 운동시설, 놀이기구 등의 시설수준은 어느 정도인가요? • 교실 내에 준비된 교재, 교구는 풍부한가요? • 계단, 복도 등의 안전성, 청결은 안심할 수 있나요?
교사진	• 교사의 경력은 믿을 만한가요? • 아이를 전문적으로 지도할 수 있나요? • 교사의 인품은 믿을 수 있나요? • 교사 1인당 유아 수는 어떤가요?
기본교육방침과 목표	• 기관에서 기본교육방침으로 삼고 있는 중점적인 교육과정은 무엇인가요? • 하루 일과는 어떻게 진행되나요? • 교실에서 직접 놀잇감이나 교구를 볼 수 있나요?
행사 및 특별활동 내용	• 원의 이미지는 지역에서 어떤가요? (어느 정도 알고 옴) • 행사나 특별활동은 어떠한가요?
유아의 적응 수준	• 친구들과 사귀는 데 시간이 오래 걸리지 않을까요? • 우리 아이가 활동에 적극적으로 잘 참여할까요? • 아이의 발달수준에 맞는 눈높이 교육을 하나요?
안전	• 기관 위치의 안전성(도로와의 인접도, 교통시간 정도)은 보장되나요? • 간식, 식사의 청결과 위생 면에서 지금까지 문제는 없었지요? • 전염병 등 질병관리는 어떻게 하고 있나요?

(2) 원아모집 상담 준비

상담에 대한 충분한 준비와 폭넓은 정보 그리고 반복된 훈련을 통해 상담기법 등의 기술 및 태도를 갖추고 있어야 원아모집에 따른 학부모 상담에 여유 있게 임할 수 있다.

① 입학상담을 위한 점검사항

효율적인 입학상담을 위해 다음 예와 같은 사항들을 점검하고 그에 따른 준비를 하도록 한다.

표 2-4 | 입학상담을 위한 점검사항의 예

- 우리 지역 학부모들의 교육적 관심사는 무엇인가?
- 우리 원의 특징과 원장의 교육관은 무엇인가?
- 입학상담을 위한 업무분담이 잘 되어 있는가?
- 복장, 인사, 표정에 대한 교육이 잘 되어 있는가?
- 출입구 및 교실의 정리정돈은 잘 되어 있는가?
- 연령별로 소개할 교육자료가 있는가?
- 환경판 및 교육적인 게시자료는 준비되어 있는가?
- 반별 현황 및 교육 특색을 설명할 수 있는가?
- 월별 주요 교육내용을 요약하여 설명할 자료가 있는가?
- 부모의 질문을 만족시킬 자료가 있는가?
- 상담실은 잘 정리되어 있는가?
- 전 교직원들의 명찰은 준비되어 있는가?
- 상담 시 우리 유치원에 대해 너무 과대 설명하고 있지 않은가?
- 세련되고 교육적인 언어를 사용하여 상담하는가?
- 상담 시 부모의 의사를 존중하는가?
- 원장 및 담임교사의 교육관을 이야기할 수 있는가?
- 상담 시 창의성, 정서지능 등을 자연스럽게 설명하며 상담하는가?
- 현재 원아들이 수행하고 있는 프로그램을 소개할 수 있는가?
- 상담 시 활용할 각종 검사도구와 지도서가 있는가?
- 우리 유치원 교육에 대한 부모들의 반응을 알고 있는가?

② 상담일지 구비

상담일지를 만들어 활용하면 지속적인 연계성을 가질 수 있으며, 상담 후 유아가 입학하게 되면 상담자료로도 사용할 수 있다. 또한 내년 원아모집 시 통계자료로 활용할 수도 있다. 원아모집 상담일지에는 일시, 유아 이름, 성별, 연령, 주소, 연락처, 보호자, 학부모 관심사, 유아 특이사항, 사전 교육기관 경험 유무 및 정도, 기타 등의 내용이 있을 수 있다. 또한 재원생, 재원생 동생, 추천원아, 홍보에 의해 온

원아 등의 학부모 유형 및 상황에 따라 적절한 내용 기록 및 실제 상담이 이루어져야 한다.

③ 입학상담 시 교사의 자세

원아모집 기간 중 교사의 태도와 자세는 원을 선택하는 중요한 기준이 되기도 한다. 학부모가 방문하였을 때 밝은 표정으로 적극적으로 인사하며 상냥하고 정중한 자세로 임하여 좋은 인상을 남기도록 한다. 유아를 직접 가르치고 보살피는 사람으로 신뢰감을 주어야 하며, 유치원의 교육 철학과 특성을 구체적으로 알아 교육기관으로서의 당당한 확신을 심어 주는 것이 중요하다. 학부모에게 지나친 설명과 이야기보다는 학부모의 이야기를 경청하여 학부모가 원하는 것이 무엇인지 파악하도록 하며, 친절하고 개방된 상담태도를 유지하도록 한다.

2 오리엔테이션과 입학일

원아모집이 끝나면 원장 및 원감, 그리고 교사는 연간교육계획 및 일정을 계획하면서 먼저 오리엔테이션과 입학일을 정하게 된다. 해당 연도의 첫 행사로서 오리엔테이션과 입학일을 가장 먼저 시작하는 것이다. 이에 대한 준비 및 실무적인 내용을 알아보자.

1) 오리엔테이션

(1) 오리엔테이션의 의미

오리엔테이션은 유아들이 유아교육기관에서 생활하기 이전에 실시하는 것으로, 새로 입학하는 유아들과 그 부모들에게 유아교육 및 기관에 대한 전반적인 소개를 통하여 적응과 이해를 위한 방향을 제시한다. 또한 유아교육에 대한 바른 이해로 유아교육기관과 자녀와의 긍정적인 관계를 형성함으로써 교육의 효과를 극대화하도록 하는 데 그 목적이 있다. 재원생들과 부모들에게는 그 동안에 보내준 신뢰와 믿음에 감사함과 앞으로의 계획과 방향을 알려주어 교육기관에 대한 안정감과 자부심을 갖도록 하는 데 의미가 있다. 전반적인 교육과정 및 해당 연도의 교육과정과 행사내용 안내, 교육 프로그램, 담임선생님 소개 등 다양한 프로그램과 부모교육 및 특별강연 등을 통해 입학 전 학사지도를 진행함으로써 신입생들의 안정적이고 편안한 유치원 생활에 도움을 주도록 한다. 또한 전체 신입생과 부모가 한자리에 모인 가운데 유아교육기관의 역사와 교육 철학 및 이념을 함께 공유함으로써 상호 간의 일체감을 조성하고 교육기관에 대한 자긍심을 고취할 수 있는 화합과 즐거운 만남의 장이 되도록 한다.

(2) 오리엔테이션 사전계획 및 준비

① 교사회의 개최하기

오리엔테이션과 관련된 구체적인 내용 및 준비사항, 역할분담, 협조사항 등을 전반적으로 검토하기 위해 교사회의를 정기적 또는 임시적으로 자주 개최하도록 하며, 그에 따라 각자 또는 협동하여 업무를 수행하도록 한다. 원활한 진행을 위해 사회자 및 유아 관리, 식순에 따른 준비 등의 역할을 구체적으로 정한다.

② 오리엔테이션 일정 정하기

교사 협의 및 부모들에게 사전 조사된 설문 등을 통해 오리엔테이션 날짜를 정한다. 오리엔테이션은 입학일로부터 10~15일 전 정도가 적당하며 소요시간은 1일 1시간~1시간 30분 정도로 실시하는 것이 무난하다. 모집 유아의 특성 및 필요에 따라 1~3일간 실시할 수도 있다.

③ 오리엔테이션 초대장/안내문 발송 및 참석 연락하기

오리엔테이션에 대한 초대장을 발송하거나 원아모집 및 원서접수 시 오리엔테이션 안내문을 배부하도록 한다. 지역실정에 따라 부모의 참석률이 가장 높은 시간과 요일을 고려하도록 한다. 오리엔테이션 초대장에는 일시, 장소, 소요 예정시간, 식순 및 모임 내용, 참여대상을 정확히 기재한다. 각 가정으로 초청장이나 안내문을 발송한 후 담임교사는 담당원아의 가정에 전화를 하여 오리엔테이션 초청장이나 안내문을 받았는지 확인하고, 오리엔테이션의 시간과 일정을 정확히 알린 후 참석할 수 있도록 안내한다. 오리엔테이션 전날 정도에 한 번 더 전화하거나 부모님의 E-mail이나 핸드폰 문자메시지를 이용하여 되도록 많은 학부모들이 참여할 수 있도록 한다. 오리엔테이션에 참석하지 못한 부모님에게는 유인물과 필요한 내용을 개별적으로 전달하고 전화를 걸어 안내문에 대한 설명을 해 주도록 한다.

또한, 유아에게 따로 오리엔테이션 초대장을 만들어 보내는 것도 좋다.

④ 오리엔테이션 자료 및 안내책자 만들기

- 오리엔테이션 브로슈어 또는 책자: 오리엔테이션 자료는 보통 각 유아교육기관의 안내서와 같은 역할을 한다. 유치원의 교육 프로그램과 행사 및 운영계획을 가장 실질적이고 체계적으로 알리는 자료로 가능한 자세하고 구

체적인 내용을 담는 것이 좋다. 유아교육기관의 원명, 설립 취지 및 배경, 연혁, 원훈, 원의 주소, 전화번호, 홈페이지 주소, E-mail 주소, 원의 약도, 상징 마크, 슬로건 등의 현황 내용 소개와 교육 철학 및 이념, 교육 목표 및 특성, 특색사업 등의 교육 및 운영 내용과 특징을 소개한 브로슈어를 준비할 수 있다. 또는 연령별 교육 프로그램, 연간교육계획안, 연간행사 프로그램, 월간교육계획안, 주간교육계획안, 원의 하루 일과 구성 및 그 활동의 의미와 내용을 소개하며, 특별활동 프로그램 및 오후 프로그램을 안내하는 책자를 만들 수도 있겠다. 특히, 1년 동안의 교육과정과 운영방침 및 행사일정, 교육 프로그램 및 교육계획안 예시자료 등을 충분히 소개하여 부모님께 유치원 교육에 대한 이해를 돕고, 원아가 직접 경험하게 될 교육에 대한 안정감을 심어 줄 수 있는 책자를 만들도록 한다.

- 오리엔테이션 교육자료: 기본생활습관 교육 및 기타 정보공유 등 신입 학부모들이 교육기관에서의 생활 중 필요한 부분들을 가정에서도 미리 지도할 수 있도록 돕기 위한 교육자료를 제작하여 오리엔테이션 자료나 책자로 배부할 수 있다.
- 오리엔테이션 유아용 자료 및 책자: 신입생 오리엔테이션 하면 보통 신입원아의 부모들을 위한 오리엔테이션만 하는 경우가 많은데 유치원의 교육철학과 교육 프로그램 등을 부모들에게 알리고 협조와 이해를 구하는 것도 중요하지만 유아교육기관에 다니는 사람은 '유아'임을 잊지 말아야 한다. 부모들을 위한 안내문뿐만 아니라 유아를 위한 오리엔테이션 자료 및 소책자를 만들어 신입원아들에게 나누어 주는 것도 고려해 볼 수 있다.

⑤ 유아 참여 프로그램 계획하기

오리엔테이션에서 유치원에 대한 즐거운 감정을 가질 수 있는 여러 가지 프로그램을 준비해 유아들이 직접 참여할 수 있도록 한다. 이때 교사는 유아들을 관찰하고 그들과 친밀감을 느낄 수 있는 시간을 갖기 위해 노력해야 한다.

⑥ 차량시간 검토 및 차량시간표 제작하기

차량시간을 계획한 후 차량선생님과 교직원은 함께 예비 차량운행을 해본다. 그런 다음 안전과 시간에 대한 협의를 갖고 차량시간표를 최종적으로 작성하도록 한다. 각 반 선생님은 원아의 차량시간표를 작성하여 개인별 차량시간표를 준비한다.

⑦ 환경 구성하기

오리엔테이션에 적절하게 유치원의 환경을 구성한다. 게시판이나 복도에 유아들의 유치원 활동사진이나 행사사진, 유치원 연혁을 붙여 놓는다. 신발장 이름표, 원아 이름표, 방향 이정표 등 행사에 필요한 안내 표시물도 만들어 적절한 위치에 부착한다.

⑧ 다양한 안내문 및 필요한 서류양식 준비하기

부모님들로부터 받아야 할 다양한 안내문들을 준비하여 오리엔테이션 시 배부될 수 있도록 한다. 입학안내문(원아사진 제출 안내 포함) 또는 재원 입학허가서, 적응기간 안내문, 종일반 및 특별 운영 안내문, 유치원 운영위원회 안내문, 수업료 납부방법 안내문 등은 오리엔테이션을 하면서 배부하면 좋다. 또한 유아교육기관에서 갖추고 있어야 할 서류양식 및 학기초에 필요한 서류양식을 준비하여 배부 및 수거 하도록 한다. 입학원서, 가정환경조사서, 응급처치동의서 및 비상연락처, 투약의뢰서 및 투약확인서, 시간연장 및 종일반 신청서, 유아건강실태 조사(전염병 예방접종 및 병력기록 포함), 귀가동의서, 차량동의서, 기타 설문지 등은 오리엔테이션 시 배부하여야 업무에 편리하다. 이외에 원서접수대장 및 입소대상 연명부, 유아 퇴소처리부, 생활기록부, 출석부, 교육비 납입증명 서류철, 건강검진 접수대장, 부모상담기록일지, 차량일지, 사고보고서, 가정과의 연락 및 전달장, 전화통화일지, 급 · 간식 식단표, 생일표, 식재료 검수표 및 관리점검표, 시설 · 설비 관리대장, 시설 안전점검 일지, 위생점검표, 방역 및 소독 관리대장, 교재교구 관리대장, 유아발달 상황기록표, 교육계획안 일지 등 유치원 업무에 필요한 일체의 서류양식을 사전에 준비해 두도록 한다.

⑨ 다과와 차 준비하기

오리엔테이션 시 필요에 따라 다과 및 차 등을 준비하고 자리 배치를 할 수 있다. 부모들이 편안한 분위기에서 자연스러운 대화를 주고받을 수 있도록 적절히 의자를 배치하는 분위기라면 조용한 음악을 준비하여도 좋다. 간단한 다과와 안내 문구를 붙여주어 학부모가 편안하게 먹을 수 있도록 하는 배려가 있으면 더욱 좋다.

(3) 오리엔테이션 진행

① 오리엔테이션의 진행방법

오리엔테이션은 전체가 계획적이고 짜임새 있으면서 부모에게는 편안함을 줄 수 있도록 자연스럽게 진행한다. 진행은 크게 학부모 대상, 유아 대상, 학부모와 유아가 함께 하는 코너로 구성할 수 있다.

- 학부모 대상 오리엔테이션: 학부모를 대상으로 오리엔테이션을 진행할 경우는 대체로 학부모와 유아를 구분하여 학부모는 강당 등의 장소에 모이게 하고 유아는 각 반 모임을 갖는다. 학부모가 전체 모인 자리에서 유아교육기관의 기본철학, 교육 프로그램, 반 배정 및 교사 소개가 이루어진다. 이때 하루의 일과를 소개한 비디오를 시청하거나 각 연령 특성에 맞는 교육 프로그램을 소개하기 위하여 파워포인트 자료 및 영상자료를 활용할 수 있다. 학부모만 모여 있기 때문에 앞으로의 유치원 운영을 위한 간단한 설문조사와 유아 개인기록 등 기본조사를 실시할 수도 있다.
- 유아 대상 오리엔테이션: 학부모들이 다른 장소에서 유치원 교육 및 안내에 대한 이야기를 듣는 동안 유아들에게 교실을 개방하여 만들기 및 노래 배우기 등 유아의 흥미를 높일 수 있는 활동을 하여 유치원은 즐거운 곳이라는 인상을 남겨 주도록 해야 한다. 유아들이 자유롭게 활동할 수 있는 놀이교실이나 체육실을 개방하여 친구들과 함께 놀게 하며, 다양한 교구와 블록, 미술재료를 준비해 두어 유아들의 흥미를 유발시키도록 한다. 놀이실은 오리엔테이션을 하는 하루보다는 며칠 정도 개방하는 것이 더 효과적이다. 교사들은 이 시간을 통해 신입원아들과 관계를 형성하도록 한다. 신입원아들에게 이름표를 달아주고 이름을 불러주는 등의 활동을 통해 친밀감을 형성하면서 유치원에 대한 유아들의 두려움이 사라지도록 도와주어야 한다.
- 학부모와 유아 대상 오리엔테이션: 이 경우는 부모와 유아가 함께 참여할 수 있는 코너를 계획한다. 요리활동이나 게임 등 함께 참여하는 활동 프로그램을 진행한다든지, 학부모와 유아가 함께 동극이나 인형극을 보는 것 등을 계획할 수 있다.

② 오리엔테이션 행사

- 안내하기와 비디오 상영: 안내를 맡은 담당교사는 유치원 입구나 현관에서 밝은 표정과 목소리로 학부모와 유아를 맞이하면서 인사를 나눈 후 오리엔테이션 자료를 배부하고 오리엔테이션 장소로 안내한다. 일찍 도착하여 기다리는 부모님들을 위해 유치원 홍보 비디오나 부모교육용 비디오를 상영하거나 재원생들이 했던 작품이나 인상 깊은 행사 및 유아들의 유치원 생활 모습을 담은 비디오나 슬라이드 사진, 포토 영상 등을 상영할 수 있다. 또는 인형극이나 영화를 보여주거나 교사가 직접 손유희, 함께 노래배우기, 율동 등으로 지루함을 주지 않도록 진행할 수도 있다.
- 원장님 인사말: 원장은 인사말을 통해 원의 교육 철학 및 이념, 원의 설립 목적 및 연혁, 원훈, 교육 목표 및 방침, 교육 프로그램 및 교육활동, 일과, 간식 및 식단 등 원에 대한 전반적인 안내를 깊이 있고 자세히 함으로써 교육기관에 대한 이해를 돕는 시간이 되도록 한다. 또는 원에 대한 소개를 유치원 홈페이지, 카페 및 블로그 등을 활용할 수도 있으며, 지난해 활동한 사진이나 영상 등을 잔잔한 음악과 함께 상영하여 일년 활동과 행사에 대한 예측을 도울 수도 있다. 유아교육의 목적에 대한 전체적인 설명 및 부모교육도 가능하다.
- 선생님 소개: 원장이 반 구성 소개와 함께 각 반 담임교사를 소개할 수 있고, 선생님 자신이 할 수도 있다. 교사가 직접 학부모 앞에서 인사하는 경우는 자신의 교육관을 피력할 수 있는데 오리엔테이션 전에 충분히 준비하여 당일 실수하는 일이 없도록 하며 부모들에게 신뢰감을 줄 수 있도록 최선을 다한다. 교사 소개가 끝나면 담임교사들은 유아들과 함께 활동할 수 있는 다른 교실이나 장소로 이동하기도 한다.
- 부모님 협조 및 유의사항 안내: 원장이나 사회자는 유치원 교육 및 일상생활 지도에서 가정과의 협조사항을 안내한다. 기본생활습관 및 준비물에 관련된 협조사항, 등원 및 결석 시 협조사항, 귀가 및 차량시간 준수 협조사항, 유치원 운영위원회, 견학 시 도우미 교사, 놀잇감 청소, 유치원 대청소, 교통안전요원, 행사 시 보조교사 등의 협조사항을 구체적으로 알린다. 또는 협조사항을 자료로 만들어 배포할 수도 있다. 다음은 유치원에서 실제 부모들에게 협조사항으로 배부된 안내문의 예이다.

표 2-5 | 부모협조사항 안내문의 예

○○유치원 부모협조사항 안내

❀ 일찍 자고 일찍 일어나는 습관을 가질 수 있도록 지도해 주세요.

잠을 충분히 자지 못하고 피곤한 상태로 원에 오게 되면 즐거운 마음으로 생활할 수 없게 됩니다. 또 모든 일에 의욕을 잃게 되어 친구들과도 잘 어울리지 못합니다.

❀ 대소변이 마려울 때는 확실하게 의사표현을 할 수 있도록 지도해 주세요.

담임선생님뿐만 아니라 유치원의 모든 선생님이 언제든지 도와준다는 사실을 알려 주세요. 두려워하거나 낯설어서 이야기하지 못하는 일이 없도록 유치원에서 선생님은 엄마와 같은 존재임을 알려 주세요.

❀ 무슨 일이 생기면 울지 말고 선생님께 말하도록 지도해 주세요.

친구들이 선생님께 말씀을 드리면 선생님은 언제나 도와준다고 알려 주세요. 울면서 이야기하면 선생님은 잘 알아들을 수가 없어서 도와줄 수 없게 된다고 말해 주세요.

❀ 자기 물건을 제자리에 정돈하는 법을 지도해 주세요.

유치원에서는 여러 친구들이 함께 생활하기 때문에 집에서와 같이 선생님이 모두 해줄 수가 없다고 알려 주세요. 강요하기보다는 정리정돈을 재미있는 놀이로 인식하고 즐거운 마음을 가질 수 있도록 도와주세요.

❀ 유치원에 대한 긍정적인 생각을 가질 수 있도록 도와주세요.

아이가 잘못을 했을 때 "유치원에 안 보낸다", "선생님께 이른다"라고 말하는 것은 선생님이나 유치원에 대한 부정적인 생각을 키우게 되므로 주의해 주세요.

❀ 집주소와 전화번호는 꼭 외우도록 해주세요.

길을 잃을 경우를 대비해 집 주소와 전화번호 등을 외우게 해주세요. 외워야 하는 이유와 필요성에 대해 알려 주세요.

❀ 모든 소지품(준비물, 옷 등)에 이름을 써 주세요.

혹시 원에 두고 온 물건이 있으면 바로 전화해 주세요. 다음날 가방에 넣어 보내도록 하겠습니다.

❀ 현장학습이나 야외에서 수업이 있는 경우에는 원복을 입혀 주세요.

가방에는 물이나 우유, 소량의 간식을 넣어 주시고 옷이 젖는 곳에 갈 경우에는 바지와 셔츠 1장씩의 여벌 옷을 챙겨 넣어 주세요.

❀ 귀가할 때 다른 사람이 데리러 올 경우에는 꼭 전화해 주세요.

누가 어린이를 데리고 가는지 확인해야 합니다.

❀ 차량운행 시간을 지켜 주세요.

차량운행 시 약속한 시간 이전에 나와 주십시오. 늦을 경우 다음 코스에서 기다리는 유아를 위해 차는 출발하며 이럴 경우에는 유치원과 연락을 취한 뒤에 다시 등원합니다. 귀가장소는 승차장소와 같습니다.

❀ 결석 시 연락을 해 주십시오.

결석을 하게 되면 하루 전에 연락해 주십시오. 당일 갑자기 결석을 해야 할 경우에는 차 타는 곳에 나오셔서 전달하시거나 유치원으로 연락 주세요.

❀ 교사와의 상담은 수업 종료 후 전화 주세요.

수업 중 교실을 출입하거나 전화해서 담임교사와 통화하는 일은 수업에 방해가 되므로 되도록 수업이 끝난 후에 연락 주시기 바랍니다. 또한 유아에 대해 연락사항이 있을 경우에는 아침 차 타는 곳에서 차량지도 선생님께 메모지에 적어 주시거나, 유아의 가방 속에 넣어 주시고 유치원으로 미리 연락하셔서 담임선생님이 꼭 확인할 수 있도록 해주세요.

- 광고사항 및 질문받기: 주로 입학 및 학기초에 광고 사항을 알려준다. 교육비 납부방법, 차량운행 시간 및 이용방법, 원장과 교직원과의 연락방법, 부모교육 및 참여에 대한 운영계획, 원복 및 체육복, 가방 수령에 대한 안내 등의 공지가 가능하다. 그리고 오리엔테이션 과정 중 궁금한 사항이나 유치원 전반에 관한 질문을 받아 성실하게 대답하도록 한다.

(4) 오리엔테이션 시 유의점

① 시간 약속 지키기

공지된 시간에 맞춰 오리엔테이션을 시작하도록 하며, 시간을 정확하게 지켜 진행하도록 한다.

② 실내온도 조절

첫 행사인 만큼 부모님 및 유아에게 편안함을 줄 수 있도록 실내의 적절한 온도(20~22℃)를 확인하고, 유치원의 청결 상태를 유지하도록 한다.

③ 교사의 옷차림

교사의 옷차림은 단정하게 하며 부드럽고 밝은 분위기가 나도록 한다.

④ 문의 가능 연락처 및 분위기

오리엔테이션을 실시하여도 학부모들은 궁금한 것이 많을 수 있다. 유치원의 연락처 및 유치원 홈페이지의 자유게시판 등을 알려 주어 언제든 편안하게 원장 및 담임과 연락이 가능하도록 하고, 문의할 수 있는 분위기를 조성한다.

2) 입학일

(1) 입학일의 의미

오리엔테이션이 새 학기를 위한 준비라면 입학식은 시작이다. 신입생인 경우는 유치원에 다니게 되는 첫날인 것이다. 처음 경험하는 집단생활을 서먹하지 않고 편안하고 즐겁게 시작할 수 있도록 하며 유치원 생활에 익숙할 수 있도록 유치원을 안내한다. 재원생은 진급을 하여 새 선생님과 새 친구를 만나게 되는 날이기도 하다.

신입생과 재학생 모두 새 학기 생활에 대한 새로운 다짐을 하며, 학부모는 유치원 교육에 대한 이해와 부모로서의 역할을 다짐하는 날이 되도록 한다.

(2) 입학일 계획 및 사전준비

① 입학일 정하기 및 일정 계획하기

입학일은 주초보다 주 중간(수요일이나 목요일)에 실시하여 유아들이 무리 없이 새로운 생활에 적응할 수 있도록 한다. 한 학급의 원아 수가 30명 이상일 경우에는 유아를 반으로 나누어 시차를 두고 입학을 진행할 수 있다. 유치원의 교육방침에 따라 처음 등원하는 날을 입학일로 하여 학급 단위로 첫날을 맞이할 수도 있고 입학식 형태로 진행할 수도 있다.

② 입학 초대장이나 안내문 발송하기

입학일 또는 입학식에 대한 안내를 자세히 기록하여 입학 일주일 전쯤에 부모들이 받아보도록 발송하거나 오리엔테이션 시 배부한다. 입학식 초대장이나 안내문은 환영의 글, 장소, 시간, 당일 식순 등으로 이루어진다. 입학일에 배포되는 입학식순표에는 교육목표 및 원가, 알리는 말씀 등이 들어갈 수 있다. 부모뿐 아니라 유아에게도 입학일에 대한 초대장을 보낼 수 있다.

③ 입학일 준비 점검 및 환경구성

- 유치원의 모든 환경은 유아들을 맞이하는 분위기로 꾸민다.
- 선생님은 각 반 원아의 이름표를 만든다.
  - 이름표는 어린이들과 친숙한 모양을 고르거나 그 반의 특성에 맞는 모양이나 색깔로 만들 수 있다.
- 유아의 개인 사물함 및 신발장에 이름을 써서 붙여 놓는다.
  - 개인용 사물함과 신발장에도 각 유아의 이름표를 붙인다. 글씨를 잘 모르는 만 3세 이하 유아의 경우 유아의 사진을 붙여주어 쉽게 찾도록 할 수 있다.
- 원 입구와 입학식장을 꾸민다.
  - 유치원 생활을 소개하는 사진 및 그림 자료, 입학 축하의 글 또는 그림, 오리엔테이션 때 찍어 둔 원아 및 가족 사진을 이용하여 입학식장을 꾸밀 수

있다.

- 신입원아 학부모가 충분히 이해할 수 있는 구체적인 내용의 가정통신문을 준비한다.

(3) 입학일 진행

[1] 등원 지도

① 원장과 원감은 유치원 현관에서 부드러운 미소와 밝은 표정으로 신입생을 맞이한다.

② 유아들에게 개인 사물함 및 신발장을 안내한다.

③ 교사는 유아들을 맞이하며 이름표를 달아준다.

[2] 입학식 행사

① 입학식은 주로 원감의 사회로 개회, 국민의례, 원장 축사, 담임교사 및 조리사, 기사 등 전 교직원 소개, 인형극 또는 노래극 등 공연, 원가, 광고, 폐회, 반별 모임의 순으로 진행된다. 프로그램은 연령에 따라 60~90분 정도 계획한다.

② 유아들이 실내 자유선택활동을 하는 동안 학부모에게 유치원 교육 안내 및 부모교육을 함께 진행할 수 있다.

③ 입학일에는 신입 유아를 돕기 위하여 많은 성인이 필요하므로 교사 외에 재원생 부모 중에서 입학일에 도움을 줄 수 있는 부모를 미리 정하여 부모참여 및 자원봉사의 형태로 도움을 받는 것도 좋다.

[3] 각 학급 활동

① 교실 환경

- 교실 환경은 3월 생활주제의 내용으로 구성한다.

• 처음 오는 유아들이 소속감을 느끼도록 유아 개인의 사진이나 이름을 다양한 방법으로 게시한다.
• 반별 활동에서는 각 반의 연령에 알맞은 활동을 전개한다.
• 교구의 양과 수준은 유아들에게 익숙하고 친숙한 놀잇감으로 하며 부담을 느끼지 않도록 수를 제한한다.

② 입학일 수업 활동

- 신입생반
  • 교육목표를 수립하고 계획안을 작성한다.
- 각 반 수업 준비(경쾌한 음악, 손인형 등)를 한다.
- 교사는 유아들과 교육목표에 따른 수업 및 활동을 한다.
- 재원생반
  • 교육목표를 수립하고 계획안을 작성한다.
  • 재원생의 입학일 활동을 사전 계획하고 준비한다.
  • 신입생들의 입학일에 재원생들이 참여하여 신입생들을 위한 활동 및 행사를 함께 할 수 있다. 이때 한 학급의 신입생과 재원생의 수를 고려하여 계획한다.
  • 각 반 수업 준비(신입생 이름표, 신입생 사진, 토의 내용을 적을 종이, 필기도구, 공연을 위한 자료 등)를 한다.
  • 재원생과 계획하고 준비한 활동을 한다.

표 2-6 | 재원생이 계획하고 준비한 활동

유치원 안내하기	• 동생의 등원을 맞이한다. –교사는 문 앞에서 신입생들을 맞이하고 재원생과 만나도록 돕는다. –재원생은 자신과 짝지워진 신입생을 맞이한다. • 신발 정리와 옷 정리를 돕는다. • 동생들에게 이름표를 달아 준다. • 교실의 놀이 영역을 안내한다. –영역 이름 알려주기, 장난감의 종류와 놀이 방법 소개하기, 동생들이 놀이하고 싶은 영역을 선택하도록 도와주기, 동생과 함께 놀아주기 • 정리 시간을 안내한다. –놀던 장난감을 함께 정리하기, 장난감의 정리 표시 알려주기 • 손을 씻고 간식 먹는 순서를 알려 준다. • 귀가 준비하는 모습을 보여 준다.
동생 맞이 축하 공연	• 동생들의 입학을 축하하기 위한 프로그램을 공연한다. • 유아들의 흥미에 따라 교실 꾸미기, 간식 만들기, 함께 율동하기, 노래 들려주기, 선물 만들어 주기 등 다양한 활동을 할 수도 있다.
신입생 귀가시키기	• 공연이 끝나면 신입생은 학부모와 함께 귀가한다. • 재원생은 안내를 해주었던 동생들을 배웅한다. • 신입생은 형들에게 고마운 마음을 전하고 귀가한다.
회상하기 〈동생을 도와주고 나서〉	• 신입생이 먼저 귀가한 후, 재원생만 모여 동생을 도와준 것에 대해 평가하는 시간을 갖는다. –동생들에게 무엇을 도와주었는가? –동생들을 도와주고 난 기분은 어떠한가? –도와줄 때 힘들었던 것은 무엇이었는가? –우리가 계획한 것이 잘 되었는가? –계획대로 안 된 것은 무엇인가? 왜 그랬는가?

• 교사는 신입생의 적응을 위한 배려뿐 아니라 재원생들이 새로 온 동생들을 잘 안내할 수 있도록 유심히 관찰하고 격려한다. “동생이 레고 블록 놀이를 하고 싶은가 본데 어떻게 도와줄까?”, “동생이 화장실에 다녀오도록 도와주겠니?”, “네가 동생을 도와주어서 오늘 동생이 참 기쁜가 보다.”, “오늘 동생을 위해 많은 일을 했구나.”, “참 친절하게 해주었어.” 등의 적절한 상호작용을 하도록 한다.

(4) 입학 시 유의점

신입생 입학 시 초기 적응 프로그램이 필요한 유아가 있을 수 있다. 유치원에 오지 않으려 하거나, 유치원에 와서도 계속 운다거나 울음이 잦고 자주 칭얼대거나, 신체적 증상이 없음에도 불구하고 아프다고 하거나, 또래와 어울리지 않고 시무룩하거나, 교사와 상호작용을 하지 않으려고 하며 반응이 없거나, 간식이나 식사를 하지 않으려고 한다거나, 대소변을 가리던 원아가 대소변을 가리지 못하는 등 불안 증세를 보이는 유아에게는 연령을 고려한 적절한 초기 적응 프로그램을 계획하고 진행하여 선생님과 친구에게 친밀감을 느끼고 유치원을 안전하고 편안한 장소로 느끼게 해주어 유치원 생활에 적응할 수 있도록 돕는 것이 바람직하다.

3

건강관리와 안전지도

1. 건강관리와 안전지도 계획의 수립

2. 건강과 안전에 관한 입학 초 서류

3. 건강의 관찰과 기록

4. 안전관리

유치원에서의 건강관리와 안전지도는 교육 프로그램이 성공적으로 운영되기 위한 기본이 된다. 유아는 유치원 생활을 통해 스스로 자신의 건강과 안전을 돌볼 수 있는 자조 능력을 획득할 수 있어야 하며, 교사는 유아들이 건강과 안전을 스스로 돌볼 수 있도록 환경을 마련하여 교육하고, 건강과 안전에 대한 기록과 자료를 구비해 둔다.

건강관리와 안전지도를 위하여 교사는 각 유아의 건강검진과 건강기록, 안전한 차량지도 방법을 숙지하고 응급한 상황에 대비한 절차를 이해하고 있어야 한다. 이를 위해 본 장에서는 건강 · 안전과 관련하여, 입학 초 건강조사서, 건강검진, 안전교육, 응급처치와 관련된 내용을 중점적으로 다루고자 한다.

1 건강관리와 안전지도 계획의 수립

1) 건강관리와 안전지도에 포함되는 내용

1년 동안 건강관리와 안전지도와 관련된 계획은 주로 행사계획에 포함되어 실행된다. 행사계획에 포함된 건강과 안전에 관련된 내용은 입학 초 건강조사서 배포와 회수, 정기 건강검진, 성교육, 교통교육, 소방교육, 유괴 예방교육 등 각 기관의 형편에 따라 다양한 내용으로 구성된다. 다음은 구체적인 내용이다.

표 3-1 | 건강관리와 안전지도 내용

건강관리와 안전지도의 내용	내용	시기와 방법
건강조사서	각 유아의 건강과 병력에 대한 기록	학부모 오리엔테이션이나 입학 전 양식 배포와 회수
응급처치 동의서	응급처치 사항에 대한 학부모의 동의	학부모 오리엔테이션이나 입학 전 양식 배포와 회수
정기 건강검진	유아의 기본 건강 상태에 대한 검진	한 학기에 한 번 보건소에서 일제히 하거나, 학부모가 자녀를 개별적으로 병원에서 검진
성교육	유아 대상 성교육	한 학기에 한 번 성교육 강사 초빙
유괴 예방교육	유괴에 대한 대처방법 교육	한 학기에 한 번
교통안전교육	횡단보도 이용과 도로 안전교육	한 학기에 한 번 교통안전공원을 방문하거나 교사가 유치원에서 교육
소방교육	소방 대피 훈련	한 달에 한 번 유치원에서
교사의 안전교육	교사가 안전교육을 받음	한 학기에 한 번 연수나 워크숍 참가를 통해

※ 시기와 방법은 유치원의 상황에 따라 다를 수 있음.

2) 안전교육 연간계획안

유치원 교육과정의 건강 생활 영역에서 '안전하게 생활하기'는 유아들이 나와 다른 사람의 몸을 소중히 여기고 안전하게 놀이하며, 생활 속에서의 여러 가지 안전사고나 재해를 대비하는 것에 중점을 둔다. 지금까지 지속적으로 강조되어 온 교통안전이나 환경오염 및 재난대비뿐 아니라, 최근에 중요하게 부각되고 있는 성폭력, 유괴, 미디어 안전 등에 관심을 갖고 대비하는 방법을 알고 실천하게 한다.

안전교육 활동은 교육과정에 따라 안전교육의 내용을 계획하며, 안전지도를 위한 단위수업활동과 더불어 일상생활 속에서 필요한 안전 활동을 강조하여 지도한다. 이를 위해 유치원에서는 안전교육의 내용을 선정하고 조직하여 연간 안전교육 계획안을 마련한다. 유치원에서 안전교육 계획안은 생활주제와 연계하여 계획하거나, 안전교육의 주제를 월별로 정하여 계획하기도 한다. 다음은 안전교육 계획안의 예이다.

표 3-2 생활주제와 연계된 연간 안전교육 계획안의 예 1

연간 안전교육 계획안

월	생활주제	안전지도 내용	안전관리	가정과의 연계
3	나와 유치원	• 등 · 하원 시 안전 • 놀이 안전 • 화재의 원인, 예방법 • 미아 관련 안전수칙	• 등 · 하원로 실태파악 • 승 · 하차 안전지도 • 놀이터 점검 • 방화시설 점검	• 등 · 하원로 익히기 • 비상연락망 • 교통안전 통신문
4	봄	• 가정에서의 안전 • 화재 시 대처행동 • 운동기구 안전 • 도로의 횡단	• 실내 환경 점검 • 놀이기구 점검	• 귀가 후 놀이지도 • 교통안전 부모교육 • 가정 내 안전
5	가족/이웃	• 견학 시 안전수칙 • 성, 유괴 관련 안전수칙	• 현장학습지 답사	• 견학 시 안전지도 • 교통규칙 지키기
6	동물/ 기계와 도구	• 승 · 하차 시 안전수칙 • 우천 시 보행안전 • 화재 진화 방법 • 실내놀이	• 우산, 우비 정돈	• 장마철 통학로 점검 • 화재안전 부모교육
7	여름	• 우천 시 보행안전 • 안전한 놀이장소 알기 • 물놀이 안전지도 • 위험한 놀이 유의 • 음식물 안전	• 놀이기구 점검 • 풀장 점검	• 여름 건강관리 • 여름방학 지도
8	여름방학			
9	교통기관/ 환경	• 교통공원 견학 • 시설, 설비 안전 • 환경오염 위험성 알기 • 화재 시 대피계획 세우기	• 신체 건강관리 • 승 · 하차 안전지도	• 교통안전 부모교육 • 귀가 후 놀이지도
10	가을/ 우리나라	• 교통안전 면허증 발급 • 화재 대피훈련	• 놀이터 점검	• 불조심 강조
11	다른 나라	• 대중교통 안전수칙 • 천재지변 시 안전수칙 • 화재 대피훈련	• 견학지 점검	• 편한 복장 권장
12	겨울/ 불조심	• 난방기구 사용주의 • 소방서 견학 • 눈길 보행 안전	• 난방기구 안전점검 • 공기 환기	• 화재 예방 지도 • 겨울방학 지도
1	겨울방학			
2	초등학교에 가려면	• 초등학교 안전통학로 알기 • 교통 표지판 익히기 • 불과 우리의 생활	• 유아의 건강관리 • 안전지도 재정비	• 초등학교 견학지도

표 3-3 안전교육 주제만을 따로 선정하여 작성한 연간 안전교육 계획안의 예

연간 안전교육 계획안

월	주	활동 주제	생활안전지도 내용	교통안전지도 내용	
3	2	교실안전	알맞은 소리로 이야기하기	통학버스 안전	한 줄로 서서 버스 타고 내리기
	3		교실에서 바르게 걸어 다니기		안전벨트 착용하기
	4		교실의 물건 바르게 사용하기		창밖으로 몸 내밀지 않기
	5		교실의 높은 곳에 올라가지 않기		버스 뒤로 지나가지 않기
4	1	위생안전	손을 잘 씻기	안전하게 걷기	길을 건널 때 좌 · 우 살피기
	2		손톱, 발톱 짧게 깎기		앞을 잘 보고 걷기
	3		개인 칫솔, 컵 사용하기		인도로 다니기
	4		급식실에서 바르게 행동하기		보도가 없을 때 도로 가장자리로 걷기
	5		불량식품 먹지 않기		골목길에서 뛰어나오지 않기
5	2	나의 안전	집주소와 전화번호 외우기	횡단보도 안전	신호등 잘 지키기
	3		낯선 사람 따라가지 않기		차가 멈춘 것을 확인하고 건너가기
	4		위험한 장소에 가지 않기		손을 들고 건너기
	5		좋은 사람, 나쁜 사람 구별하기		횡단보도 건널 때 뛰지 않기
6	1	소방안전	유치원 비상구 위치 알기	비 오는 날 안전	비가 올 때 밝은 옷을 입기
	2		화재 시 대피장소 알기		비바람이 심한 날 혼자 걷지 않기
	3		화재 시 대피 및 행동요령 알기		우산 이외 다른 물건을 들지 않기
	4		화재신고 전화번호 119 알기		우산을 바르게 들기
7	1	물놀이 안전	물놀이에 필요한 안전수칙 알기	놀이안전	큰 길에서 공놀이 하지 않기
	2		물놀이 용품 안전하게 이용하기		주차장 부근에서 놀지 않기
	3		물에 들어가기 전 준비운동하기		자동차 뒤에서 놀지 않기
	4		물놀이는 어른과 함께하기		차도에서 자전거 타지 않기
8~9	1	스포츠 안전	유아용 자전거 타기	교통수단 이용	안전벨트 매기
	2		정해진 장소에서 인라인스케이트 타기		차창 밖으로 손을 내밀지 않기
	3		보호 장구 착용하기		차 운행 시 일어서지 않기
	4		안전한 장소와 위험한 장소 구별하기		버스 안에서 떠들지 않기

월	주	활동 주제	생활안전지도 내용	교통안전지도 내용	
10	1	전기안전	전기제품 안전한 사용법 알기	교통질서	줄 서서 차 타기
	2		콘센트에 많은 코드 꽂지 않기		자동차 승 · 하차 시 친구 밀지 않기
	3		사용 후 코드 빼놓기		차가 멈춘 후 타고 내리기
	4		콘센트에 다른 물건 끼우지 않기		차는 인도에서 기다리기
	5		가전제품으로 장난치지 않기		차를 타고 내릴 때 뛰지 않기
11	1	환경공해 안전	비누, 샴푸 등을 알맞게 사용하기	교통안전 약속	횡단보도, 육교, 지하보도로 건너기
	2		일회용품 사용하지 않기		경보기가 울릴 때는 건너지 않기
	3		쓰레기는 정해진 장소에 버리기		교통안전표지의 종류와 의미 알기
	4		재활용품은 분리수거 하기		교통안전표지에 따른 행동하기
12 ~ 2	1	겨울놀이 안전	불장난 하지 않기	겨울철 교통안전	도로에 갑자기 뛰어들지 않기
	2		눈덩이 던지지 않기		뒤로 걷지 않기
	3		빙판길에서 미끄럼 타지 않기		차 옆으로 지나다니지 않기
	4		빙판길에서 친구 밀지 않기		밤에는 밝은 옷 입기
	2		물이 깊은 곳은 얼어 있어도 가지 않기		교통경찰 아저씨께 감사한 마음 갖기

2 건강과 안전에 관한 입학 초 서류

1) 건강조사서

유아들이 유치원에 입학할 때 유치원에서는 유아의 건강 상태에 대한 건강기록부를 학부모에게 작성하도록 하여 보관한다. 교사는 건강기록부를 바탕으로 하여 각 유아의 건강에 대한 정보를 획득하고, 유아의 개별적인 특성에 주의하여 음식의 제공이나 야외 활동 등을 고려한다. 건강조사서에는 유아의 건강과 병력에 대한 내용을 구체적이며 세부적으로 기재한다.

건강조사서는 학기초 학부모 오리엔테이션 시간에 부모님들께 건강조사서를 현장에서 작성하게 하여 회수하거나, 오리엔테이션 후 건강조사서 및 필요한 서류 목록을 제공하여 가정에서 작성하여 다른 서류들과 함께 제출할 수 있도록 한다. 교사는 건강조사서가 회수되면 각 유아별로 건강조사서 파일을 만들거나, 하나의 파일에 각 유아들의 건강조사서를 보관한다. 다음은 건강조사서(건강기록부)의 예이다.

표 3-4 | 건강기록부의 예

건강기록부

건강기록부를 통해 어린이가 자라온 성장과정과 가정환경을 아는 것은 어린이를 이해하고, 그 어린이의 특별한 요구에 알맞는 개별 지도를 하는 데 필요한 자료가 됩니다. 자세히 기록하여 주시면 많은 도움이 되겠습니다.

어린이 이름	(남, 여)
생년월일	년 월 일 (만 세)
현주소	(전화번호:)
긴급연락처	이름: 관계: (전화번호:)

과거력

1. 예방 접종

구분	접종연령				
	1차	2차	3차	추가	추가
결핵(BCG)					
디. 피. 티.					
소아마비					
홍역					
볼거리					
풍진					
장티푸스					
뇌염					
간염					
결핵반응 검사					
기타					

2. 과거에 앓았던 질병

구분	발생여부(O, ×)	발병 연령	구분	발생여부(O, ×)	발병 연령
홍역			볼거리		
수두			백일해		
기관지염/폐렴			간염		
중이염			결핵		
간질			심장질환		
알레르기	(원인)				
기타 (구체적으로)					

3. 과거에 자주 앓았던 질병

구분	자주 앓았음	자주 앓지 않았음	발병횟수
감기/편도선염			년 ______ 회
위장병/설사			년 ______ 회
기타 (병명)			년 ______ 회

4. 수술경험

5. 우발사고

화상		차사고		추락	
물에 빠졌던 일		기타		다친 일	

6. 장기 복용하고 있는 약

복용이유 :

7. 영양 · 위생상 주의사항

섭취금지 식품명					
투여금지 약품명					
체질상 특이사항					

8. 어린이가 다니는 병원	
병원 이름	
검진의사	
전화번호	
병원 위치	
9. 건강에 대한 기타 사항	

2) 응급처치 동의서

유아들이 유치원에 머무는 동안 발생할 수 있는 사고에 대비하여 유치원이 응급처치를 할 수 있도록 하는 응급처치 동의서가 필요하다. 응급처치 동의서가 없다면 사후 응급처치 내용에 대하여 부모가 이의를 제기할 수 있다. 다음은 응급처치 동의서와 응급 시 연락망을 기록한 내용의 예이다.

표 3-5 | 응급처치 동의서 및 비상 연락망(A)

응급처치 동의서 및 비상 연락망

<table>
<tr><td>반 이름</td><td></td><td>유아 이름</td><td></td><td>성별</td><td>(남 · 여)</td></tr>
<tr><td colspan="6">사고 발생 시 응급처치는 부모님의 동의를 얻어야 함을 이해합니다. 따라서 귀 기관에서는 사고 시 응급처치에 대한 신속한 동의가 이루어지도록 다음의 연락처로 연락을 취해주시고, 귀 기관에서 다음의 절차에 따라 응급처치를 하는 경우 그 권한을 귀 기관에 위임할 것에 동의합니다.

20 . . .

부모 이름 : ____________________ 서명 또는 인</td></tr>
<tr><td colspan="6">응급처치의 절차</td></tr>
<tr><td>1</td><td colspan="5">사고 발생 시 가장 먼저 부모님께 연락합니다.
시간/기간 전화번호
어머니와는 ____________ 동안에 ____________ 로 연락할 수 있습니다.
____________ 동안에 ____________ 로 연락할 수 있습니다.
아버지와는 ____________ 동안에 ____________ 로 연락할 수 있습니다.
____________ 동안에 ____________ 로 연락할 수 있습니다.</td></tr>
<tr><td>2</td><td colspan="5">부모님과 신속하게 연락이 되지 않을 경우 부모님이 정해주신 다음의 사람들에게 연락합니다.
이름 ____________ 에게 ____________ 로 연락할 수 있습니다.
아동과의 관계 ____________
이름 ____________ 에게 ____________ 로 연락할 수 있습니다.
아동과의 관계 ____________</td></tr>
<tr><td>3</td><td colspan="5">필요한 경우 119 구조대에 연락을 할 것이며 (기관에서 지정하는 의료기관이나, 부모님이 정하신 ____________ 의료기관으로) 응급수송할 것입니다. 비용은 보호자 부담으로 합니다.</td></tr>
<tr><td>4</td><td colspan="5">의료기관 수송 후에는 다음 의료보험 관련 정보를 주어 신속한 치료를 받을 수 있도록 합니다.

의료보험 종류 ____________
번 호 ____________
기 관 ____________</td></tr>
</table>

3 건강의 관찰과 기록

1) 유아 건강상태 관찰

교사는 일과 시간 동안 유아와 많은 시간을 보내게 되므로 유아의 건강상태를 세심하게 관찰하고 이를 기록하는 습관을 가져야 한다. 유아들은 자신의 신체의 불편함을 언어로 제대로 표현하기가 어려우며 아프면 떼를 부리거나, 울기만 하는 경우도 있다. 유아들은 아픈 부위를 정확히 지적하기 어렵기 때문에 교사가 세심한 관찰을 통해서 유아의 건강 신호를 알아내는 것이 최선이다. 유아의 건강 신호를 알기 위해서 교사는 임의로 상태를 기록하기보다는 체계적인 관찰 기록이나 체크리스트를 이용하는 것이 효율적이며, 이를 통해 간호사나 병원에 유아의 상태에 대해서 정확하게 보고할 수가 있다.

다음 표는 영아의 일일건강관찰 내용을 체크해 볼 수 있는 표이다(박성옥 외, 2003).

표 3-6 | 영아의 일일건강관찰 체크리스트

	눈	귀	코와 목
증상·상태	• 염증(다래끼) • 충혈된 눈 • 사시 • 심하게 눈을 깜박대거나 문지르기	• 귀의 분비물, 통증 • 질문을 듣지 못하는 것 • 귀를 후비는 것 • 듣기 위하여 머리를 돌리는 것	• 계속하여 입으로 숨을 쉬는 것 • 재발하는 감기 • 만성적인 코의 분비물 • 빈번한 코피 • 빈번한 편도선염
	피부와 두피	**치아와 입**	**심장**
증상·상태	• 머리의 비듬 • 발진이나 뾰루지 • 두피나 살갗을 습관적으로 긁는 것	• 충치, 얼룩진 이 • 호흡 시의 악취 • 손가락을 빠는 버릇	• 지나친 숨 가쁨 • 창백한 입술 • 지나치게 창백한 얼굴 • 쉽게 피로해 하는 것
	일반 상태 및 자세	**심장**	**행동**
증상·상태	• 너무 마른 것, 살이 너무 찐 것 • 안색이 좋지 않은 것 • 구역질 또는 토하는 것 • 어지러운 것	• 급속한 체중 감소 • 급속한 체중 증가 • 걸음걸이의 이상 • 어떠한 형태의 기형 • 근육 발육의 이상	• 뽐내고 지나치게 반항적이며 지배적인 것 • 지나치게 흥분하고 통제하지 못하는 감정 • 말더듬이나 기타 대화의 결함 상태 • 거짓말을 하는 것 • 비정상적인 성적 표현

2) 건강검진

교사는 정기적으로 영유아들의 건강을 검진하고 기록한다. 대개 한 학기에 한 번 정도 의사를 초빙하여 단체 건강검진을 받는다. 유치원에서 검사한 결과를 가정에 통보하여 건강검진 결과에 대한 가정에서의 조치 내용을 보고 받고, 보고 결과를 기록, 보관해 두어야 한다. 단체 건강검진이 어려운 경우 각 가정에서 개별적으로 건강검진을 할 수 있도록 가정통신문을 발송한다. 교사는 각 가정에서 건강검진서를 받아서 보관하고 있어야 한다.

다음은 건강검진기록부의 예이다.

표 3-7 | 건강검진기록부의 예

건강검진기록부

<table>
<tr><th>아동명</th><td colspan="60"></td></tr>
<tr><th rowspan="3">체격검사</th><th colspan="20">키(㎝)</th><th colspan="20">몸무게(㎏)</th><th colspan="20">비만 정도</th></tr>
<tr><td colspan="20"></td><td colspan="20"></td><td colspan="20"></td></tr>
<tr><td colspan="60">년 월 일 담임 ( ) 印</td></tr>
<tr><th rowspan="3">치과검사</th><th colspan="12">치료해야 할 치아</th><th colspan="12">빠진 치아</th><th colspan="12">뽑아야 할 치아</th><th colspan="12">치주질환</th><th colspan="12">부정교합</th></tr>
<tr><td colspan="12">( )개</td><td colspan="12">( )개</td><td colspan="12">( )개</td><td colspan="12">( )개</td><td colspan="12">유( )*요교정
무( )*교정중</td></tr>
<tr><td colspan="60">년 월 일 치과의 ( ) 印</td></tr>
<tr><th rowspan="3">시력검사</th><th colspan="12">오른쪽 눈</th><th colspan="12">왼쪽 눈</th><th colspan="12">재검사</th><th colspan="24">교정</th></tr>
<tr><td colspan="12">정 상 ( )
비정상 ( )</td><td colspan="12">정 상 ( )
비정상 ( )</td><td colspan="12"></td><td colspan="24">유( )*요교정
무( )*교정중</td></tr>
<tr><td colspan="60">년 월 일 OO구 보건소</td></tr>
<tr><td colspan="61">ㅇㅇ 유치원</td></tr>
</table>

3) 투약 의뢰서

유아가 아프거나 병이 나서 약을 먹여야 될 상황에 대비하여 교사는 학부모 투약 의뢰서를 구비한다. 학부모는 유아에게 먹여야 될 약을 가져왔을 때 비치된 투약 의뢰서를 작성하여 교사에게 준다. 교사는 투약 의뢰서를 바탕으로 하여 약을 정확한 시간에 정확한 양으로 유아에게 제공한다. 다음은 학부모 투약 의뢰서 예이다.

표 3-8 | 학부모 투약 의뢰서의 예

학부모 투약 의뢰서

월/일	요일	유아명	투약 방법	교사 확인	월/일	요일	유아명	투약 방법	교사 확인

※ 투약에 관한 모든 책임은 의뢰자가 집니다.

4) 건강보고서

유아들이 유치원에 머무는 동안 건강과 안전상의 문제가 발생했을 때, 교사는 부모와 통화를 하고 그 대처 방법에 대해서 의논한다. 사후 조처 후 부모에게 건강보고서를 작성하여 제공한다.

예를 들어, 유치원에서 유아가 갑자기 열이 났다면, 먼저 부모와 통화 후, 유아를 부모가 데려갈 수 있는지 묻고, 유아를 가정으로 귀가시킬 수 없을 때 병원에 데려가거나, 해열제를 먹이는 것에 대해 동의를 구하고, 먹인 해열제의 상표와 용량을 기록해둔다. 부모와 통화한 시간과 내용도 함께 기록해 두어 보관한다.

표 3-9 | 건강보고서의 예

건강보고서

____________ 부모님께

20____________년 ____________월____________일 시간 ____________

____________에게 다음과 같이 증상이 있음을 발견하여 알려드리며 응급조치한 내용을 보고합니다.

콧물 (　　　)　　코막힘 (　　　)　　기침 (　　　)

설사 (　　　)　　변　비 (　　　)　　토함 (　　　)

기타 (　　　)

[응급조치 내용]

작성 교사 ____________ 서명 ____________

ㅇㅇ 유치원

5) 건강관리 체크리스트

교사는 유아의 건강을 관리하는 관리자로서 건강관리 체크리스트를 작성하여 건강관리에 대한 유치원의 역할을 점검할 필요가 있다. 다음은 건강관리에 대한 체크리스트의 예이다.

표 3-10 | 건강관리 체크리스트의 예

건강관리 체크리스트

항목		점검사항	점검
보건관리 기준 및 보건서비스	1	유아 건강관리의 목표, 범주, 필요한 보건서비스 등을 포함한 구체적 관리기준이 서면화되어 있다.	
	2	유아의 입소 신청 시 예방접종표에 따른 접종 여부를 확인하여 입소시키며, 이후 연령에 따른 추가접종 여부를 기록 · 관리한다.	
	3	유아를 대상으로 연1회 건강검진과 체격검사를 실시한 후 기록 · 보관하여 그 결과를 부모에게 알린다.	
	4	매일 유아의 건강상태를 관찰하고 체크하고 기록하고 있다.	
	5	유아의 가정 내 학대증후군(예 멍, 골절, 정서불안 등)을 관찰하고, 유치원 내 학대에 대해서도 민감한 문제의식을 가지고 있다.	
	6	유아의 보건교육, 부모를 대상으로 한 알림이나 교육 등을 통해 건강증진 보건서비스를 행하고 있다.	
	7	건강관리 기록을 분석하고 건강통계를 작성, 활용한다.	
	8	유아 건강과 관련된 모든 기록들은 건강기록부에 잘 정리한 후 유아가 유치원을 퇴원 시 부모에게 돌려주어 평생건강정보로서의 활용을 돕는다.	
	9	종사자 신규채용 시 및 1년 1회의 건강진단을 실시하고 있다.	
	10	종사자의 건강 및 안전관리에 대한 프로그램이 있다. • 있다면 어떤 것? ____________	

<table>
<tr><th>항목</th><th colspan="2">점검사항</th><th>점검</th></tr>
<tr><td rowspan="2">보건관리 인력 및 계속(보수)교육</td><td>1</td><td>건강전문 담당인력이 보건교사로 근무하고 있다.
• 있다면 어떤 자격 ___________ , 없다면 대체인력 ___________</td><td></td></tr>
<tr><td>2</td><td>건강전문 인력은 유아 건강과 관련하여 교육을 받고 있다.
• 받고 있다면 ___________ 년에 ___________ 회</td><td></td></tr>
<tr><td rowspan="4">지원체계 및 감독체계</td><td>1</td><td>유아에게 건강상 문제 발생 시 건강회복을 위해 지역사회체계 내에 협력기관이 1개 이상 있다.</td><td></td></tr>
<tr><td>2</td><td>위와 같은 협력사항을 서면으로 보관하고 있다.</td><td></td></tr>
<tr><td>3</td><td>유아에게 전염병 등 파급효과가 있는 건강문제 발생 시 질병을 관찰하여 보고해야 하는 체계 및 감독기관이 있다.
• 있다면 어디? ___________</td><td></td></tr>
<tr><td>4</td><td>유아 관련 공무원 또는 관련 전문가들로부터 유아 건강관리에 대한 정보를 주기적 또는 계속적으로 제공받고 있다.</td><td></td></tr>
<tr><td rowspan="3">약품·투약 관리</td><td>1</td><td>구급약의 종류, 보관방법 및 보관처, 사용법 및 부작용 등에 대해 서면화하였으며, 유치원 교직원 누구나 잘 알고 사용할 수 있다.</td><td></td></tr>
<tr><td>2</td><td>투약 시 보고서를 작성하여 보호자에게 전달한다.</td><td></td></tr>
<tr><td>3</td><td>의사의 처방 없이도 살 수 있는 약품들의 오남용 인식을 가지고 있고, 이런 약품의 사용 시 일지에 기록하고 부모에게 보고한다.
• 사용한다면 어떤 경우인지? ___________</td><td></td></tr>
</table>

4 안전관리

1) 급식관리 점검

교사는 급식관리 체크리스트를 관리한다. 대개 영양사가 실제적으로 급식관리를 하고 있으나, 영양사 혹은 교사가 급식관리 체크리스트를 서류철하여 보관한다.

급식관리 체크리스트의 예는 다음과 같다.

표 3-11 | 급식관리 체크리스트의 예

급식관리 체크리스트

항목		점검사항	점검
위생관리	1	작업 전 건강상태를 확인한다. (감기, 설사, 손 상처자 등 조리금지)	
	2	위생복, 위생화, 앞치마, 위생모를 착용한다.	
	3	배식 시 배식 전용기구, 마스크, 위생장갑을 사용하고 있다.	
	4	유통기간 확인 및 선입 · 선출을 준수하고 있다.	
	5	식재료 보관실은 항상 청결을 유지하고 있다.	
	6	가열 식품의 중심온도(74℃ 이상)를 측정 · 확인하고 있다.	
	7	조리 후 관리 및 오염방지를 위한 조치를 취하고 있다.	
	8	보존식 보존 및 관리기준을 준수하고 있다. (배식 직전 소독된 전용 용기에 100g 이상 채취하여 144시간 냉동 보관)*	
	9	어류 · 육류 · 채소류를 취급하는 칼 · 도마는 각각 구분하여 사용하고 있다.	
	10	식기류 및 조리기구의 세척, 소독을 철저히 하고 있다.	
	11	쓰레기 및 잔반은 즉시 처리하고 있다.	
	12	세제, 소독제, 살충제에 라벨을 부착하고 분리 보관하여 오염 또는 혼입을 방지하고 있다.	
	13	방충, 방서 등을 위한 정기적인 방역 소독필증을 보관하고 있다.	

항목		점검사항	점검
식재료 관리	1	식재료의 입고 날짜를 기록한 라벨을 부착하고 있다.	
	2	식재료 검수일지를 작성하고 보관하고 있다.*	
	3	식재료의 재고관리(기록유지)를 실시하고 있다.*	
작업 관리	1	조리 후 2시간 이내 배식하고 있다.	
	2	영양사가 작성한 식단을 사용하고 있다.	
	3	표준 레시피를 작성하고 있다.	
	4	영양사나 교사는 검식 후 검식일지 작성 및 배식 점검을 하고 있다.	
시설·설비 관리	1	조리장을 오염작업 구역과 비오염작업 구역으로 구분하고 있다.	
	2	조리장 바닥과 배수로에는 물고임 및 냄새역류 방지 시설이 설치되어 있다.	
	3	후드, 환풍기가 설치되어 있고 청결하게 관리하고 있다.	
	4	방충, 방서를 위한 적정 설비가 구비되어 있고 정기적으로 관리하고 있다.	
급식 경영 관리	1	조리실 내에 단체급식 신고필증, 영양사 면허증, 조리사 자격증이 게시되어 있다.	
	2	유치원에서 직접 조리하고 있다.*	
	3	급식운영계획서가 비치되어 있다.	
	4	급식일지를 작성하고 보관하고 있다.	
	5	위생점검일지를 작성하고 보관하고 있다.	
	6	운영위원회를 통해 자체점검을 실시하고 있다.	
	7	급식내용을 공개(실물전시, 홈페이지 게시 등)하고 있다.	

※ * 가 표시된 점검사항은 집단급식소 미신고 대상시설에서 반드시 준수할 사항은 아님

2) 시설의 안전관리

교사는 유아의 안전을 최우선으로 고려하여야 하며, 특히 유아의 안전을 위해 활동 공간의 크기에 따라 유아의 수가 적절한가를 살펴야 한다. 유아의 수를 고려하지 않고 놀이 활동을 진행할 경우 활동 공간의 부족으로 마음껏 움직이기 어려우며, 유아가 만족할 수 있는 놀이가 이루어지기 어려워 유아들 간에 다툼이 일어날 확률도 높아진다. 따라서 활동의 목적에 따라 공간의 크기를 미리 짐작해 보고 바람직한 활동이 될 수 있도록 한다.

교사는 활동 공간에 따른 적절한 인원 수, 기구의 견고성, 공간 바닥 등에 대해 정기적으로 안전점검을 실시함으로써 유아가 안전한 환경에서 놀이할 수 있도록 하여야 한다. 또한 유아들에게 기구나 도구를 안전하게 사용하는 방법을 알려주고 지속적으로 교육하여 유아 스스로 자신의 안전을 지킬 수 있는 능력과 태도를 갖도록 한다.

다음은 유치원의 안전을 위하여 교사가 점검해야 할 항목에 관한 내용이다.

① 유치원 안전점검 체크리스트

유치원의 안전관리는 매일 점검해야 할 부분과 월별로 점검해야 할 부분이 있다. 교사는 유아들의 안전한 유치원 생활을 위해 교사 스스로 안전에 대하여 인식하고, 실천하는 태도를 지녀야 한다. 다음은 교사가 유치원 안전점검을 위한 일별 체크리스트와 월별 체크리스트의 예이다.

표 3-12 | 유치원 안전 일별 체크리스트의 예

일별 체크리스트

구분	점검항목	점검결과						조치사항
		/	/	/	/	/	/	
		월	화	수	목	금	토	
실외 환경	유치원 보호벽 및 유치원 주변의 관리 상태는 양호한가?							
	실외놀이 공간 주변의 돌, 유리조각, 요철, 녹이 슨 부분, 벗겨진 페인트, 돌출된 모서리가 방치되어 있지는 않은가?							
	확인되지 않는 식물이나 잡초는 모두 제거하였는가?							
	놀이터 바닥에 오물, 방치된 물웅덩이가 없는가?							
실내 환경	문과 창문 등의 추락 위험은 없는가?							
	바닥에는 다칠 수 있거나 미끄러운 곳이 없는가?							
	복도, 계단, 비상계단, 미끄럼대 등에 방치된 물건이 없어 피난계단, 미끄럼대 등을 사용하기에 양호한가?							
	모든 교육용품과 비품이 제자리에 있는가?							
	교육용품이나 비품, 유리창 등에 날카로운 모서리는 없는가?							

구분	점검항목	점검결과						조치사항
		/	/	/	/	/	/	
		월	화	수	목	금	토	
놀잇감 및 놀이기구	망가져 날카롭고 위험한 것은 없는가?							
	유해 색소가 칠해진 놀잇감은 없는가?							
	영유아가 삼킬 만한 작은 놀잇감이나 부품은 없는가?							
	부품이 빠지거나 작은 볼트 등이 빠진 것은 없는가?							
	놀잇감 및 놀이기구의 수납 상태가 양호한가?							
화장실 · 세면대	화장실 내 세제나 락스 등 위험한 물건이 영유아들의 손이 닿는 곳에 방치되어 있지 않는가?							
전기 · 화기 · 위험물	콘센트는 안전덮개로 보호되어 있는가?							
	전선이 늘어져 있지 않는가?							
	화기에 의한 안전사고 위험은 없는가?							
	위험물에 의한 안전사고 위험은 없는가?							
	가스밸브와 가스중간밸브 잠금은 양호한가?							
차량 안전	차량 내 소화기 · 비상약품 비치 여부 및 비치상태가 양호한가?							
	차량 내 안전벨트 등 안정장비의 상태는 양호하며 유아와 보호자는 차량 내 안전벨트를 착용하는가?							
	차량에 유아를 보호할 수 있는 사람(교사 등)이 탑승하는가?							
기타	응급전화번호 및 비상연락망 등이 잘 관리되고 있는가?							

※ 점검상태 : 양호 ○, 보통 △, 불량 ×

표 3-13 **유치원 안전 월별 체크리스트의 예**

월별 체크리스트

구분	점검항목	점검결과	조치사항
		월	
안전관리	안전관리의 책임 및 위기관리 체계가 적합한가?		
	일별 안전점검 체크리스트에 의해 관리되고 있는가?		
실외환경	유치원 주변에 감전 위험은 없는가?		
	위험한 적치물, 축대 붕괴, 맨홀 등에 대한 위험은 없는가?		
실내 환경	모든 설비는 움직이거나 떨어지지 않도록 바닥과 벽면에 단단히 고정되어 있는가?		
	창문, 방충망의 상태는 안전한가?		
	유치원 내 비품 및 교육용품에 풀린 나사나 못은 없는가?		
현관 · 통로 · 계단 · 비상구	출입문, 현관문 등의 안전장치는 정상 작동하는가?		
	계단, 통로 부분에 미끄럼 방지처리가 되어 있는가?		
	계단의 안전 상태는 양호한가?		
화장실 · 세면대	화장실 내 전기 콘센트 등 전기용품은 안전한가?		
	세면대의 고정 상태는 안전한가?		
조리실 · 식당	환기가 잘 되고 있는가?		
	조리용 칼이나 기타 위험한 주방기구는 지정된 안전한 장소에 보관하고 있는가?		
	유아의 출입이 잘 통제되고 있는가?		
	급식종사자의 위생 상태는 양호한가?		
	배수가 잘 되고 배수구에는 덮개가 설치되어 있는가?		
실외놀이기구 및 공간	모든 놀이기구가 바닥에 안전하게 고정되어 있는가?		
	놀이 시설물의 상태(틈새나 간격)가 유아의 몸에 끼이지 않는 넓이인가?		
	기초대, 지지대 등 매설 부분이 노출되지 않았는가?		
	모든 놀이기구 아래와 주위(안전지대)의 충격흡수재 성능은 양호한가?		
	보수가 필요한 놀잇감 및 놀이기구가 방치되어 있는가?		
	놀이기구의 높이가 유아에게 적합한가?		
	품질경영 및 공산품 안전관리법에 의한 안전검사를 필한 제품인가?		

구분	점검항목	점검결과	조치사항
		월	
전기·가스·위험물 안전관리	전선, 콘센트, 플러그 등 손상된 부분은 없는가?		
	한 개의 콘센트에 용량을 초과해 사용하고 있지 않은가?		
	전기기구는 규격 전선을 사용하고 있는가?		
	각종 전기기구의 접속 상태가 노후, 파손된 곳은 없는가?		
	분배전반 및 각종 전기기구의 노후 및 파손된 것은 없는가?		
	가스경보기의 설치상태가 양호한가?		
소방시설 관리	대피를 위한 대피도가 잘 관리되어 있는가?		
	소화기, 스프링클러 등 소화 장비의 작동 및 관리 상태는 양호한가?		
	자동화재 탐지설비의 설치상태가 양호한가?		
	옥내 소화전의 관리 및 작동이 양호한가?		
비상대피 시설관리	비상계단 및 미끄럼대 등이 화재 등 유사 시 사용이 가능한가?		
	피난유도등, 유도표지등이 잘 갖추어져 있고 정상 작동하는가?		
	건물 내 대피경로에 장애가 되는 요소는 없는가?		
차량 안전관리	차량은 점검기준에 의해 정기적으로 안전점검을 실시하고 있는가?		

※ 점검상태 : 양호 ○, 보통 △, 불량 ×

4

교실환경 준비

1. 실내 교육환경

2. 교재 · 교구

1 실내 교육환경

2009년부터 본격적으로 유아교육기관에서 이루어지고 있는 평가는 보다 질 좋은 유아교육기관을 지향하기 위한 것이다. 교육환경에 대한 평가방향은 실내 · 외 교육환경 및 시설 · 설비가 적합한지, 교재 · 교구의 선정 · 활용 및 관리가 적절한지를 점검하고 있다. 그 이유를 살펴보면, 교육환경은 교육과정의 성공적 운영과 밀접한 관련이 있기 때문이며, 특히 유아는 주변환경과의 긴밀한 상호작용을 통해 학습 · 발달하므로 유치원의 교육환경을 어떻게 구성 · 제공하느냐가 매우 중요하기 때문이다.

유치원 환경은 교사의 교육적인 힘과 질에 대한 숙고의 장소이므로 환경이 어린이를 교육한다고 하여도 과언이 아니다. 어린이에게 '교육자' 로서의 역할을 하기 위해 환경은 융통성이 있게 자주 재구성되어야 할 것이다(이연섭, 1998). 즉, 유치원에 있는 사람을 둘러싼 모든 것들과 사람들이 쓰는 모든 것(물체, 자료, 구조물)은 수동적인 요소로 여기지 않아야 할 것이다(김희진 · 오문자, 1997).

아래의 [표 4-1]은 유아교육기관 평가항목에서 추출한 내용으로 구성된 점검표이다. 실내 교육환경을 정비할 때 [표 4-1]을 참고하여 점검해보도록 한다.

표 4-1 | 실내 교육환경 점검표

번호	평가항목	1	2	3	4	5
1	실내 흥미영역의 구성이 적합한가?					
2	흥미영역의 수가 적절한가?					
3	흥미영역은 공간의 크기, 활동 관련성, 소음 정도 등을 고려하여 효율적으로 구성되어 있는가?					
4	영역은 필요에 따라 융통성 있게 재구성하여 사용하고 있는가?					
5	실내 공간의 전시 및 게시가 교육적인가?					
6	실내 공간의 전시 및 게시가 심미적인가?					
7	전시가 주제와 연결되어 있는가?					
8	전시는 유아들의 작품이나 활동 진행 과정이 포함되어 있는가?					

※ 「1」-매우 그렇지 않다, 「2」-조금 그렇지 않다, 「3」-보통이다, 「4」-조금 그렇다, 「5」-매우 그렇다

1) 실내 흥미영역 구성

보통 유치원 교실이 유아들의 학습활동과 생활활동을 촉진하도록 효과적으로 만들기 위해서는 필요한 양과 질을 갖추어야 한다(김주건, 1992). 설비기준에 맞는 물리적 환경을 조성한 후, 개인차를 고려하여 활동할 수 있도록 활동영역별 공간 구성과 배치를 한다. 활동의 특징에 따라 교실 공간을 진열대나 수납장으로 언어, 수, 과학, 미술, 음악, 조작, 쌓기 등으로 나누어 구성한다(서영숙 · 서지영, 2001). 교구장을 이용하여 영역을 구분하는 것은 각 활동영역에 폐쇄감을 주며, 이를 통해 이루어진 통로는 아동들의 빠른 움직임을 둔화시키는 작용을 하게 되어 유아로 하여금 한 활동에 집중하게 한다(이연숙 교수연구실, 1997).

교실영역 구성의 중요도가 크고, 그 구성에 따라 유아들의 놀이 활성화 및 적절성이 크게 좌우되므로 교사의 교실 업무 중 영역 구성은 무척 중요하고 우선되어야

할 것임에 틀림없다. 실내 흥미영역을 구성하는 데 있어 고려해야 할 사항을 살펴보면 다음과 같다(서혜정 · 한애희, 2006).

(1) 언어영역

언어영역은 듣기, 말하기, 읽기, 쓰기가 통합적으로 이루어지도록 구성을 하는 것이 바람직하다. 교실 공간이 적은 규모일 때는 언어영역을 세분화시키면서 듣기, 말하기, 읽기, 쓰기를 환경으로 통합적으로 제공하기가 어려울 수 있다. 배정받은 교실 여건에 맞도록 융통성 있게 구성하도록 한다.

유아들은 은밀하면서도 쉴 수 있는 공간을 좋아하므로 책을 읽는 공간은 안락한 분위기를 마련해 주도록 한다. 쓰기영역에는 유아들이 책을 자유롭게 만들 수 있는 도구를 준비한다. 도구로는 스테이플러, 펀치, 끈, 링 등이 필요하며 주제에 관련된 책 또는 주제와 무관한 책, 주제와 관련된 모양책, 작은 책 등을 자유롭게 만들 수 있다. 자유롭게 주제를 정하여 책을 펴내는 출판의 기회를 가지는 경험은 중요하므로 교실에 반드시 출판할 수 있는 작은 출판사를 만들도록 한다. 언어영역에서의 쓰기 코너가 작은 출판사의 역할을 할 수 있으므로 언제든지 원하는 순간에 출판의 기회를 가지도록 한다.

특히 만 5세 유아인 경우에는 쓰기에 대한 흥미와 욕구가 많고 출판에 대한 관심이 많으므로 별도의 공간을 만들어준다. 언어영역에서 나온 결과물을 그때그때마다 유아들이 스스로 전시할 수 있는 공간을 마련하도록 한다.

▲ 철망을 이용한 전시

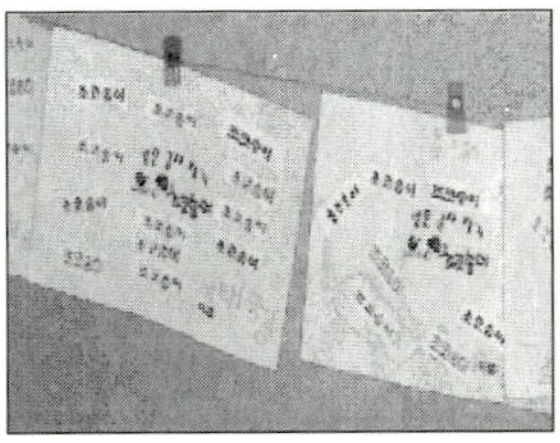

▲ 집게로 걸기

▲ 유아들이 활동한 결과물을 책으로 묶어 도서영역에 제시

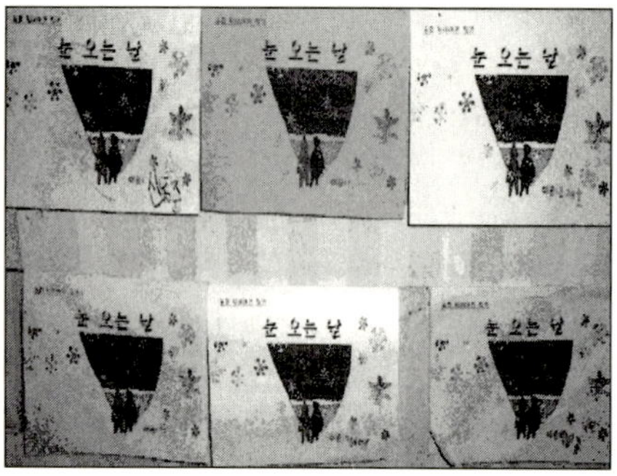

▲ 책을 반으로 접어 끈에 걸기

▲ 유아들이 만든 책을 모빌로 전시

(2) 수학영역

현장에서 수학영역의 교구장을 살펴보면 게임판 · 주사위 · 말 · 카드로 구성되어 있는 게임 자료가 대부분이다. 그룹게임이 유아들에게 흥미를 유발하며 수의 교육내용을 학습시켜줄 수 있는 좋은 방법이기는 하나 다양한 수학활동 자료를 준비하여 유아들이 직접 조작하며 탐색하고 놀이할 수 있는 기회를 주는 것이 바람직하다.

일정한 규칙으로 반복되어 있는 패턴 자료, 분류할 수 있는 활동 자료, 1:1 대응할 자료, 공간과 기하활동 자료, 측정활동 자료, 패턴활동 자료 등을 준비하여 다양한 수학교육활동이 이루어지도록 한다.

(3) 과학영역

▲ 거북이 먹이주기

▲ 식물 기르기

유아들에게 생명을 통해 자연의 소중함과 생명의 존귀함을 자연스럽게 느끼고 배울 수 있는 환경을 제공하여 관찰하며 세심한 눈을 기르도록 한다.

과학영역에는 유아들이 물리학으로서의 과학활동, 화학으로서의 과학활동, 생물학으로서의 과학활동을 다양하게 경험할 수 있도록 준비한다.

(4) 조형영역

조형영역에는 평면조형, 입체조형, 명화감상, 색종이 접기, 점토놀이 등 다양한 조형활동이 일어나도록 환경을 조성한다. 명화와 관련된 소품을 준비하여 명화 속의 등장인물을 따라 몸으로 표현해 볼 수 있다. 색종이 접기 자료는 색종이 외에 사용했던 잡지나 포장지를 다양한 크기로 잘라 크기에 따라 분류하여 제공한다. 어떤 재료들이 배치되었는지 유아들이 쉽게 알 수 있도록 투명한 용기에 담아 두거나 플라스틱 바구니에 종류별로 담아 라벨링 표시를 하도록 한다. 유아들이 쉽게 꺼내어 사용할 수 있도록 다양한 재료를 배치한다. 유아들이 완성한 작품과 완성하지 못한 작품을 분류하여 정리할 수 있도록 '다 했어요' 바구니와 '더 해야 돼요' 바구니를 준비한다.

▲ 조형영역 교구장

▲ 다양한 재료

▲ 명화감상의 명화 제시

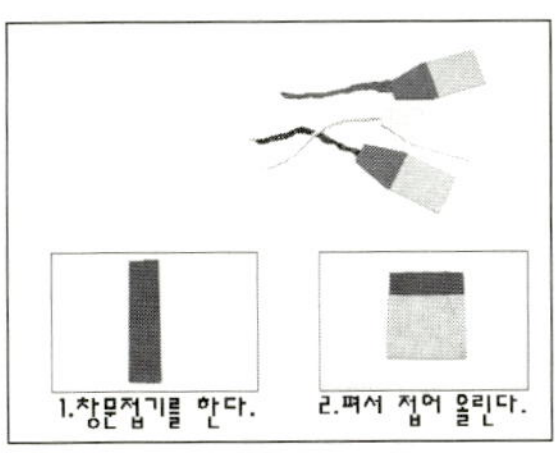

▲ 색종이 접기 자료 제시

▲ 점토영역

▲ 주제에 맞는 점토판

(5) 쌓기영역

▲ 블록사진을 이용한 정리 표시

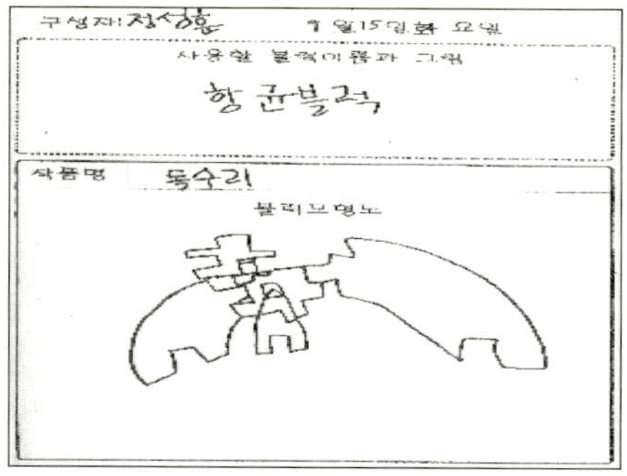

▲ 블록 구성 설계도

쌓기영역은 다양한 블록 종류, 집 · 나무 · 사람 모형 등을 이용하여 다양한 구성 활동이 이루어지도록 한다. 사전에 구성할 것을 계획하여 설계도를 그리고 블록을 이용한 구성놀이를 즐길 수도 있다. 자유 구성놀이뿐만 아니라 주제와 관련되어 구성놀이를 즐길 수 있는 제안한다.

(6) 역할영역

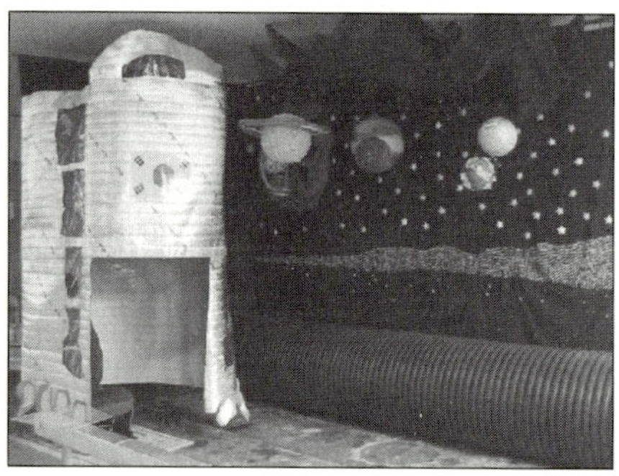

▲ 주제에 따라 유아들이 구성한 역할영역

역할영역은 학기초에는 가장 일반적인 역할영역 환경을 제시하는 것이 좋다. 누구나 즐겨 놀이했던 아빠 · 엄마 놀이를 할 수 있도록 제시한다. 이외에도 유아들이 선택하여 놀이할 수 있는 소품인 미용실놀이, 의사놀이, 가게놀이 등도 준비한다.

점차 주제와 관련된 역할영역을 구성하여 놀이할 수 있으며, 이때 유아들과 협의하여 유아들이 준비하고 구성할 수 있도록 한다. 이때 현장견학은 중요한 역할을 하게 될 것이다. 현장학습에서 새롭게 접하게 된 물건은 이후 역할영역에서 새롭게 재구성하여 확장하며 놀이할 수 있게 되므로(DeMarie, 2001) 현장학습의 경험을 역할영역과 연결함으로써 극화놀이를 활성화시킬 수 있다(Matthews, 2002).

(7) 음률영역

▲ 음악감상을 할 수 있는 은밀한 공간

▲ 자유롭게 악기탐색을 하며 악기놀이하기

▲ 악기를 진열한 교구장

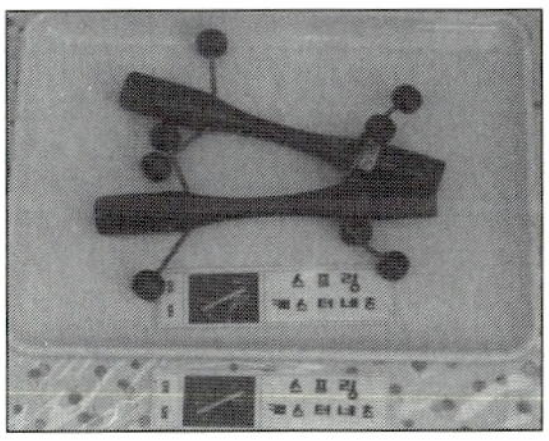

▲ 악기 라벨링

▲ 노래판 가사 및 도입 자료

▲ 테이프 제시

음률영역에는 주제에 관련된 다양한 소리, 클래식 음악, 우리나라 전통음악, 동요 테이프를 준비하여 선택하여 들을 수 있도록 한다. 음악감상을 할 수 있는 조용하고 은밀한 공간도 필요하다. 대집단에서 배웠던 노래의 도입 자료(그림판, 그림카드 등), 노래 가사판을 음률영역에 제시하여 노래를 즐기는 시간을 가질 수 있도록 한다. 음률영역에 제시된 다양한 악기에는 정리 표시를 하여 스스로 정리할 수 있도록 한다.

2) 실내 공간의 전시 및 게시

어린이들의 작품은 전시하여 공간을 아름답게 하는 데 기여하는 것 이외에도 특정활동, 교육적 접근, 활동의 여러 단계에 대한 기록을 제공한다(김희진 · 오문자, 1997). 교사는 전시의 내용을 유아들의 작품에만 한정할 것이 아니라 어린이들 스스로 한 작업, 교사의 반성, 어린이들의 사진, 그리고 그들의 대화를 기록하여 전시 벽면을 장식하도록 한다. 이러한 전시는 어린이의 사고와 탐색의 과정을 이해하는 데 도움을 준다(이연섭, 1998). 이를 위해서 교사는 기록작업이라는 과정이 하루 일과 밖의 추가 업무가 아닌 일과의 부분이 되도록 한다(김희연 · 신옥순 · 연비숙 · 유혜령 · 정선아, 2007).

전시할 때에 공간을 3차원으로 활용하도록 한다. 학습활동을 기능적으로 할 수 있도록 영역의 성격에 따라 바닥을 입체적으로 구성하고, 벽면은 학교나 유아들의 학습에 대한 정보를 알리는 '말하는 벽'으로 활용한다. 천장에는 유아들의 작품이나 자연물, 모빌 등을 매달아 전시하며 스크린 등을 장치하여 필요할 때 사용할 수 있도록 할 뿐 아니라 그물망, 밧줄 등을 공간에 장치하여 놀이에 이용한다. 유아들의 활동 과정과 표상물을 기록화 하여 전시함으로써 얻게 되는 '전시의 힘'은 교수와 학습을 위한 도구로서 작용하게 되는데(김은희, 2000), 이는 유아의 의도를 읽는 방법을 앎으로써 가능해진다(김은희 외, 2006). 이 밖에도 유아가 관찰하고, 질문하고, 조사하는 자원을 게시함으로써 유아들의 학습을 돕도록 한다(권기욱, 2006).

유아의 작품은 다양한 방법으로 게시한다. 유아들의 작품이 돋보일 수 있는 다양한 구도, 새로운 작품이 나오면 바로바로 교체하여 게시할 수 있는 공간(끈을 연결해 게시), 테마가 있는 공간(배경틀을 만들어 게시), 공간을 활용한 모빌 등 다양한 방법으로 게시한다.

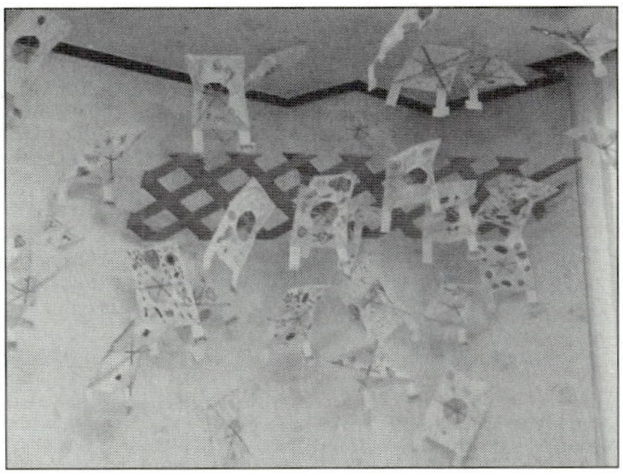

▲ 모빌로 전시

▲ 선반에 전시

▲ 환경판 안에 게시

▲ 배경틀을 만들어 게시

▲ 철사를 이용 모빌 전시

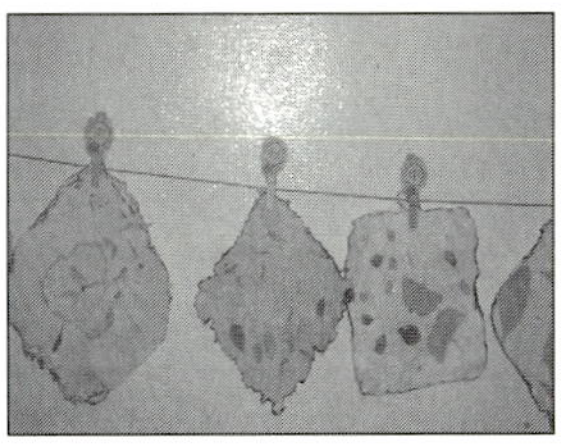

▲ 끈을 연결해 게시한 예

▲ 창틀 점토 작품 전시

2 교재 · 교구

아래의 [표 4-2]는 유아교육기관 평가항목에서 추출한 내용으로 구성된 점검표이다. 교재 · 교구를 정비할 때 [표 4-2]를 참고하여 점검해보도록 한다.

표 4-2 | 교재 · 교구 관리 체크리스트

번호	평가항목	1	2	3	4	5
1	유아발달 수준과 주제에 적합한 교재 · 교구를 구비하고 있는가?					
2	유아발달 수준과 주제에 적합한 교재 · 교구를 효과적으로 활용하고 있는가?					
3	교재 · 교구를 체계적으로 정리 · 관리하고 있는가?					

※「1」-매우 그렇지 않다,「2」-조금 그렇지 않다,「3」-보통이다,「4」-조금 그렇다,「5」-매우 그렇다

1) 교재 · 교구의 활용

(1) 교재 · 교구 배치

유아들이 교재 · 교구를 얼마나 쉽게 꺼내어 활용하는가는 교재 · 교구의 다양성이나 질보다도 더 중요하다. 교사는 교재 · 교구를 활용하는 공간이 비좁거나 다른 활동에 의해 방해를 받는지, 유아들이 교재 · 교구를 사용하는 횟수를 관찰하여 배치에 문제점은 없는지 점검하여 재배치해주는 노력이 필요하다.

교재 · 교구의 배치에 따라 교육적 효과가 달라질 수 있으므로 세심하게 계획하여 환경 구성을 한다. 교재 · 교구 배열 시 고려할 점을 다음과 같다(이대균 · 송정원, 2000; 한성희 · 임연진, 2005).

① 흥미영역의 개방된 선반

교재 · 교구는 흥미영역별로 영역교구장을 별도로 준비하여 그 영역에 맞게 배치하는 것이 바람직하다. 시각적으로 보이지 않고 꺼내거나 넣기 힘든 교재의 사용 빈도는 매우 낮으므로 유아들이 시각적으로 보고 선택할 수 있도록 개방된 장에 배치해야 한다.

② 낮은 선반

눈높이에 맞는 낮은 선반은 유아 스스로 꺼내거나 정리하는 것을 용이하게 한다.

③ 정돈된 배열

유아가 사용하기 전의 교재 · 교구의 배열 형태는 사용 후 정리 · 정돈의 모델이 된다. 조각으로 된 교재 · 교구의 경우 바구니나 상자에 담아 정돈하여 이동이 용이하도록 한다. 또한 유아나 교사들이 사용하고 정리하기 편하도록 장에 표시를 해 둔다.

④ 교육 목적의 반영

언어영역, 수학영역, 과학영역 등 각 영역의 특성과 주제에 맞는 교구를 배치하여 유아들이 선택하여 놀이하도록 한다. 또한 다른 교재 · 교구와의 보완관계를 고려하여 관련된 자료는 인접한 곳에 배치함으로써 교재 · 교구를 찾는 데 소모되는 시간을 줄인다.

⑤ 안정적이고 매력적인 공간

교재 · 교구는 눈에 띄기 쉬운 곳에 배치하되 매일 사용하는 교재 · 교구는 책상이나 선반에 고정시켜 놓고 사용할 수 있도록 한다. 그리고 유아가 이동시키기 힘든 교재 · 교구는 책상이나 선반에 고정시켜 놓고 사용할 수 있도록 하며 파손되기 쉬운 기자재, 과학 기기 등은 안전한 장소에 보관한다.

(2) 교재 · 교구 정리 방법

교재 · 교구에 따라 효율적으로 제시방법 및 정리방법이 다양하다(서혜정, 2007; 이대균 · 송정원, 2000). 폐품을 이용하거나 교재 · 교구 제작 시 남은 재료를 이용하여 작은 소품(카드, 말 등)을 넣을 조그만 상자를 만들 수 있다.

① 윤곽을 그리는 방법

- 커다란 블록류, 목공놀이도구, 관찰도구, 작업에 필요한 자료, 악기류, 극놀이에 필요한 가면 등

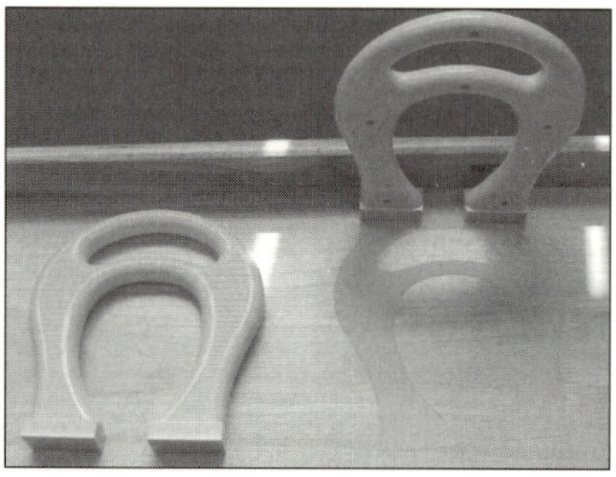

▲ 크기가 커서 다른 보관함에 넣기보다는 각각 개별로 정리하는 것이 효율적일 때, 모아 정리할 경우 파손이 염려되는 경우에는 윤곽을 그려 정리한다. 윤곽을 그려 정리할 때에도 사물의 명칭을 함께 기록하여 문해 환경을 제공하도록 한다.

② 꽂이대를 사용하는 방법

- 막대 인형류, 미술활동에 필요한 용구류, 신체활동에 사용되는 지시카드나 깃발, 카드의 내용이 보이지 않게 정리되어야 할 막대카드 등

▲ 꽂이대의 사용은 놀이공간을 많이 차지하여 교구장의 중간 부분에 넣을 경우 내용이 잘 보이지 않으므로 교구장의 제일 윗칸에 배치하여 유아들이 쉽게 찾아볼 수 있도록 한다. 작은 돗바늘은 스펀지, 또는 사인펜 뚜껑을 이용하여 정리한다.

③ 칸막이 분류함을 이용하는 방법

- 조형영역에 있는 작은 재료, 다양한 종류의 카드 등

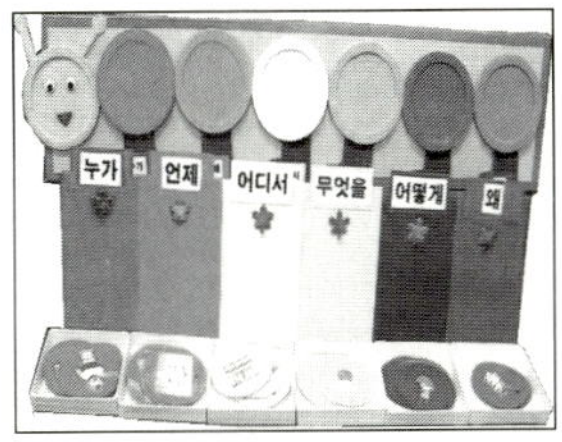

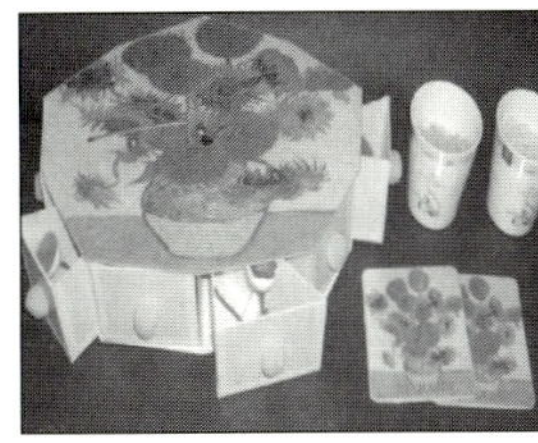

▲ 폐품을 이용하여 간단히 칸막음을 하거나 달걀판, 칸막이 접시, 구분된 플라스틱 통 등을 사용할 수도 있다.

④ 파일박스를 이용하는 방법

- 작업이나 실험 등의 방법이 적힌 작업카드, 여러 가지 그림자료, 다양한 종류의 게임판, 역할놀이에 필요한 소품 등을 넣을 때

▲ 속 안의 내용물이 보이지 않는 경우가 대부분이므로 박스의 옆면 또는 앞면에 그림과 낱말로 표시를 해주어 유아들이 선정하기 용이하도록 해준다.

⑤ 파일책을 이용한 것

- 극놀이에 필요한 배경, 커다란 게임판, 만들기에 대한 설명서, 음악놀이에 필요한 악보, 그림동화 자료, 관찰 기록지, 융판 자료 등 배치

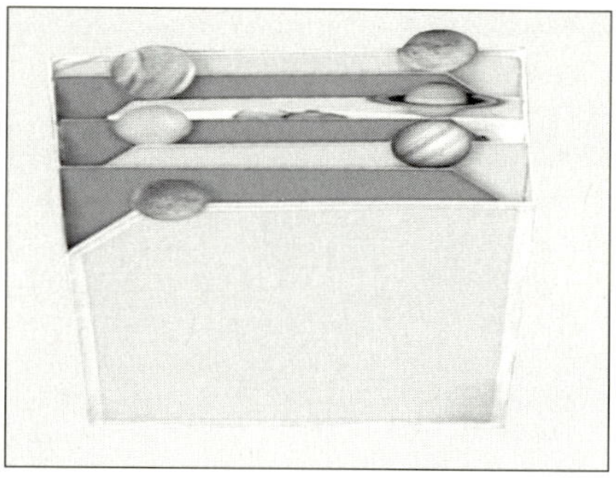

⑥ 바구니와 상자, 주머니를 이용하는 방법

- 한 종류로 많은 사물을 담아둘 때, 팥주머니, 공, 조약돌, 같은 모양의 작은 블록류 등

▲ 손이 충분히 들어갈 구멍을 확보하고, 속의 내용이 보이지 않도록 손이 들어갈 구멍을 천으로 마무리 한다.

⑦ 게시판과 벽면을 이용하는 방법

- 자석을 이용한 교재 · 교구, 융판을 이용한 것, 동시 차트, 요리 순서표, 그래프 자료, 과녁 맞추기와 같은 게임 자료 배치

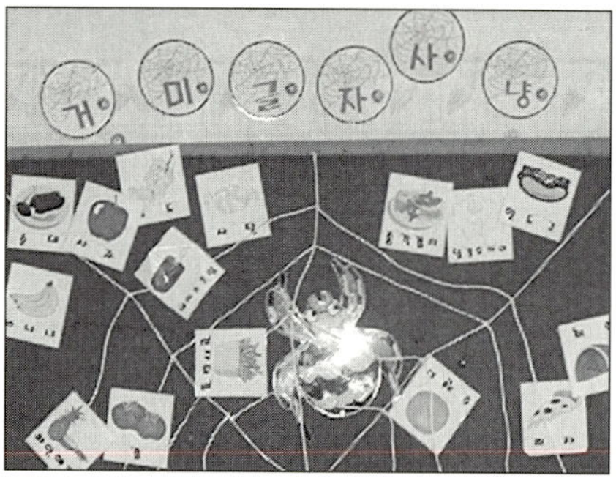

(3) 교재 · 교구 제시

유아는 자유선택활동 중 교재 · 교구의 준비도에 따라 활동에 적극적으로 초대받는 분위기 또는 방치되고 통제받는 분위기를 경험하게 되며, 자신의 창의적인 과정 중심적 놀이 방식이 때로 교사의 목표지향적인 교재 · 교구 관념에 의해 방해를 받게 된다(유혜령, 1998). 교재 · 교구를 유아들에게 제시하는 과정은 교재를 선정하는 것 이상으로 중요하다. 왜냐하면 교재 · 교구의 제시방법에 따라 기대되는 목표를 달성할 수도 있고 못 할 수도 있기 때문이다. 이를 반영하여 교재 · 교구를 제시할 때 교사가 고려해야 할 기준을 살펴보면 다음과 같다(오연주 외, 2003; 한성희 · 임연진, 2005).

- 유아들의 발달수준을 고려한다.
- 가장 효과적인 시기에 제시한다.
- 구체적이고 단순한 것에서 추상적이고 복잡한 것으로 제시한다.
- 교재 · 교구를 점차 바꾸어 나간다. 교재 · 교구를 교체할 때 한꺼번에 바꾸기보다 몇 가지씩 바꾸어 나간다.
- 새로운 활동을 몇 개 첨가해 준다.
- 주제에 적합한 교재 · 교구를 제시한다.

교재 · 교구의 활용을 활성화하는 제시방법의 예는 다음과 같다(서혜정, 2007).

- 교재 · 교구를 제시할 때 교사의 방법을 일방적으로 제시하지 않는다. 준비된 교재 · 교구를 탐색해 보고 어떻게 활용하여 놀이할 수 있을지 반 유아들과 토론하여 유아들의 생각을 반영한 놀이방법을 정하도록 한다.

> • 무엇이 준비되어 있니?
> • (준비된 자료를 하나씩 보여 주며) 먹보 사슴벌레 게임판, 돌림판 1개, 말 2개(사슴벌레), 나뭇잎 판 2개, 황오색나비 그림카드 10개, 풍뎅이 그림카드 10개가 준비되어 있구나.
> • 이 교구의 제목은 '먹보 사슴벌레' 란다.
> • 준비된 자료를 이용하여 어떤 놀이를 할 수 있을까?

- 교재 · 교구의 도입을 이야기로 들려주어 유아들의 흥미를 끈다.

나무 숲속에 먹보 사슴벌레가 있었어요.
이 먹보 사슴벌레는 얼마나 먹보인지 나무진을 모두 차지하려고 했대요.
"내가 이 나무의 나무진을 다 차지할 거야."
"어느 누구도 나무진을 건드리지 못해."
조그만 '부스럭' 소리에도 먹보 사슴벌레는 '휙' 돌아보며 아무도 건드리지 못하게 했어요.
먹보 사슴벌레가 사는 참나무에는 그 어느 누구도 얼씬 할 수가 없었어요. 왜냐하면 먹보 사슴벌레가 보이는 곤충마다 턱으로 날려버렸거든요.
오늘도 먹보 사슴벌레가 사는 참나무에는 이 사실을 모르는 곤충들이 찾아왔다가 먹보 사슴벌레의 턱에 당하고 말았대요.
'쓩~!'

- 교재 · 교구에 관련된 이야기를 신체표현 또는 극화활동으로 전개한다. 교구만을 소개하는 활동으로 전개하는 것이 아니라 다른 영역과 통합하여 접근하도록 한다. 통합적 접근의 장점은 유아들의 흥미를 유지시키며 유아에게 개념적 이해를 쉽게 해주고 재미와 교육이 함께 이루어지기 때문이다.

- 먹보 사슴벌레 이야기를 역할극놀이로 해 보면 어떨까?
- 먹보 사슴벌레 이야기로 역할극놀이를 하려면 어떤 등장인물이 필요하겠니?
- 무대의 배경은 어디일까?
- 누가 먹보 사슴벌레가 되어 보겠니? 다른 곤충으로는 어떤 역할을 정해 볼까? 누가 해 보겠니?

- 교사가 사전에 계획한 교구 활동방법은 유아들이 제안하는 방법과 같이 하나의 제안으로 존재한다.

표 4-3 | 게임활동방법

① 말과 나뭇잎 판을 하나씩 나누어 갖는다. ② 순서를 정한다. ③ 먹보 사슴벌레 게임판 위에 황오색나비, 풍뎅이 그림카드를 올려놓는다. ④ 말을 빈 칸에 올려놓는다, ⑤ 방향 돌림판을 돌려 나온 방향대로 말을 움직인다. • 위, 아래, 왼쪽, 오른쪽이 나오면 방향대로 한 칸 움직인다. • ★ 3이 나오면 원하는 방향으로 3칸 이동한다. • 그림이 나오면 사슴벌레의 모습을 흉내 낸다. ⑥ 말이 도착한 곳에 곤충카드가 있으면 사슴벌레 턱으로 곤충그림카드를 '쓩~!' 하고 날린다. 밖으로 나간 곤충카드는 자신의 나뭇잎 판 위에 놓는다. ⑦ 게임판 위에 곤충카드가 없어질 때까지 계속 같은 방법으로 한다. ⑧ 게임판 위에 곤충카드가 다 없어지면 게임은 끝난다. ⑨ 나뭇잎판 위에 모인 곤충카드의 수를 센다. ⑩ 많은 수의 곤충카드를 가진 유아가 이긴다.

- 자유선택활동시간이 끝난 후 새로운 게임방법으로 놀이해 본 경험을 소개하는 시간을 갖는다. 그러면 유아들은 협의한 게임전략을 익히고 새로운 게임방법을 창안하는 데 참여하게 된다. 즉, 한 교구에 다양한 놀이방법을 수용하도록 한다.
- 교재 · 교구 소개 시 유아들을 참여시킨다. 연령이 어릴수록 구체적인 활동을 제시한다. 게임식의 교구라면 교사 대 유아 팀으로 나누어 게임을 진행한다.
- 하나의 교구가 하루의 일과 수업에서 다양하게 활용되어 서로 연계되어 활동이 이루어지도록 한다. 예를 들면 자유선택활동시간에 소개하고자 하는 교구가 사전활동으로 이야기 나누기가 되고 이어서 극화놀이가 이루어진다. 아래의 표는 주 활동으로서의 교재 · 교구인 '먹보 사슴벌레' 활동이 하루 일과의 주요활동과 연계되어 다양하게 활용하는 수업의 사례를 보여준다. 사전활동–자유선택활동–사후확장활동으로 이어지는 교재 · 교구 활용하기는 예전의 각 단위활동마다 서로 다른 교재 · 교구로 수업 준비를 하

던 방법에서 서로 연관되게 수업이 이루어짐으로써 유아들에게는 통합적으로 접근이 이루어져 교육 효과를 높일 수 있게 된다.

표 4-4 | **교구-먹보 사슴벌레를 이용한 하루 일과의 활동이 연계되어 통합적으로 접근된 경우의 사례**

사전활동	이야기 나누기
	역할극놀이
주 활동	자유선택활동: 먹보 사슴벌레 교구 소개
사후확장활동	먹보 사슴벌레에 관련된 조형활동, 책 만들기

2) 교재 · 교구의 체계적인 관리 및 보관

아래의 [표 4-5]는 유아교육기관 평가항목에서 추출한 내용으로 구성된 점검표이다. 교재 · 교구의 체계적인 관리 및 보관을 위해 [표 4-5]를 참고하여 점검해보도록 한다.

표 4-5 | **교재 · 교구의 관리 및 보관 점검표**

번호	평가항목	1	2	3	4	5
1	교재 · 교구가 연령별, 주제별로 정리되어 있는가?					
2	교재 · 교구의 사용과 보관이 용이하도록 체계적으로 관리하고 있는가?					
3	교실에 교재 · 교구의 배치가 유아들이 활용하기 용이하게 되어 있는가?					
4	교재 · 교구 목록이 작성되어 보관되어 있는가?					

※ 「1」-매우 그렇지 않다, 「2」-조금 그렇지 않다, 「3」-보통이다, 「4」-조금 그렇다, 「5」-매우 그렇다

(1) 교재 · 교구 보관 설비

① 교재 · 교구실

교재 · 교구가 많다 하여도 정리 및 보관이 체계적으로 되어 있지 않다면 활용 정도가 낮아져 애써 준비한 교재 · 교구가 그 가치를 발하지 못하게 된다. 그러므로 교재 · 교구 보관실은 사전에 계획하는 것이 바람직하다. 만약 독립된 방으로 교재 · 교구실을 준비할 수 없다면 각 연령마다 가장 가까운 장소로 나누어 정리할 수 있도록 유아교육기관의 건물 내에서 사용하지 않는 여유 공간을 확보하여야 한다(서혜정, 2007).

교재 · 교구 보관실은 청결하고 통풍이 잘 되도록 유지한다(탐라교육원, 2006). 습도조절이 가능하도록 지하에 배치하지 않도록 해야 하나, 공간이 지하 밖에 없을 경우에는 제습기를 가동하여 습도를 조절하도록 한다.

② 교재 · 교구 보관장

교재 · 교구는 다양한 형태로 되어 있으므로 여러 형태의 교재 · 교구를 정리하여 보관할 수 있는 교재 · 교구 보관장을 비치한다. 나무 선반, 앵글, 이동식 선반 등 여건에 적합하게 체계적인 보관 시스템을 계획하여 언제, 어디서든 즉시 꺼내어 활용할 수 있도록 정리 · 보관한다.

- 입체, 평면 자료 보관: 교재 · 교구마다 평면적이면서 큰 자료, 평면적이면서 작은 자료, 입체적인 자료 등 그 특성이 다양하므로 일괄적인 방법으로 정리하기가 어렵다. 그러므로 평면적인지, 입체적인지에 따라 그리고 형태, 크기 등에 따라 보관할 비품의 종류가 달라져야 한다. 교재 · 교구의 형태에 따라 봉투, 상자, 바구니 등을 활용하여 정리한다(한성희 · 임연진, 2005).

▲ 평면 자료 보관

▲ 입체 자료 보관

- 교구상자 정리 라벨: 자료 상자의 보이는 면에는 대상연령, 생활주제, 영역을 기록하고 붙인다. 측면에는 자료 상자에 넣어진 자료의 대상 연령, 주제, 영역, 교재 · 교구명을 기록하여 붙인다.

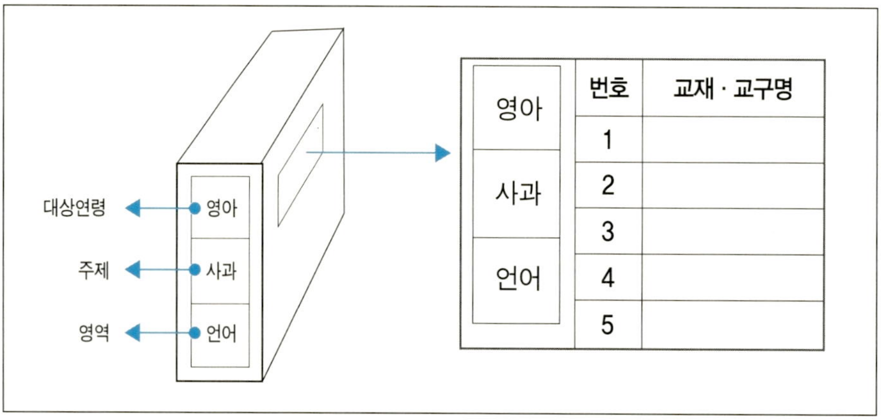

▲ 교구상자 정리 라벨 예시

③ 교재 · 교구 보관 비품

교재 · 교구 보관장에는 자료를 주제별 · 연령별로 분류하여 교사들이 쉽게 찾아 사용하고 또 사용한 것을 쉽게 정리할 수 있도록 체계를 만들어 정비한다(서혜정, 2007; 서혜정 · 한애희, 2006). 교재 · 교구 보관 시 가장 많이 사용하는 것은 손이 닿는 부분에 배치한다. 무거운 것일수록 아래 쪽에 보관하며, 가벼운 것일수록 위에 보관한다.

교재 · 교구는 비닐에 담아 정리한 후 아래의 교구 목록표를 부착하여 상자나 박스에 담아 정리한다. 작은 크기의 자료는 섞이지 않도록 작은 비닐에 담아 정리하여 큰 비닐 안에 큰 교구 자료와 함께 넣어 정리한다.

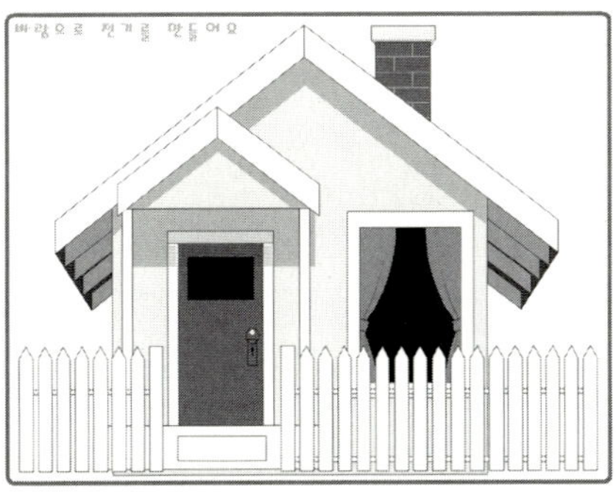

대상연령	만 5세
주 제	바람
영 역	수학영역
교구명	바람으로 전기를 만들어요
내용물	게임판 1, 집 기본판 2, 서로 다른 색 말 2, 전기 제품 그림카드 20, 숫자주사위 1, 제주도의 풍력발전기 사진

▲ **교구 보관-비닐에 붙이는 교구 목록표**

(2) 효율적인 교재 · 교구 보관

효율적인 자료 보관이란 활용도가 높도록 분류하여 보관하고, 자료 보관 시 손상이 가지 않도록 보관하는 것이다.

① 교재 · 교구 대장

자료 보관 방법은 교재 · 교구의 활용과 밀접한 관계가 있다. 구입, 기부, 제작에 따른 교재 · 교구 대장과 주제별, 연령별에 따른 교재 · 교구 대장을 만들어 정리한다.

- 구입, 기부, 제작에 따른 교재 · 교구 대장: 새로운 교재 · 교구가 생길 때마다 구입 및 기증이나 제작 여부에 따라 교재 · 교구 구입 목록 대장에 누적적으로 기록하여 교재 · 교구의 관리와 활용이 쉽게 이루어지도록 한다.

표 4-6 | 교재 · 교구의 관리 대장 예시

교재 · 교구의 관리 대장

<table>
<tr><td colspan="2">품명</td><td colspan="5"></td><td>단위</td><td colspan="5"></td></tr>
<tr><td colspan="2">결재</td><td rowspan="2">구입
일자</td><td rowspan="2">적요</td><td rowspan="2">영역
또는
활동</td><td colspan="2">가격</td><td rowspan="2">구입
또는
기부처</td><td colspan="4">현재</td><td rowspan="2">분임
출납원
수령인</td></tr>
<tr><td>물품
관리관</td><td>물품
출납원</td><td>단가</td><td>수량</td><td>대여</td><td>망실
파손</td><td>사용</td><td>현재량</td></tr>
<tr><td></td><td></td><td></td><td></td><td></td><td></td><td></td><td></td><td></td><td></td><td></td><td></td><td></td></tr>
<tr><td></td><td></td><td></td><td></td><td></td><td></td><td></td><td></td><td></td><td></td><td></td><td></td><td></td></tr>
<tr><td></td><td></td><td></td><td></td><td></td><td></td><td></td><td></td><td></td><td></td><td></td><td></td><td></td></tr>
<tr><td></td><td></td><td></td><td></td><td></td><td></td><td></td><td></td><td></td><td></td><td></td><td></td><td></td></tr>
</table>

교재 · 교구 구입, 기증, 제작 목록 대장

제작항목

일련 번호	일자	자료명	수량	제작자	비고
1	2010. 3. 5.	동시-약속1	1	서○○	입체
2	2010. 3. 15.	봄 빙고게임	1	서○○	·
3					
4					
5					

교재 · 교구의 활용을 돕기 위해 활용방법과 해당 교재 · 교구의 사진을 붙일 수 있는 서식을 만들어 두는 것도 좋은 방법이다.

표 4-7 | 교재 · 교구의 활용을 위한 서식 예시

교구명: 바람으로 전기를 만들어요

활동주제

◆ 바람

활동영역

◆ 수학

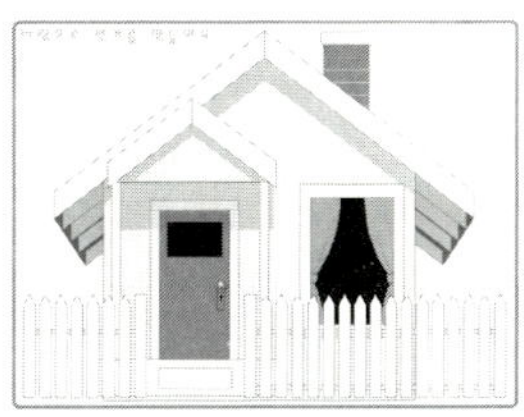

준 비 물

◆ 게임판 1, 집 기본판 2, 서로 다른 색 말 2, 전기제품 그림카드, 주사위, 제주도의 풍력발전기 사진

활동방법

① 풍력발전기로 만들어진 전기가 우리에게 주는 도움에 대해 이야기 나눈다.

② 하나의 풍력발전기에서 전기가 많이 만들어지려면 바람이 어떨 때인지 이야기 나눈다.

③ 우리 집에서 사용하는 전기제품에는 어떤 것들이 있는지 이야기 나눈다.

④ 바람과 풍력발전기에 대한 이야기를 들려준다.
바람이 몹시 부는 곳 제주도를 아시나요? 얼마나 바람이 유명한지 삼다도(바람, 돌, 여자가 많다는 뜻이래요)라 하잖아요.

○ 연령별 · 주제별 · 영역별 분류에 따른 교재 · 교구 목록 대장

표 4-8 | 연령별 · 주제별 · 영역별 분류에 따른 교재 · 교구 목록 대장 예

교재 · 교구 목록 대장(주제-봄)

대상연령: 만 5세 언어영역

일련번호	교구명	자료	비고
1	동시-약속	동시 도입 자료 1, 막대 인형(바람, 눈, 꽃, 나비), 동시판 1	입체
2	봄꽃 기억게임	봄꽃 카드 20개	평면
3			

② 교재 · 교구 보수계획 목록표

기존의 자료를 다음에 사용할 수 있도록 관리 · 보관하는 일은 매우 중요하다. 보관을 잘 해야 필요할 때 자료를 찾아 재사용할 수 있기 때문이다. 교재 · 교구의 일부분이 분실되었거나 파손된 경우는 교재 · 교구 박스에 넣지 않고 '보수바구니'를 준비하여 별도로 구분 짓도록 한다. 또한 보수 대장(보수계획 목록표)을 만들어 무엇을 보수하고 제작하여야 하는지 기록해 둔다(서혜정, 2007).

표 4-9 | 그림, 교구 보수계획 목록표

보수계획 목록표

	대상연령	교구명	보수할 목록	보수유무
1	5세	바람으로 전기를 만들어요	전기용품-다리미, 세탁기 그림카드 분실	2010. 7. 14. 완료
2				
3				
4				

③ 도서목록 대장

도서 구입 시 대장에 기록하여야 하며 관리를 철저히 한다. 책은 출판사별, 또는 주제별로 분류하여 도서 대장에 기재하고 분류번호 순서대로 책장에 정리 · 보관 한다(서혜정 · 한애희, 2006).

- 구입, 기부에 따른 도서목록 대장: 구입 및 기증과 같이 새로운 도서가 생길 때마다 도서목록 대장에 누적적으로 기록하여 도서 관리와 활용이 쉽게 이루어지도록 한다.

표 4-10 구입, 기부에 따른 도서목록 대장

도서목록 대장

결재		구입 년월일	관리 번호	분류 번호	도서명	저자 또는 발행 기관	출판사	출판 년월일	규격	구입처	가격	비고
물품 관리관	분임 물품 출납원											

◎ 연령별 · 주제별 분류에 따른 도서목록 대장

도서를 수준별, 주제별, 연령별로 나누는 분류작업을 한 후, 위의 예와 같이 도서목록 대장과 도서마다 라벨링을 해 두면 활용하기가 용이하다.

표 4-11 | **연령별 · 주제별 분류에 따른 도서목록 대장의 예**

도서목록 대장

대상연령: 만 5세 　　　　　　　　　　　　　　　　　　　　주제: 동물

일련번호	도서명	출판사	책구분
1	세상에서 내가 최고	아이세움	동화책
2	뒤죽박죽 카멜레온	한국몬테소리	동화책
3	지구의 생물	미세기	과학책
4	제주조랑말	웅진	정보지식책
5			

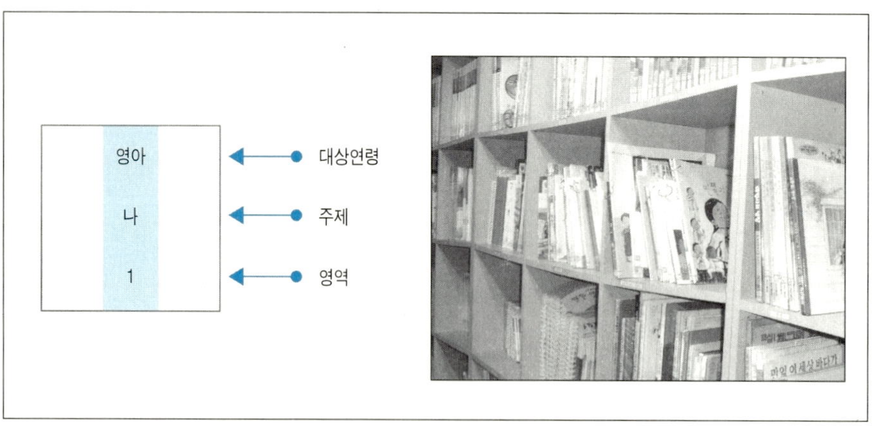

▲ 도서 라벨링 표

5

교육계획안 작성하기

1. 연간교육계획안

2. 월간교육계획안

3. 주간교육계획안

4. 일일교육계획안

교육과정의 통합적 운영은 유치원 교육이 전통적으로 지향해 온 바로, 교사들은 단원이나 주제 중심의 통합교육을 주요 원리로 하여 교육을 계획하고 운영해 왔다. 교육계획안 작성은 교사의 교육 업무 중에서 가장 큰 비중을 차지하는 것으로 계획안의 구체성 정도에 따라 연간교육계획안과 월간교육계획안, 주간교육계획안 그리고 일일교육계획안이 있다.

1 연간교육계획안

연간교육계획안은 유치원에서 1년 동안 이루어지게 될 생활주제와 특별한 날 및 행사 등의 유치원 교육활동에 대한 전체적인 그림이라고 볼 수 있다. 학기가 시작되기 전 교사는 교사 협의회에서 지난 1년간 다루어졌던 생활주제와 행사 중에서 유아들에게 의미있는 교육 경험, 유아들이 흥미를 보였던 주제와 행사, 고정적으로 치르는 행사는 무엇이었는가를 평가하여 새 학기 연간교육계획안 작성에 반영한다.

1) 생활주제 선정

새로운 생활주제와 행사를 첨가하고자 할 때 교사는 유아 주변의 많은 소재와 현상 중에서 유치원 교육과정의 교육목표, 교육내용과 관련성이 높은 것, 유아의 발달 특성과 흥미, 욕구, 사회 · 문화적 필요, 교육적 가치 및 학문적 체계, 교육이념과 관련이 높은 것을 선정하여 신학기 교육계획에 반영한다(교육과학기술부, 2008). 연간교육계획안을 작성할 때 고려할 점은 다음과 같다.

첫째, 1년 동안 다루게 될 생활주제를 선정할 때 교사는 다루고자 하는 주제가 유아들이 직접 관찰하고 조사하여 알아볼 수 있는 내용인가? 유아의 이전 경험과 관련성이 있으면서도 지역사회 자원이나 부모 자원을 활용할 수 있는가?를 고려한다.

둘째, 일반적으로 유치원 교육활동 지도서에 제시되어 있는 생활주제들을 중심으로 교육을 계획할 수도 있으나 유치원과 지역사회의 특수성, 국가 행사, 유아들의 흥미에 따라 새로운 주제를 첨가할 수 있다.

셋째, 선정된 생활주제는 유아의 연령과 흥미를 고려하여 적절한 순서로 배치한다. 이때 주제는 유아들이 친숙하게 접하는 것에서부터 점차 추상적인 것으로 확대시켜 나간다. 예를 들면, 유아들의 유치원 생활 적응과 관련된 주제인 '유치원과 친구'에서 '나와 가족' 그리고 '이웃'의 순으로 주제를 배열할 수 있다. 그러나 유아들이 흥미를 느끼는 것이 유아들에게는 더 친숙하고 가까운 주제가 될 수 있으므로 연간교육계획안에 주제 진행 순서를 명시했다 하더라도 실제 유아들이 관심 갖는 것에서부터 주제를 전개하는 것이 바람직하다.

넷째, 연간교육계획안에 주제와 관련되는 현장학습 및 부모 참여와 행사 등을 기록한다. 예를 들어, 계획된 주제가 '이웃'이라면 우리 동네 기관 방문과 지역사회 자원 초대의 날, 부모의 직업 소개 등도 같은 시기에 계획한다. 또한 유치원의 고정적인 행사는 월, 일까지 구체적으로 계획하여 명시해 두었다가 월간교육계획안과 주간교육계획안을 작성할 때 반영한다.

다섯째, 생활주제와 행사를 계획할 때 유아의 연령과 유아교육기관 경험 유무 그리고 유치원 재원 여부를 반영한다. 예를 들어, 만 3세 반 유아들은 유치원 적응과 친구 관계형성을 돕기 위해 '유치원과 친구'에 대한 주제를 오랜 시간 동안 다룰 수 있지만 유아교육기관 경험이 있는 만 5세 반 유아들이나 재원 한 유아들에게 '유치원과 친구'라는 주제는 반복되는 교육 경험이 될 수 있다. 따라서 만 4세 반과 만 5세 반 유아들에게는 이 주제를 깊이 있게 알아보거나 확장하여 진행하는 것이 더 효과적이다. 만 4세 반과 5세 반은 만 3세 반에서 다루지 않았던 새로운 주제를 첨가한다.

여섯째, 연간교육계획안은 유치원의 운영계획 책자에 넣어서 2월 오리엔테이션 시 학부모들에게 알린다. 부모들은 1년 동안 유아들이 다루게 될 주제와 행사에 대해 이해를 할 수 있다.

표 5-1 | 연간교육계획안

<table>
<tr><th rowspan="2">학기</th><th colspan="2">기간</th><th rowspan="2">생활주제</th><th rowspan="2">주제</th><th rowspan="2">주요행사</th></tr>
<tr><th>월</th><th>주</th></tr>
<tr><td rowspan="20">1학기</td><td rowspan="4">3</td><td>1</td><td rowspan="4">유치원과 친구</td><td>유치원의 하루</td><td>오리엔테이션</td></tr>
<tr><td>2</td><td>유치원의 시설과 환경</td><td>입원 축하식</td></tr>
<tr><td>3</td><td>유치원에서의 안전</td><td></td></tr>
<tr><td>4</td><td>친구 사귀기</td><td>건강검진</td></tr>
<tr><td rowspan="4">4</td><td>1</td><td rowspan="4">봄</td><td>봄의 날씨와 생활</td><td>구강검사</td></tr>
<tr><td>2</td><td>봄의 동물과 곤충</td><td>학부모 면담</td></tr>
<tr><td>3</td><td>봄나들이</td><td>유치원 주변 산책</td></tr>
<tr><td>4</td><td>풀과 나무</td><td>봄소풍</td></tr>
<tr><td rowspan="4">5</td><td>1</td><td rowspan="4">나와 가족</td><td>나의 몸</td><td>어린이날 행사</td></tr>
<tr><td>2</td><td>소중한 나</td><td>소운동회</td></tr>
<tr><td>3</td><td>우리 가족</td><td>할머니, 할아버지의 날</td></tr>
<tr><td>4</td><td>소중한 가족</td><td>어머니 참여수업</td></tr>
<tr><td rowspan="4">6</td><td>1</td><td rowspan="2">동물</td><td>여러 가지 동물</td><td rowspan="2">동물원 견학</td></tr>
<tr><td>2</td><td>주변 동물 알아보기</td></tr>
<tr><td>3</td><td rowspan="2">우리 동네</td><td>우리 동네의 사람들</td><td rowspan="2">시장 견학</td></tr>
<tr><td>4</td><td>우리 동네의 생활</td></tr>
<tr><td rowspan="4">7</td><td>1</td><td rowspan="4">여름</td><td>여름철 생활</td><td rowspan="4">물놀이</td></tr>
<tr><td>2</td><td>여름철 놀이와 안전</td></tr>
<tr><td>3</td><td>물놀이</td></tr>
<tr><td>4</td><td>물과 우리 생활</td></tr>
<tr><td rowspan="4">2학기</td><td rowspan="4">9</td><td>1</td><td rowspan="4">교통기관</td><td>여러 가지 탈 것</td><td></td></tr>
<tr><td>2</td><td>교통기관의 구조</td><td>교통공원 견학</td></tr>
<tr><td>3</td><td>고마운 교통기관</td><td>2학기 건강검진</td></tr>
<tr><td>4</td><td>교통안전</td><td></td></tr>
</table>

<table>
<tr><th rowspan="2">학기</th><th colspan="2">기간</th><th rowspan="2">생활주제</th><th rowspan="2">주제</th><th rowspan="2">주요행사</th></tr>
<tr><th>월</th><th>주</th></tr>
<tr><td rowspan="15">2학기
(계속)</td><td rowspan="4">10</td><td>1</td><td rowspan="4">가을</td><td>가을의 변화</td><td>가을 운동회</td></tr>
<tr><td>2</td><td>가을의 생활</td><td>공원 산책</td></tr>
<tr><td>3</td><td>가을의 열매와 곡식</td><td></td></tr>
<tr><td>4</td><td>가을 풀벌레</td><td>가을 소풍</td></tr>
<tr><td rowspan="4">11</td><td>1</td><td rowspan="4">우리나라와
다른 나라</td><td>우리나라의 상징</td><td>아버지 참여수업</td></tr>
<tr><td>2</td><td>우리나라의 문화</td><td></td></tr>
<tr><td>3</td><td>다른 나라의 생활</td><td></td></tr>
<tr><td>4</td><td>다른 나라의 문화</td><td>학부모 면담</td></tr>
<tr><td rowspan="4">12</td><td>1</td><td rowspan="4">겨울</td><td>겨울 날씨와 생활</td><td></td></tr>
<tr><td>2</td><td>동식물의 겨울나기</td><td>공원 산책</td></tr>
<tr><td>3</td><td>겨울철 놀이와 안전</td><td>소방 훈련</td></tr>
<tr><td>4</td><td>겨울의 특별한 날</td><td>작은 음악회</td></tr>
<tr><td rowspan="3">2</td><td>1</td><td rowspan="3">형님 반이 되었어요</td><td>즐거웠던 겨울 방학</td><td></td></tr>
<tr><td>2</td><td>즐거웠던 우리 반</td><td></td></tr>
<tr><td>3</td><td>형님 반으로 가요</td><td>수료식</td></tr>
</table>

2) 생활주제 선정의 의미 진술

1년간의 생활주제를 모두 선정하고 나면 이번엔 생활주제 선정의 의미를 계절과 교육적 필요, 유아의 흥미 등을 고려하여 구체적으로 진술한다(교육과학기술부, 2009).

3) 주제 및 소주제 선정

주제를 전개하기에 앞서 교사는 생활주제를 세분화하여 유아들이 학습하게 될 주제와 소주제를 정한다. 이를 위해 교사는 생활주제와 관련된 전문서적이나 활동 자료집, 사전 등을 참고로 하여 관련 지식이나 학습 기술과 관련된 내용들에 대해 동료교사와 브레인스토밍을 한 후 개념망을 그리거나 도표로 정리할 수 있다.

4) 주요내용 선정

주제와 소주제가 선정되면 주요내용을 진술한다. 주요내용을 진술할 때는 다루어지는 주제에서 유아가 학습해야 할 지식과 기술, 태도 및 가치 등이 균형 있게 제시되도록 한다. 또한 유치원 교육과정의 5개 생활영역이 통합적으로 제시될 수 있도록 한다. 생활주제 '겨울'에서 다루어질 수 있는 주요내용을 주제별로 기술하면 다음과 같다.

표 5-2 | **'겨울'에서 다루어질 수 있는 주제별 내용**

주제	내용
겨울날씨와 생활	• 겨울 날씨의 특징에 대해 알아본다. • 겨울 날씨와 눈이 오는 이유에 대해 안다. • 겨울에 추위를 피하기 위한 옷차림에 대해 알아본다. • 겨울에는 감기에 걸리지 않도록 옷을 따뜻하게 입는다. • 겨울을 건강하게 지내기 위해 규칙적인 생활습관과 운동을 한다. • 겨울에 독감에 걸리지 않도록 예방주사를 맞는다. • 겨울 동안 먹을 음식들을 보관하는 방법에 대해 안다. • 김장을 하는 이유와 방법을 알아보고 실제 해 본다. • 겨울에 먹는 음식에 대해 안다. • 겨울을 따뜻하게 지낼 수 있는 다양한 방법에 관심을 갖는다.
동 · 식물의 겨울 준비	• 겨울잠을 자는 동물들에 대해 안다. • 동물들의 겨울나기 방법에 대해 관심을 갖는다. • 식물들의 겨울나기 방법을 알아본다.
겨울놀이와 안전	• 눈으로 할 수 있는 다양한 놀이를 안다. • 겨울놀이에 즐겁게 참여한다. • 눈과 얼음의 차이를 발견한다. • 눈과 얼음의 특징을 발견한다. • 눈과 얼음과 관련된 운동과 운동 기구를 알아본다. • 겨울 스포츠의 종류와 운동방법에 관심을 갖는다. • 겨울에 감기에 걸리지 않도록 한다. • 겨울놀이를 하기 전에 충분한 준비운동을 한다.
겨울의 특별한 날	• 크리스마스의 의미를 알고 우리 주변의 이웃에게 관심을 갖는다. • 우리 주변의 어려움에 처한 사람들을 도울 수 있는 방법을 알아본다. • 크리스마스에 서로 축하하고 사랑하는 방법을 생각한다. • 설날의 의미를 알고 가족들과 함께 명절 음식과 놀이를 즐긴다. • 동지의 의미를 알고 동지 음식을 함께 먹는다.

2 월간교육계획안

월간교육계획은 연간교육계획에 따라 한 달 동안 이루어지는 교육활동 및 행사들을 한눈에 볼 수 있도록 세부적인 내용들을 포괄한 계획이다(교육인적자원부, 2008). 월간교육계획안을 작성해 놓으면 교사가 한 달 동안 진행할 교육내용과 주제 진행의 전체적인 흐름을 쉽게 파악할 수 있다. 또한 주제를 진행할 때 필요한 교재, 교구를 사전에 준비할 수 있다. 월간교육계획안을 작성할 때 고려할 점은 다음과 같다(교육인적자원부, 2008).

첫째, 월간교육계획안은 연간교육계획안의 주제와 현장견학, 행사 등에 근거하여 작성한다. 이때 공휴일과 기념일, 유치원의 고정적인 행사 등을 고려한다.

둘째, 월간교육계획안을 작성할 때 이전 주제를 진행하면서 충분히 다루지 못한 내용을 종료할 것인지 연장할 것인지 결정하여 현 교육계획안에 반영한다.

셋째, 월간교육계획안을 작성할 때 교사는 주제에 대해 유아들과 브레인스토밍을 하여 유아의 흥미와 요구를 반영한다.

넷째, 선정된 생활주제와 관련하여 자유선택활동과 대 · 소집단활동 진행을 위한 환경 구성과 교재, 교구를 계획한다.

다섯째, 월간교육계획안을 가정으로 보내어 가정과 연계하여 지도할 수 있으며, 미리 그 달의 행사를 알고 협조할 수 있도록 한다.

표 5-3 생활주제 '겨울'의 월간교육계획안

<table>
<tr><td colspan="2">반 이름</td><td>OO반</td><td>실행기간</td><td colspan="2">2000. 12. 00. ~ 12. 00.</td></tr>
<tr><td colspan="2">생활주제</td><td>겨울</td><td>대상연령</td><td colspan="2">만 4세</td></tr>
<tr><td colspan="2">활동주제</td><td>겨울 날씨와 생활</td><td>동식물의 겨울 준비</td><td>겨울놀이와 안전</td><td>겨울의 특별한 날</td></tr>
<tr><td rowspan="7">자유 선택 활동</td><td>쌓기놀이 영역</td><td>• 얼음집 만들기</td><td></td><td>• 소방서 구성하기</td><td></td></tr>
<tr><td>역할놀이 영역</td><td>• 병원놀이</td><td>• 옷가게놀이</td><td>• 소방서놀이</td><td>• 군고구마 사세요!</td></tr>
<tr><td>언어영역</td><td>• 겨울하면 생각나는 것</td><td>• 바꿔주세요</td><td>• 눈 오는 날의 놀이</td><td></td></tr>
<tr><td>수 · 조작 놀이영역</td><td>• 털모자 패턴
• 달라진 것이 있어요</td><td>• 겨울이야기
• 겨울잠 자는 동물 퍼즐</td><td>• 불 끄기</td><td>• 떡국 떡 모으기
• 윷놀이</td></tr>
<tr><td>과학영역</td><td>• 음식 건조하기, 절이기</td><td>• 동물의 겨울잠</td><td>• 눈이 녹는 곳
• 얼음 얼리기</td><td>• 온도계 관찰</td></tr>
<tr><td>조형영역</td><td>• 장갑, 모자 꾸미기</td><td>• 봄, 여름, 가을, 겨울 나무 구성하기</td><td>• 눈사람 꾸미기, 눈 모빌</td><td>• 크리스마스카드 만들기
• 연 만들기</td></tr>
<tr><td>음률영역</td><td>• 악기연주–겨울 바람</td><td>• 신체표현–동물들의 겨울잠</td><td>• 리듬악기 연주</td><td>• 감상–캐럴
• 핸드벨 연주</td></tr>
<tr><td rowspan="3">대소집단활동</td><td>이야기 나누기</td><td>• 따뜻하게 지내려면
• 겨울철 음식을 보관하려면</td><td>• 동물과 식물의 겨울 준비</td><td>• 안전하게 놀아요.
• 겨울을 건강하게 지내려면</td><td>• 어려운 사람을 도와요.
• 설날의 음식과 예절</td></tr>
<tr><td>동화, 동시, 동극</td><td>• 동시–겨울대장, 썰매
• 동극–잃어버린 장갑</td><td>• 동화–나는 잠만 잤는걸, 토돌이의 겨울</td><td>• 동화–눈 오는 날
• 동시–눈 위를 가면</td><td>• 동화–첫 번째 크리스마스</td></tr>
<tr><td>음률</td><td>• 노래–따뜻한 장갑</td><td>• 노래–겨울나무</td><td>• 노래–눈 위를 걸어요
• 감상–스노우맨 영화음악</td><td>• 노래–메리크리스마스, 설날
• 감상–겨울 나그네</td></tr>
</table>

활동주제		겨울 날씨와 생활	동식물의 겨울 준비	겨울 놀이와 안전	겨울의 특별한 날
대소집단활동(계속)	신체	• 바깥놀이 나가자	• 꼬마 눈사람 율동	• 체조 만들기 • 눈 내리는 모습 신체표현	• 하얀 나라 율동
	게임	• 겨울 옷 입기	• 겨울잠 자는 동물 뒤집기	• 신문지 눈싸움	• 딱지치기
	요리	• 김장하기			• 팥죽, 떡국
바깥놀이활동		• 누가 공을 더 멀리 던졌나?	• 산책–나무와 땅위 관찰	• 눈 위에 발자국 남기기	• 팽이 돌리기
환경구성			• 겨울잠 자는 동물 화보		• 설날의 놀이 사진
가정 및 지역 사회와의 연계		• 할머니, 어머니 초대–김장		• 소방서 견학	• 지역의 어른들과 함께 하는 음악회
특별한 날			• 공원 산책	• 소방훈련	• 작은 음악회

3 주간교육계획안

주간교육계획안은 월간교육계획안에서 제시한 주제를 세분화하여 소주제를 제시하고 이에 따라 1주일 동안 이루어질 활동들을 세부적으로 계획한다. 주간교육계획안을 작성하는 과정은 다음과 같다.

1) 주제에 따른 소주제와 주요내용 선정

교사는 월간교육계획안을 근거로 이 주에 진행할 주제와 세분화된 소주제 그리고 소주제마다의 주요내용을 진술한다. 소주제와 주요내용은 연간교육계획안을 작성할 때의 자료를 그대로 사용해도 되고, 유아들과 주제에 대한 브레인스토밍을 하여 새롭게 작성해도 된다. 예를 들어, 연간교육계획안을 작성할 때 '겨울'에서 다룰 수 있는 소주제를 '겨울 날씨와 생활', '동물과 식물의 겨울준비', '겨울놀이와 안전', '겨울의 특별한 날'로 제시했지만 유아들과 '겨울'에 대한 경험을 회상하고 '겨울' 하면 생각나는 단어에 대해 브레인스토밍을 하는 과정에서 유아들이 '겨울의 특별한 날'에 대한 관심이 없고, '겨울 날씨의 특징'과 '겨울놀이와 안전'에 대한 관심이 더 많다면 교사는 유아들의 흥미와 관심을 반영하여 '눈과 얼음', '겨울놀이', '겨울놀이 안전', '다른 나라 사람들의 겨울놀이', '동계올림픽' 등의 소주제를 작성할 수 있다.

2) 목표 진술

교사는 소주제를 통해 유아들이 달성해야 할 목표를 구체적으로 진술한다. 행동 진술 방식은 지식, 가치 및 태도, 기능적인 측면을 고려한 용어로 진술하고, 3가지 측면이 균형 있게 진술되도록 한다. 이때 학습의 주체는 유아이므로 유아의 입장에서 목표를 진술한다. 예를 들어, '겨울놀이'라는 주제에 따라 1주일의 학습이 이루어질 경우 목표는 '겨울놀이의 종류를 알아본다.', '세계 여러 나라의 겨울놀이에 관심을 갖는다.', '눈을 관찰하여 눈의 특징을 이해한다.', '공간에 따라 눈이 쌓이는 정도가 다름을 알고, 눈의 양을 측정할 수 있다.' 와 같이 진술할 수 있다.

3) 활동 선정

주간교육계획안을 작성할 때 교사는 주요내용을 잘 반영할 수 있는 활동 형태와 유형을 선정한다. 예를 들어, 교사는 '눈으로 할 수 있는 다양한 놀이에 관심을 갖는다.' 라는 내용을 학습할 수 있는 방법으로 바깥놀이에서 '눈싸움 하기', 자유선택활동시간에 수 · 조작영역에서 '겨울놀이 카드 뒤집기', 미술영역에서 '겨울놀이 회상하여 그리기', 이야기 나누기에서 '겨울에 할 수 있는 놀이' 등의 활동을 선정할 수 있을 것이다.

이때 교사는 통합성의 원칙을 지켜서 활동을 선정하고 계획한다. 통합성의 원칙은 다양한 학습 경험과 교육내용영역을 상호 관련시키고 의미 있게 모아서 전체 학습이 이루어지도록 하는 것이다.

4) 요일별 소주제 계획하기

주간교육계획안에는 요일별로 소주제를 나누어서 제시한다. 예를 들어, 이 주의 주제가 '겨울놀이와 안전' 이라면 이를 세분화한 소주제는 '겨울놀이', '눈과 얼음', '동계올림픽', '놀이 안전' 등이 될 것이다. 교사는 소주제 중에서 무엇부터 진행할지를 결정해야 한다.

5) 소주제에 따른 요일별 활동 계획하기

소주제의 진행 순서가 결정되면 이에 따라 대 · 소집단활동과 자유선택활동, 바깥놀이활동을 어느 요일에 진행할 것인지를 결정한다. 요일별 활동을 계획할 때 고려할 점은 다음과 같다.

첫째, 대 · 소집단활동과 자유선택활동, 바깥놀이활동의 교육목표와 내용은 소주제의 주요내용과 통합되도록 한다. 즉, 소주제가 '아기가 태어났어요.' 라면 대 · 소집단활동의 이야기 나누기에서 '아기 때 나의 물건과 사진 소개하기', 동화 '엄마가 알을 낳았어요.', 자유선택활동시간 과학영역에서 '아기의 탄생' 과학도서 읽기, 언어영역에서 '엄마 배 속의 아기는? 상상하여 이야기 짓기' 등의 활동을 계획할 수 있다.

둘째, 요일별로 활동을 안배할 때 대 · 소집단활동과 자유선택활동, 정적인 활동과 동적인 활동, 언어생활과 탐구생활, 표현생활, 사회생활, 건강생활의 균형이 이루어지는지를 확인한다.

셋째, 월요일은 주말을 가정에서 보내고 온 유아들이 유치원에 적응할 시간이 필요하기 때문에 새로운 활동을 소개하기보다는 이 주에 진행할 주제를 탐색하거나 이전 주의 활동을 반복하도록 하여 심리적인 안정감을 갖도록 한다. 또한 현장 견학활동도 월요일은 피하는 것이 좋다.

넷째, 대 · 소집단활동과 자유선택활동, 바깥놀이활동에 따른 환경 구성과 교수-학습 자료 목록을 작성한다. 교사는 동일한 주제를 진행하는 교사와 협의하여 교재실에서 찾아야 할 자료와 구입해야 할 자료, 제작해야 할 자료를 분류한다. 교사는 자료 제작의 방법과 자료 제시 방법, 시간 등도 계획하여 기록해 놓는다.

다섯째, 활동 진행을 위해 사용할 공간과 시간을 계획하여 다른 학급과 중복되지 않는지를 사전에 점검하여 조율한다. 또한 보조인력이 필요할 경우도 보조인력이 필요한 요일과 시간, 보조인력의 역할 등을 구체적으로 계획하여 다른 학급의 교사 또는 보조교사, 자원봉사자 활용 유무 등을 확인한다.

여섯째, 주간교육계획안은 교사들과 협의를 거쳐서 최종적으로 목요일에 작성하고 금요일 유아들이 귀가할 때 가정으로 보낸다.

일곱째, 주간교육계획안의 가정통신란에는 유아들이 1주 동안 주제를 진행할 때 도움이 되는 학습 자료를 교육기관으로 보내 달라는 부탁의 글과, 가정에서 연계할 수 있는 교육 경험 등을 소개한다. 또한 그 주에 진행될 행사에 대해 구체적으로 알려준다. 주간교육계획안의 예는 [표 5-4]와 같다.

표 5-4 생활주제 '겨울' 중 주제 '겨울놀이와 안전'의 주간교육계획안

반 이름	○○반	실행기간	20○○. 12. ○○. ~ 12. ○○.
생활주제	겨울	주제	겨울놀이와 안전
목표	• 눈과 얼음을 관찰하여 특성을 탐색한다. • 물이 얼음으로 변화되는 과정을 관찰한다. • 눈과 얼음으로 할 수 있는 다양한 놀이에 대해 알아본다. • 눈과 얼음으로 할 수 있는 놀이를 친구들과 함께 한다. • 안전하게 놀이하기 위한 규칙과 장비를 알아본다. • 겨울 스포츠의 종류와 운동 규칙을 알아본다. • 동계 올림픽에 관심을 갖는다.		

날짜 \ 활동		10일(월)	11일(화)	12일(수)	13일(목)	14일(금)
자유선택활동	쌓기		• 얼음집 만들기		• 스케이트 장 만들기	
	역할	• 극놀이-눈 오는 날의 생일			• 스포츠 중계	
	언어	• 눈의 이름 알아보기	• 동시 짓기-눈 오는 날	• 내가 눈 나라에 간다면	• 놀이 규칙 만들기	• 동계올림픽의 경기 종목
	수 · 조작		• 눈사람 패턴	• 눈사람과 모자 대응		• 메달 수 기록하기
	과학	• 눈이 쌓이는 곳 예측하기	• 눈이 더 잘 녹는 곳	• 눈 모양 관찰	• 얼음 만들기	
	조형	• 눈에 대한 경험 그리기		• 눈 오리기/눈 모빌 만들기		• 메달 만들기
	음률	• 노래-눈이 내리면	• 눈 내리는 모습을 음악에 맞춰서 표현하기			
대 · 소집단활동	이야기 나누기	• 눈과 얼음에 대한 경험 나누기	• 눈은 어떻게 내릴까?	• 눈의 모양	• 눈으로 할 수 있는 놀이	• 겨울스포츠, 동계 올림픽
	문학	• 동화-눈사람 아저씨		• 동화-눈 오는 날	• 동화-눈사람이 된 풍선	
	음악		• 노래-멋진 눈사람		• 표현-멋진 눈사람	• 스케이트 타는 사람
	조형			• 눈 모양 1차 표상	• 공동작업-눈 내리는 마을	
	신체	• 신체표현-눈 내리는 모습		• 게임-눈 날리기		• 게임-신문지 눈싸움

4 일일교육계획안

일일교육계획안은 교사의 실제적인 학급 운영과 관련하여 시간과 공간, 집단의 구성 및 일 주제와 활동들 간의 통합, 각 단위활동을 통한 목표의 달성과 이를 위한 수업의 전개 과정을 구체적으로 제시한다. 교사는 대 · 소집단과 자유선택활동, 유아 주도와 교사 주도, 실내와 실외 활동의 균형을 맞추어 일일교육계획안을 작성해야 하며, 일 주제와 자유선택활동, 각 단위활동을 통해 유아들이 습득하는 주요내용들 간의 통합이 이루어지도록 해야 한다.

일일교육계획안 작성 시 고려해야 할 점을 항목별로 설명하면 다음과 같다.

1) 목표 진술

교사는 하루 일과를 통해 유아가 달성해야 할 교육목표를 진술한다. 또한 각 활동별로도 교육목표를 진술한다. 목표 진술과 관련하여 교사들이 유념해야 할 사항은 다음과 같다.

첫째, 교사는 월간교육계획안과 주간교육계획안의 목표를 학습자 중심의 구체적인 목표로 진술해야 한다. 예를 들어, '곤충에 대해 안다.' 보다는 '곤충을 관찰하여 곤충의 생김새에 대해 알아본다.' 라고 진술할 경우 유아들이 이 활동을 통해 학습해야 할 구체적인 목표를 제시하는 것이 된다. 즉 목표를 진술할 때는 활동의 성격에 따라 조금의 차이는 있으나 활동이 진행되는 상황이나 조건, 유아가 의미를 두는 경험이나 도달점 행동에 대해 구체적으로 기술하여 목표만 보고도 어떠한 활동이 어떤 상황에서 이루어지며, 이를 통해 유아가 어떤 경험을 하게 될 것이라는 정보가 드러나도록 한다.

둘째, 목표 진술은 행동적 또는 표현적으로 진술할 수 있다. 행동적 목표 진술은 활동의 결과로 유아가 학습하게 될 지식과 기술, 가치 및 태도 등의 변화를 진술하는 것이다. 표현적 목표 진술은 유아가 활동을 통해 경험하게 될 상황을 나타내는 것이다. 예를 들어 '동화를 듣고 아기의 탄생 과정을 기억한다.' 라는 목표 진술은 행동적 목표 진술로 동화를 듣고 아기의 탄생 과정을 이해하고 회상할 수 있는 것을 활동의 결과로 보고 있다. 마찬가지로 '곤충인 것과 곤충이 아닌 것을 분류한다.' 라고 진술한 경우도 행동적 목표 진술이다. 그러나 '동극 소품 만들기에 즐겁게 참여한다.' 는 표현적 목표 진술로 교사는 유아들에게 활동의 결과를 요구하기보다는 활동의 과정을 즐기도록 하고 있다.

2) 일관성 있는 일과계획

하루 일과 운영은 대체로 반일반의 경우 1시 30분에서 2시 정도 귀가하는 것을 기준으로 등원과 하루 일과 계획하기, 놀이계획 및 자유선택활동(쌓기, 역할, 언어, 과학, 수 · 조작, 조형), 정리 및 활동 평가, 대 · 소집단활동(이야기 나누기, 동화 · 동시 · 동극, 음률, 신체, 게임, 요리), 바깥놀이활동(현장학습, 산책, 운동, 물 · 모래 놀이, 동 · 식물 관찰하기, 그 밖의 바깥놀이), 점심 및 휴식, 평가 및 귀가를 적절히 배열한다. 종일반은 반일반의 일과 이후 휴식 및 낮잠, 오후 자유선택활동, 바깥놀이, 귀가 및 평가 등의 일과를 첨가한다.

일과 운영의 정해진 순서는 없으며 유치원의 특성이나 유아의 연령, 행사 등을 고려하여 정하면 된다. 어느 학급은 유아들이 등원하여 날짜를 알아보고, 하루 일과에 대해 계획을 세운 후 놀이계획 및 자유선택활동 시간을 가질 수도 있지만, 다른 학급의 경우에는 유아들이 등원하여 인사 나누기와 일과계획을 마치면 대 · 소집단활동을 먼저 진행할 수도 있을 것이다. 활동의 순서는 교사가 정적인 활동과 동적인 활동, 대 · 소집단활동과 개별활동, 실내활동과 실외활동 등의 균형을 고려하여 배열하되 간식, 화장실 가기, 휴식하기 등 유아의 신체적 욕구를 해결할 수 있는 시간도 적절하게 배치한다. 교사는 하루 일과를 계획할 때 매일의 일과가 일관성 있게 운영되도록 한다. 이는 유아가 언제, 어떤 활동을 하는지 예측할 수 있도록 돕기 위한 것이다. 유아가 언제 어디서 어떤 활동을 하는지 이해하면 교실활동에 대한 안정감을 가질 수 있으며, 자신의 욕구를 정해진 일과 시간표에 맞추어 조절할 수 있게 된다.

3) 도입-전개-마무리의 연결을 고려한 수업계획

활동 방법의 진술은 실제 수업이 어떻게 시작하고 전개되고 마무리되어야 한다는 실제적인 '안'이라고 할 수 있다. 생활주제계획도 초반부에 적합한 활동과 주제 전개 부분에서 다루면 적합한 내용과 활동 그리고 현재 다루고 있는 주제를 마무리하는 시점에서 모든 경험을 마무리하기 위한 활동이 있는 것처럼 단위활동도 수업의 시작과 전개, 마무리가 일관적이고 유기적으로 연결되어야 한다.

단위활동에서 도입이 앞으로 전개될 활동에 대한 유아들의 이전 경험을 회상하거나 주제에 대한 이미지를 형성하도록 돕는 것이라면, 전개는 주제에 대한 탐색과 발견, 이를 이해로 연결하는 상호작용의 과정이 있어야 한다. 그리고 마무리 또는 평가 부분에서는 전개 부분에서 다루어진 내용을 회상하여 다른 상황에 적용해 보거나 유아 나름대로의 견해를 갖도록 도울 수 있다.

4) 융통성 있는 수업 운영

교사는 유아의 흥미를 고려하여 체계적으로 수업계획을 세웠을지라도 유아들의 질문에 따라서 그리고 흥미의 변화에 따라 수업의 흐름을 변화 있게 조절하는 융통성을 가져야 한다. 교사가 계획안대로 수업을 이끌고자 해도 유아들의 흥미는 교사가 예상한 것과 다르게 나타날 수 있으며, 수업 상황에서 유아들의 질문은 중요한 교육의 기회가 될 수 있기 때문이다. 유아들의 질문과 호기심을 충족시키면서 교사가 의도한 방향을 안내할 수 있는 융통성이 교사에게 있어야 한다.

일일교육계획안의 예는 [표 5-5]와 같다.

표 5-5 | 생활주제 '겨울놀이' 중 소주제 '눈과 얼음'의 일일교육계획안

반 이름	○○반(만 4세)	시기	2010년 12월 ○○일 목요일	수업일수	○○/○○일
생활주제	겨울	주제	겨울놀이와 안전	소주제	눈과 얼음
목표	• 눈과 얼음의 특성을 관찰한다. • 눈과 얼음으로 할 수 있는 놀이에 즐겁게 참여한다.				
일과 시간표	08:30~09:00 등원 09:00~09:10 인사 나누기 및 일과 계획하기 09:10~09:40 조형 09:40~11:00 놀이계획 및 자유선택활동 11:00~11:20 정리 정돈 및 자유선택활동 평가, 화장실 다녀오기 11:20~12:00 바깥놀이활동 12:00~13:00 점심시간 및 휴식 13:00~13:20 동화듣기 13:20~13:30 일과 평가 및 귀가지도				

<table>
<tr><th>활동명
시간</th><th>활동목표</th><th colspan="2">활동내용</th><th>자료 및 유의점</th><th>평가</th></tr>
<tr><td>등원
(08:30~09:00)</td><td>• 바른 자세로 인사할 수 있다.
• 자신의 가방과 옷을 스스로 정리할 수 있다.</td><td colspan="2">• 유치원에 오면 선생님께 인사하고 친구들과 인사한다.
• 옷과 가방을 제자리에 정리한다.</td><td>• 출석카드</td><td></td></tr>
<tr><td>인사 나누기 및 일과 계획하기
(09:00~09:10)</td><td>• 하루 일과를 계획할 수 있다.</td><td colspan="2">• 오늘 날짜와 날씨에 대해 이야기한다.
• 오늘의 활동을 알아본다.</td><td>• 오늘의 활동판</td><td></td></tr>
<tr><td rowspan="4">조형
(09:10~09:40)</td><td rowspan="4">• 눈의 모양을 예측하여 말할 수 있다.
• 눈의 모양을 예측하여 그림으로 표상한다.</td><td colspan="2">눈의 모양</td><td rowspan="4">• 눈 내리는 사진이나 비디오 자료
• 종이와 채색도구</td><td rowspan="4">• 눈의 모양을 원과 사각형으로 그린 유아들이 많았다.</td></tr>
<tr><td>1수준</td><td>2수준</td></tr>
<tr><td colspan="2">• 눈 내리는 것을 본 경험을 이야기한다.
• 눈의 모양에 대해 이야기한다.</td></tr>
<tr><td>• 눈 내리는 사진을 보고 눈의 모양에 관심을 갖는다.</td><td>• 눈 내리는 사진을 보고, 눈의 모양을 예측하여 말한다.</td></tr>
</table>

<table>
<tr><th>활동명
시간</th><th>활동목표</th><th colspan="2">활동내용</th><th>자료 및 유의점</th><th>평가</th></tr>
<tr><td rowspan="5">조형
(09:10~09:40)
(계속)</td><td rowspan="5"></td><td colspan="2">눈의 모양</td><td rowspan="5"></td><td rowspan="5">• 과학영역에서 눈의 모양 관찰하기로 연결하였다.</td></tr>
<tr><td>1수준</td><td>2수준</td></tr>
<tr><td colspan="2">• 유아들이 생각하는 눈의 모양을 그린다.
• 자신이 그린 눈의 모양을 친구들 앞에서 설명한다.</td></tr>
<tr><td>• 눈 결정체에 대해 관심을 갖는다.</td><td>• 눈 결정체의 모양을 알아볼 수 있는 방법을 생각한다.</td></tr>
<tr></tr>
<tr><td rowspan="7">놀이계획 및
자유선택활동
(09:40~11:00)</td><td rowspan="7">• 눈을 확대해서 찍은 사진을 보고, 눈 결정체의 생김새를 관찰한다.
• 관찰한 정보를 기초로 눈 결정체를 자세히 그린다.</td><td colspan="2">과학영역-눈의 모양을 관찰해요</td><td rowspan="7">• 사진 자료, 관찰 종이, 돋보기, 연필</td><td rowspan="7">• 실제 눈을 확대한 사진을 보고 유아들이 눈의 모양에 관심을 보였다.
• 오각형, 육각형이라는 어휘를 어려워 했지만 유아들의 그림과 다름을 이해했다.</td></tr>
<tr><td>1수준</td><td>2수준</td></tr>
<tr><td>• 눈 결정체를 확대해서 찍은 사진 또는 그림을 관찰한다.</td><td>• 눈 결정체를 확대해서 찍은 사진 또는 그림을 보고, 눈의 모양에 대해 이야기한다.</td></tr>
<tr><td>• 눈 결정체를 더 잘 관찰할 수 있는 방법을 생각한다.</td><td>• 눈 결정체를 더 잘 관찰할 수 있는 방법을 이야기한다.</td></tr>
<tr><td>• 1차 표상한 그림과 다른 점을 찾아본다.</td><td>• 1차 표상한 그림과 다른 점은 무엇인지 비교하여 말한다.</td></tr>
<tr><td>• 사진(그림)을 돋보기로 관찰하고 종이에 눈 결정체를 그린다.</td><td>• 사진(그림)을 돋보기로 자세히 관찰하고 종이에 눈 결정체를 자세히 그린다.</td></tr>
<tr><td>• 자신이 그린 눈 결정체의 이름을 말해본다.</td><td>• 자신이 그린 눈 결정체의 모양을 무엇이라 부르고 싶은지 이름을 정하여 적는다.</td></tr>
</table>

<table>
<tr><th>활동명 / 시간</th><th>활동목표</th><th colspan="2">활동내용</th><th>자료 및 유의점</th><th>평가</th></tr>
<tr><td rowspan="15">놀이계획 및 자유선택활동
(09:40~11:00)
(계속)</td><td rowspan="3"></td><td colspan="2">과학영역–눈의 모양을 관찰해요</td><td rowspan="3"></td><td rowspan="3"></td></tr>
<tr><td>1수준</td><td>2수준</td></tr>
<tr><td>• 자유선택활동이 끝난 후 자신의 그림을 소개한다.</td><td>• 자유선택활동이 끝난 후 자신의 그림과 눈 결정체의 이름을 소개한다.</td></tr>
<tr><td rowspan="8">• 색종이를 접어서 눈 결정체를 오릴 수 있다.
• 색종이를 접는 방법에 따라 가위로 오렸을 때 나타나는 모양이 다름을 발견한다.</td><td colspan="2">조형–눈 오리기</td><td rowspan="8">• 색종이, 가위, 눈 결정체 모양</td><td rowspan="8">• 유아들은 눈 모양을 정확히 오리는 것보다는 오린 결과 여러 모양이 생긴 것에 더 흥미를 보였다.
• 유아들끼리 서로 다른 결과에 관심을 보이며, 오린 방법에 대해 이야기하였다.</td></tr>
<tr><td>1수준</td><td>2수준</td></tr>
<tr><td colspan="2">• 색종이를 오려서 눈 결정체를 만들 수 있는 방법을 생각한다.</td></tr>
<tr><td colspan="2">• 색종이를 접어서 눈 결정체를 만드는 과정을 알아본다.</td></tr>
<tr><td rowspan="2">• (정답보다는) 유아들이 자유롭게 색종이를 접어서 눈 결정체를 오린다.</td><td>• 교사가 어떻게 접었을지 예측해 본다.</td></tr>
<tr><td>• 오려낸 종이마다 접는 방법이 어떻게 달랐는지 이야기한다.</td></tr>
<tr><td colspan="2">• 자유선택활동이 끝난 후 가장 눈 결정체와 비슷한 것을 찾는다.</td></tr>
<tr><td>• 유아들의 눈을 감상한다.</td><td>• 눈 결정체와 가장 유사하게 오린 유아의 설명을 듣는다.</td></tr>
<tr><td rowspan="4">• 눈 결정체 모양을 관찰하고, 육각형을 그리거나 만들어 본다.
• 눈 모빌을 만든 후 균형을 생각하며 걸어 본다.</td><td colspan="2">조형영역–눈 모빌 만들기</td><td rowspan="4">• 철사, 스티로폼 볼, 낚싯줄
• 유아가 선택한 활동을 계획표에 표시하도록 지도한다.</td><td rowspan="4"></td></tr>
<tr><td>1수준</td><td>2수준</td></tr>
<tr><td>• 눈 결정체의 모양에 관심을 갖는다.</td><td>• 눈 결정체의 모양에 대해 이야기한다.</td></tr>
<tr><td>• 뾰족한 부분의 수를 세어본다.</td><td>• 육각형이라고 부르는 이유에 대해 생각해 본다.</td></tr>
</table>

<table>
<tr><th>활동명 / 시간</th><th>활동목표</th><th colspan="2">활동내용</th><th>자료 및 유의점</th><th>평가</th></tr>
<tr><td rowspan="6">놀이계획 및 자유선택활동
(09:40~11:00)
(계속)</td><td rowspan="6"></td><td colspan="2">조형영역-눈 모빌 만들기</td><td rowspan="6">• 새로 소개된 활동에 참여하도록 안내한다.</td><td rowspan="6">• 육각형이라는 어휘를 들려줬지만 유아들은 철사와 이쑤시개를 꽂는 것에 관심이 더 많았다. 육각형 만들기보다는 미술재료의 특성을 탐색하고 이를 즐기는 것에 초점을 두어야겠다.</td></tr>
<tr><td>1수준</td><td>2수준</td></tr>
<tr><td>• 철사(이쑤시개)와 스티로폼 공으로 눈 결정체를 만드는 방법을 알아본다.</td><td>• 철사(이쑤시개)와 스티로폼 공으로 눈 결정체를 만들 수 있는 방법에 대해 이야기한다.</td></tr>
<tr><td colspan="2">• 놀이 시간 조형영역에서 눈 결정체를 만든다.</td></tr>
<tr><td colspan="2">• 유아들이 만든 눈 결정체를 모빌로 걸어 둘 장소를 정한다.</td></tr>
<tr><td></td><td>• 모빌의 길이와 균형을 생각하며 단다.</td></tr>
<tr><td>정리 및 평가
(11:00~11:20)</td><td>• 가지고 논 놀잇감을 정리할 수 있다.</td><td colspan="2">• 각자 놀이했던 영역을 정리한다.
• 활동결과를 소개하고 생각을 이야기한다.
• 화장실을 다녀온다.</td><td>• 놀이계획표</td><td>• 놀이계획표에 표시하는 것이 안 되어 지도할 필요성이 있다.</td></tr>
<tr><td rowspan="5">바깥놀이활동
(11:20~12:00)</td><td rowspan="5">• 신문지 또는 한지를 뭉쳐서 높은 곳에서 아래쪽으로 날린다.</td><td colspan="2">눈 던지기</td><td rowspan="5">• 신문지, 비닐, 한지, 종이</td><td rowspan="5">• 바람과 종이들이 떨어지는 방향과 속도를 탐색하기를 원하였으나 유아들은 눈을 날리는 것에 더 관심이 많았다.</td></tr>
<tr><td>1수준</td><td>2수준</td></tr>
<tr><td colspan="2">• 신문지, 한지를 크게 또는 작게 뭉친다.</td></tr>
<tr><td colspan="2">• 미끄럼틀 위에 올라가 아래 방향으로 떨어뜨린다.</td></tr>
<tr><td colspan="2">• 한지나 비닐도 떨어뜨린다.</td></tr>
</table>

<table>
<tr><th>활동명
시간</th><th>활동목표</th><th colspan="2">활동내용</th><th>자료 및 유의점</th><th>평가</th></tr>
<tr><td rowspan="5">바깥놀이활동
(11:20~12:00)
(계속)</td><td rowspan="5">• 눈뭉치의 크기와 무게에 따라 날아가는 정도가 다른지 관찰한다.</td><td colspan="2">눈 던지기</td><td rowspan="5"></td><td rowspan="5">• 유아들이 종이 날리기를 충분히 경험한 후 바람과 속도와의 관계에 대해 알아보도록 해야겠다.</td></tr>
<tr><td>1수준</td><td>2수준</td></tr>
<tr><td rowspan="2">• 떨어지는 방향이나 속도의 차이에 관심을 갖는다.</td><td>• 떨어지는 방향이나 속도의 차이가 있는지 비교하여 말한다.</td></tr>
<tr><td>• 한 손에는 신문지 뭉치를 한 손에는 얇은 한지는 들고 동시에 떨어뜨린다. 떨어지는 속도와 방향을 탐색한다.</td></tr>
<tr><td colspan="2">• 얇은 한지와 비닐을 하늘 높이 날리고 입으로 불어서 눈이 날리는 것처럼 한다. 땅에 떨어지지 않도록 계속 입으로 바람을 분다.</td></tr>
<tr><td>점심
(12:00~13:00)</td><td></td><td colspan="2">• 식사에 필요한 물건들(수저, 물컵 등)을 준비한다.
• 즐거운 분위기에서 식사한다.
• 식사 후 이를 닦고 조용한 놀이를 한다.</td><td></td><td></td></tr>
<tr><td rowspan="5">동화
(13:00~13:20)</td><td rowspan="5">• 동화를 듣고, 주인공이 눈 오는 날 한 일들을 회상하여 말한다.
• 눈이 녹는 이유와 녹지 않게 할 수 있는 방법을 생각하여 말한다.</td><td colspan="2">동화-눈 오는 날</td><td rowspan="5">• 그림 동화</td><td rowspan="5">• 동화의 내용과 연계하여 눈이 잘 녹는 곳과 오래 보관할 수 있는 곳에 대해 이야기 나누고 내일의 과학활동으로 연결한다.</td></tr>
<tr><td>1수준</td><td>2수준</td></tr>
<tr><td colspan="2">• 동화를 듣는다.</td></tr>
<tr><td>• 피터가 눈 오는 날 한 일들을 회상한다.</td><td>• 피터가 눈 오는 날 한 일들을 회상하여 말한다.</td></tr>
<tr><td colspan="2">• 눈으로 놀았던 경험을 이야기 한다.</td></tr>
</table>

<table>
<tr><th>활동명
시간</th><th>활동목표</th><th colspan="2">활동내용</th><th>자료 및
유의점</th><th>평가</th></tr>
<tr><td rowspan="8">동화
(13:00~13:20)
(계속)</td><td rowspan="8"></td><td colspan="2">동화-눈 오는 날</td><td rowspan="8"></td><td rowspan="8"></td></tr>
<tr><td>1수준</td><td>2수준</td></tr>
<tr><td colspan="2">• 피터의 주머니에 있던 눈은 어디로 갔을지 추측해 본다.</td></tr>
<tr><td rowspan="2">• 눈을 녹지 않게 하려면 교실 안과 바깥, 냉장실과 냉동실 어디에 두는 것이 좋을까 생각한다.</td><td>• 피터가 눈이 녹지 않게 보관하고 싶다면 어디에 보관하면 좋은지 이야기한다.</td></tr>
<tr><td>• 교실 안과 바깥, 냉장실과 냉동실 어디에 두는 것이 좋을까 생각한다.</td></tr>
<tr><td rowspan="2">• 내일 눈이 잘 녹지 않는 곳을 찾아볼 것임을 안다.</td><td>• 내일 이 실험을 하기 위해 필요한 것들을 이야기한다.</td></tr>
<tr><td>• 눈이 오지 않는다면, 눈 대신 실험할 수 있는 것은 무엇인지 이야기한다.</td></tr>
<tr><td colspan="2">• 내일은 얼음(눈)으로 실험을 할 것임을 이야기하고, 부모님들과 함께 예측해 보도록 한다.</td></tr>
<tr><td>귀가
(13:20~13:30))</td><td>• 하루 일과를 회상하여 말한다.</td><td colspan="2">• 하루 일과에 대해서 평가한다.
–오늘 가장 기억에 남는 활동에 대해 평가한다.
–내일 계획한 활동에 대해 이야기한다.
• 귀가 지도를 한다.
–귀가 시 버스나 길에서 지켜야 할 약속이나 주의할 점에 대해서 이야기 나눈다.
– 선생님과 친구들과 인사를 나누고 귀가한다.</td><td></td><td></td></tr>
</table>

총평
• 수요일에 유아들이 눈의 모양에 대해 관심을 보여서 오늘 눈의 모양에 대해 알아보기로 하였다. 눈 결정체를 관찰한 유아들이 자신들의 그림과 비교하면서 흥미를 보였다. 내일은 물이 얼어서 눈 결정체가 되는 과정을 보여주는 비디오나 동영상 자료를 소개할 예정이다. • 조형영역의 눈 오리기 활동에 참여한 유아들이 눈 오리는 방법에 대한 다양한 생각을 이야기하였다. 내일은 유아들이 오린 눈을 교실에 장식할 수 있는 방법에 대해 이야기 나누고 유아들과 함께 교실을 장식해야겠다. • 동화 '눈 오는 날'을 듣고 눈이 녹지 않는 곳과 눈이 빨리 녹는 곳에 대해 예측을 하였다. 유아들이 예측한 것이 맞는지 알아보기 위해 내일 과학활동을 하기로 하였다. 내일의 활동을 위해 크기가 같은 용기, 얼음, 기록지를 준비해야겠다.

6

생활지도

1. 생활지도의 계획

2. 생활지도의 내용

3. 생활지도의 방법

4. 생활지도 평가

“천천히 다니자”, “골고루 먹어야지”, “친구랑 사이 좋게 나누어 쓰자”와 같이 하루 일과 중 교사가 빠뜨리지 않고 매일 반복하는 말이 있다. 생활지도는 유아들과 1년 동안 함께 생활하면서 매 순간 교사들이 유아들에게 이르는 말을 총칭한다고 해도 과언이 아니다. 담임교사로서 학급 운영에 대한 구상을 할 때 ‘우리 아이들이 한 해 동안 사이좋게 지내고 건강했으면 좋겠다.’는 내용이 아마도 최우선이 될 것이다. 교사로서 유아들의 성장과 발달이 바람직한 방향으로 이루어지길 바라는 것은 당연한 바람이다.

유아들과 생활하다 보면 매일 다툼이 생기고 소란이 벌어지기도 한다. 상황마다 급하게 문제를 해결하다 보면 끝이 나지 않게 된다. 따라서 생활지도를 하고자 할 때 교사는 무엇보다도 유아들의 장기적인 성장을 염두에 두고 문제를 해결해 나가도록 계획을 세워야 한다. 또한 일상생활에서 접하는 문제를 해결하는 과정이므로 유아들이 실제 생활에서 경험을 토대로 문제해결의 방안을 적절히 생각하고 적용하여 적응할 수 있도록 해야 한다.

생활지도는 유아들의 기본생활습관, 신체, 사회성발달 등을 염두에 두고 유아들이 타인과 더불어 살아가는 태도를 함양하는 데 목적이 있다. 생활지도를 잘 하기 위해서 무엇보다 교사는 유아들의 개인적인 습관과 태도를 자세히 관찰하여 또래집단, 성인과의 생활 등 자신에게 주어진 환경에 적합한 해결책을 모색할 수 있도록 도와야 한다. 또한 생활지도는 직접적인 교수를 통해서 이루어지기도 하지만 교사가 유아를 대하는 모습을 통해서 잠재적으로 전달되기도 한다. 교사는 유아들의 모범으로서 평소 행동적인 모델이 되어주기도 해야 한다.

생활지도는 기본생활습관, 사회생활, 건강, 안전영역 등이 있는데 이 장에서는 기본생활습관과 사회생활, 행동지도를 중심으로 다루도록 하고 건강과 안전영역은 별도의 장에서 다룰 것이다.

1 생활지도의 계획

생활지도를 효과적으로 실행하기 위해서는 각 기관의 특성과 유아의 연령 등이 고려되어야 하지만 일반적으로 교수의 원리에 대한 이해가 필요하다. 생활지도에 적용되는 교수 원리 몇 가지를 살펴보면 다음과 같다.

첫째, 생활지도의 목적이 분명해야 한다. 유아가 형성해야 할 바람직한 행동과 그렇지 못한 행동에 대한 명확한 기준이 제시될 때 그 효과가 분명히 드러날 것이다.

둘째, 가능한 유아들이 자율적으로 참여할 수 있도록 한다. 생활지도의 목적이 유아들이 스스로 자신의 생활환경에 적절한 행동을 하도록 하는 것이므로 행동의 주체는 교사가 아니라 유아들이다. 따라서 교사가 일방적으로 가르치기보다는 유아들이 자발적으로 참여하고 반복적으로 행동을 익히는 가운데서도 즐거움을 느낄 수 있도록 한다.

셋째, 문제의 해결보다는 예방적 차원의 접근이 되도록 한다. 생활지도는 우리가 살아가는 사회에서 요구되어지는 행동은 무엇인가, 타인과 더불어 살아가기 위해서 지켜야 할 행동들은 무엇인가를 익혀가는 과정이다.

넷째, 생활지도는 체계적, 지속적으로 지도해야 한다. 생활지도는 인지적으로 지식을 습득하고 활용하는 것과는 달리 매일의 생활을 통해 인식되고 습관화되어야 하기 때문에 반복적으로 지도하는 것이 중요하다.

순간순간의 지도가 쌓여 1년이 지난 후 유아들의 생활이 바람직한 방향으로 변화되도록 이끌기 위해서는 체계적인 계획이 필요하다. 생활지도의 목표를 분명히 한 후 연간계획을 세워본다.

표 6-1 | 생활지도의 연간계획

연간 교육목표	• 기본생활습관의 생활화 • 예절 바른 어린이 • 서로 돕는 어린이		
3월	• 정리 · 정돈 하기 • 바르게 인사하기 • 내 일 스스로 하기	9월	• 자신의 물건 잘 챙기기 • 미안한 마음 표현하기 • 친구의 어려움에 관심 갖기
4월	• 실내에서 걸어 다니기 • 친구에게 바른말 사용하기 • 친구와 사이좋게 지내기	10월	• 물건 아껴서 사용하기 • 친절하고 공손하게 말하기 • 친구 이해하고 용서하기
5월	• 화장실을 바르게 사용하기 • 식사예절 지키기 • 친구 방해하지 않기	11월	• 주변 정리를 깨끗이 하기 • 자신의 차례를 기다리기 • 협동하여 문제해결하기
6월	• 몸을 깨끗이 하기 • 상황에 적절하게 인사하기 • 친구의 물건 소중히 여기기	12월	• 쓰레기를 분리수거하기 • 주변사람들에게 고마움 표시하기 • 주변사람 돕기
7월	• 물을 아껴 사용하기 • 바른 자세로 말하기 • 친구 도와주기	1월	• 규칙적인 생활하기 • 정직하게 말하고 행동하기 • 다른 사람을 이해하고 돕기
8월	• 시간을 잘 지키기 • 감정 조절하여 말하기 • 힘든 일 함께 하기	2월	• 마무리를 잘 하기 • 위, 아랫사람에게 적절한 언어 사용하기 • 친구의 의미 나누기

위와 같은 생활지도의 계획은 하루 일과를 진행하면서 반영될 수 있도록 하고 교육계획안을 작성할 때 생활지도의 내용을 단위 시간에 적합하도록 기록한다. 매 단위별 수업에서 지도할 내용을 반드시 기록해야 하는 것은 아니다. 그렇지만 교사가 각 단위별 수업에서 나타날 수 있는 유아의 행동적 특징을 미리 고려하여 생활지도의 내용을 계획한다면 보다 체계적으로 지도할 수 있다.

표 6-2 | 생활지도 내용이 기록된 일일교육계획안 예

일시	2010. 3. 9.	연령	만 4세
생활주제	유치원이 궁금해요	일일주제	반에서 지킬 약속이 있어요
일과진행	8:30~9:00 등원 9:00~10:20 자유선택활동 10:20~10:50 이야기 나누기 10:50~11:30 실외놀이 11:30~12:00 새노래 12:00~1:00 손 씻기, 점심 1:00~1:40 게임 1:40~2:00 동화 2:00~2:30 정리 및 귀가		
활동과정	활동내용	교육과정 관련요소	자료 및 유의점
자유 선택 활동	① 언어 • 활동명: 친구들의 이름 적기 • 활동방법: 친구들의 사진을 보고 이름을 적을 친구를 선택한다. 사진 뒷면의 이름을 보고 이름카드에 적는다. ② 수학 • 활동명: 우리가 함께 사용하는 물건 • 활동방법: 여러 가지 물건을 늘어놓는다. 개인이 사용하는 물건과 공통으로 사용하는 물건을 분류하여 판에 놓아본다. ※ 생활지도: 물건 제자리에 정리하기	• 언어생활-쓰기에 관심 가지기 • 탐구생활-자료 정리 및 결과 나타내기	• 친구 이름카드, 적을 종이, 필기도구 • 공통 물건과 개인 물건 그림 자료, 분류판
이야기 나누기	① 반에서 지켜야 할 약속 • 활동방법: 반에서 그동안 함께 지냈던 이야기를 하며 친구와 지내는 데 불편함이 없는지 알아본다. 각 영역에서 지킬 약속에 대해 이야기한다. ※ 생활지도: 친구의 말 끝까지 듣기	• 사회생활-다른 사람을 이해하고 존중하기	• 유아들의 각 영역별 놀이 모습 사진
실외놀이	① 모래놀이를 해요. • 활동방법: 모래놀이 기구를 소개한다. 기구의 사용법에 맞게 사용하도록 한다. ※ 생활지도: 친구에게 모래를 던지지 않기	• 건강생활-안전하게 놀이하기	• 모래놀이 용구함, 삽, 체, 양동이, 긁개

2 생활지도의 내용

1) 기본생활습관

'세 살 버릇 여든 간다', '어릴 때 굽은 길마가지' 라는 속담은 유아기의 습관 형성의 중요성을 이를 때 자주 인용되는 말이다. 이 속담들에서 짐작할 수 있듯이 유아기 때 형성된 습관은 잘 고쳐지지 않고 이후에도 영향을 미친다. 이를 다시 생각해보면 처음 시작을 잘 하면 평생 바른 습관으로 자리 잡게 된다는 의미가 된다.

표 6-3 기본생활습관 지도내용

<table>
<tr><th>교육과정 내용</th><th>하위 내용</th><th>수준별 내용</th><th>지도사항</th></tr>
<tr><td rowspan="6">건강하게 생활하기</td><td rowspan="3">몸과 주변을 깨끗이 하기</td><td>• 이를 깨끗이 한다.
• 스스로 이를 깨끗이 하는 습관을 기른다.</td><td>• 이 닦기의 바른 방법을 안다.
• 스스로 이를 닦도록 한다.</td></tr>
<tr><td>• 손과 몸을 깨끗이 한다.
• 스스로 손과 몸을 깨끗이 하는 습관을 기른다.</td><td>• 목욕을 자주 한다.
• 손발톱을 깎고 온다.
• 손을 자주 씻는다.</td></tr>
<tr><td>• 자기 주변을 깨끗이 한다.
• 스스로 자기 주변을 깨끗이 하는 습관을 기른다.</td><td>• 놀잇감을 정리한다.
• 사용한 물건을 제자리에 놓는다.
• 쓰레기와 재사용할 물건을 분류한다.
• 청소도구를 적절히 사용한다.
• 깨끗함이 주는 느낌을 안다.</td></tr>
<tr><td rowspan="3">바른 식생활하기</td><td>• 음식물의 필요성을 알고 골고루 먹는다.
• 몸에 필요한 음식을 적당한 양으로 골고루 먹는다.</td><td>• 음식을 골고루 먹는다.
• 적정량을 먹는다.
• 음식 각각의 맛과 영양에 대해 안다.</td></tr>
<tr><td>• 음식을 소중히 여긴다.</td><td>• 음식이 식탁에 오르는 경로를 안다.
• 음식을 함부로 버리지 않는다.
• 음식의 재사용에 대해 안다.</td></tr>
<tr><td>• 음식을 바른 자세로 즐겁게 먹는다.</td><td>• 식탁에 바르게 앉는다.
• 음식을 입에 넣고 말하지 않는다.
• 제자리에 앉아서 먹는다.
• 식탁에서는 재미있고 즐거운 이야기를 한다.</td></tr>
</table>

교육과정을 바탕으로 하여 기관에서 요구되는 생활지도의 내용은 청결과 정리 · 정돈, 식생활이라고 할 수 있다.

청결을 지도할 때는 먼저 유아들이 청결이 왜 필요한지에 대한 필요성을 인식하는 것에서부터 출발해야 한다. 대부분 유아 초기에는 물에 들어가기를 좋아한다. 하지만 3세 이후가 되면 단지 씻기 위해서는 물과 가까이 하려고 하지 않는 경향이 있다. 물의 감촉, 물 튀기기 등의 물놀이를 더 즐겨한다. 따라서 청결하지 못했을 때 생길 문제들을 유아들이 인식하도록 돕는 것이 우선 과제이다.

이 닦기와 같은 개인적 청결지도는 반복적이므로 유아들에게 지루함을 없애기 위한 여러 방안이 필요하다. 시중에서 판매하는 칫솔, 치약과 같이 캐릭터가 그려 있거나 소리가 나는 것을 선택하여 시기별로 바꾸어주며 사용해 보는 것도 좋다. 또 이를 닦는 시간을 알려주기 위해 모래시계를 놓아두거나 유아 모두가 동시에 시작하여 이 닦기를 끝내는 활동과 같이 유아들이 이 닦기를 지겨운 행동으로 인식하지 않고 재미로 할 수 있는 방법도 있다.

정리 · 정돈은 유아들이 기관에 다니면서 가장 많은 스트레스를 받는 부분이다. 등원 시 신발을 정리하는 것에서부터 옷, 가방, 사용한 교재 · 교구, 의자 정리 등 집으로 돌아갈 때까지 하루 일과는 정리로 가득하다. 교사는 유아들의 정리 정돈이 매우 어려운 과제임을 인식하고 우선 정리하는 횟수를 줄여주도록 해야 한다. 너무 자주 정리하도록 하는 것은 유아들로 하여금 '정리 스트레스'가 쌓이도록 하는 것이다. 또한 정리시간이 되어 유아들의 행동을 관찰해보면 정리를 열심히 하는 유아들과 그렇지 않은 유아들로 나누어진다. 정리를 하는 유아들은 정리를 하지 않는 유아들 때문에 더 힘이 들고 화가 난다. 따라서 교사는 유아들의 역할 분담을 확실히 하여 유아들이 자신의 한계 안에서 정리할 수 있도록 한다. '정리를 못 하겠어요!' 하고 한숨 쉬는 유아의 주변을 살펴보면 너무 많은 놀잇감이 나와 있는 경우가 종종 있다. 이때 '왜 그렇게 많이 꺼냈어?' 라고 무안을 주기보다는 도와줄 친구를 붙여주거나 교사가 도움을 제공하는 것이 좋다. 또한 정리는 단순하고 지루한 것이라고 생각하기 쉬우므로 게임을 하며 정리를 하면 유아들이 적극적으로 참여하게 된다. 그런 후 유아들에게 평소 '내가 정리할 수 있을 만큼, 꼭 필요한 만큼만 놀잇감을 꺼내어 사용하자' 고 권유하는 것이 좋다. 무조건 바구니를 쏟아 놓고 보는 유아, 만들기 재료 바구니를 몽땅 뒤집어 놓고 작업하는 유아들은 활동 후 정리하기가 벅찰 수 있다.

공동의 물건 이외에 개인물건의 정리정돈에 대한 지도도 필요하다. 유아들이 기관에서 가지고 다니는 물건은 이야깃거리, 개인 미술도구, 가방, 도시락, 옷 등이 있다. 이러한 물건은 매일 가지고 다니는 물건과 때에 따라서 가지고 다니는 것으로 나뉘게 된다. 매일 가지고 다니는 물건은 가방 안에 두어 필요할 때만 꺼내고 다시 넣도록 한다. 또한 개인물품은 이름을 기록하여 잃어버릴 경우 물건을 찾을 수 있도록 한다.

기관에 두고 사용하는 개인물품은 보관하는 장소를 정해두고 자리를 자주 바꾸지 않도록 한다. 때로 교실 내 영역 구성을 하며 유아들의 물품을 보관하는 장소가 바뀌기도 한다. 또한 사인펜, 크레파스, 스케치북, 독서활동지, 포트폴리오 파일, 영역활동표 등 너무 많은 종류의 개인물품 보관 장소가 여기저기로 흩어져 있으면 유아들의 동선이 불필요하게 많아지게 된다. 교사는 유아의 입장에서 장소를 적절히 고려하여야 한다. 영역활동 시 필요한 물건은 영역과 가까이 두지만 전체 대집단으로 주로 하는 활동과 관련되어 있는 물건은 개인의 이름을 표시하여 보관 장소를 한곳으로 하는 것이 좋다.

유아들의 개인물건에 이름이 표시되어 있으면 유아들이 사용하고 정리를 빨리 할 수 있다. 공책이나 파일의 경우 겹쳐 보관하므로 유아가 꺼내고 넣기 편리하도록 세로로 이름을 붙인다. 이때 이름 붙이는 간격을 달리하면 유아들이 자신의 이름을 빨리 찾을 수 있다.

식생활지도는 교사들이 매우 어려워하는 부분이다. 대부분의 유아들이 식사를 잘 하더라도 편식을 하거나 과하게 많이 먹는 유아들이 있기 마련이다. 교사가 식사지도를 할 때 다음의 몇 가지 사항을 잘 기억하고 활용한다면 도움이 될 것이다.

첫째, 유아들의 식습관은 가정 내 문화가 반영되므로 개별적인 차이를 인정한다. 대부분 집단으로 유아들의 식사지도를 하기 때문에 각 유아가 지닌 가정 내 문화를 알기는 어렵다. 그러나 유아들의 가정에서는 선호하는 음식과 선호하지 않는 음식이 있으며 이 때문에 유아들이 기관에서 접하는 음식은 처음이거나 거의 보지 못한 음식이 될 수도 있다. 이러한 음식을 유아들에게 먹으라고 할 때 유아들은 낯선 음식을 먹어야 하는 심리적인 부담이 생길 수 있다.

엄마: 선생님, 유치원에서 혹시 깍두기가 나오나요?

교사: 네, 그럼요.

엄마: 아니 깍두기를 아이들이 먹는다는 말씀이에요?

교사: 네, 댁에서는 깍두기를 안 드시나요?

엄마: 네. 저희는 격이 없는 음식은 안 먹거든요. 배추도 포기김치만 먹어요.

(편식하는 유아를 둔 엄마와의 상담 전화)

위의 사례의 경우 해당 유아의 가정에서는 한 번도 깍두기를 담아 먹은 적이 없었다. 이 유아는 기관에서 먹는 깍두기가 처음이라 점심 식단에 깍두기가 있을 경우 원에 오지 않겠다고 할 정도였다. 정해진 식단을 무조건 먹으라고 하기보다는 교사가 각 유아의 가정 내 문화를 이해하는 것이 바탕이 되어 서서히 유아를 이끌어주는 것이 바람직하다.

둘째, 유아들과 요리활동을 자주 하여 음식과 친해지도록 한다. 유아들이 식단 메뉴 중에서 싫어하는 음식들이 무엇인지 잘 살펴본다. 유아마다 개별적인 차이가 있지만 대부분 취나물처럼 질긴 나물, 깻잎이나 당근처럼 향이 진한 야채, 버섯처럼 물렁한 것들을 선호하지 않는다. 이런 재료를 이용해서 유아들이 요리를 해볼 수 있는 기회를 자주 주도록 한다. 재료와 친숙해지고 나면 유아들의 거부감은 줄어든다. 물론 요리를 했다고 금방 음식을 섭취하는 것은 아니다. 처음에는 재료의 특성이 잘 나타나지 않는 음식(잘게 다져서 볶음을 하거나 전, 튀김을 하여 재료가 보이지 않도록 하는 것)을 만들다가 점차 재료의 색, 맛을 느낄 수 있는 요리로 바꾸어 주면 좋다. 이는 식단을 구성할 때도 마찬가지다.

셋째, 유아들이 음식의 양이나 종류를 선택할 수 있도록 한다. 유아에게 제공되는 식단에서 가짓수를 변경할 수 있다면 종류를 다양하게 두어 유아들이 선택할 수 있는 폭을 넓혀주는 것이 좋다. 예를 들어 식단이 밥, 국, 반찬 3가지로 제공되는데 여기에서 반찬을 4가지로 늘려 이 중에서 3가지는 선택하여 반드시 먹도록 하는 것이다. 다른 방법은 유아들이 먹을 양을 선택할 수 있도록 하는 것이다. 이 방법은 특히 편식이 심한 유아들에게 적합하다. 각 반찬마다 최소한의 양을 정한 후 그 이상을 먹도록 하는 것이다.

교사: 오늘은 감자 볼, 김치, 불고기가 반찬이야.

유아: 감자 볼 안 먹을래요.

교사: 그래, 네가 감자 볼 싫어하는 것을 알고 있어. 친구들은 감자 볼을 4개씩 가져갔는데 너는 몇 개를 가지고 가고 싶니? 1개, 2개, 3개, 4개 중에서 선택할 수 있어.

유아: (잠시 생각해보며) 1개요.

교사: 네가 가져간 것은 반드시 먹어야 한단다. 한번 맛을 봐봐. 너도 좋아하게 될 거야.

(유아가 식판을 보고 고민하다 다른 유아들을 살핀 후 감자 볼을 먹는다. 교사는 유아에게 잘 했다고 손가락을 치켜든다.)

(교사의 식사지도)

넷째, 식사지도 시 교사도 유아와 함께 먹으며 즐거운 시간이 되도록 한다. 유아들에게 밥과 반찬을 나누어 주다 보면 교사는 점심을 먹을 시간이 미처 부족하다. 학기초가 지나 어느 정도 유아들의 식사가 안정이 되면 교사는 가능한 유아들과 함께 식사하는 것이 바람직하다. 유아들과 즐거운 대화를 나누며 유아들의 식사량과 개인사, 식사예절 등을 파악하여 다음 교육계획에 반영할 수 있다. 또한 잘 먹지 않는 유아나 너무 느리게 식사하는 유아들과 재미있는 게임을 하며 식사를 하면 식사습관이 교정될 수 있다.

2) 사회생활

나는 무엇을 잘 하는가, 다른 사람은 어떻게 생각하고 느끼는가, 함께 지켜야 할 약속은 어떤 것들이 있는가를 아는 것은 유아들이 현재 속한 집단뿐 아니라 성장을 하며 경험하는 여러 집단에서 다른 사람과의 관계형성을 잘 하도록 돕는 데 기여한다.

교사의 사회생활 지도 내용은 나와 이웃 간에 생길 수 있는 문제상황 등을 예방하고 갈등의 요소를 서로 조정하는 과정으로 이루어진다. 교실은 교사와 다수의 유아가 함께 생활하는 공간이면서 개인의 활동이 이루어지는 공간이기도 하다. 따라서 교실에서 개인에 대한 배려와 공동의 이해가 동시에 고려되어야 하는 상황이 종종 발생하게 된다. 이에 대비하여 교사는 유아와 학급에서 지켜야 할 약속을 정해두어 유아들의 일상생활에 불편함이 없도록 해야 한다.

규칙을 정할 때에는 꼭 필요한 경우에 한하며, 정해진 규칙은 집단 전체 구성원들과 공유해야 한다. 그리하여 유아들이 집단 생활에서 자유로우면서 책임을 지는 태도를 형성하도록 도와야 한다.

유아들과 일과를 진행하며 지켜야 할 규칙이나 협의가 필요한 경우는 줄서기, 모임 활동 시의 태도, 영역 활동 시 태도이다. 이러한 규칙과 공유된 협의 내용들은 한 유아나 특정 유아의 이익을 대변하기보다는 규칙과 질서, 약속을 지키는 태도를 통해 모두 협력하고 집단의 소속감을 높이는 데 기여하도록 해야 한다.

(1) 줄서기

유아들이 등원할 때부터 하원할 때까지 줄을 서야 하는 일은 일상적으로 생기는 상황이다. 줄을 서는 과정에서 유아들은 먼저 서려고 하거나 다른 친구 앞으로 끼어들거나 어느 곳에 서야 하는지 모르는 상황이 생기기도 한다. 교사는 줄을 서는 장소와 줄을 서는 모습에 대해 약속을 정해야 한다. 줄을 서는 장소는 차량의 승하차 장소, 현관이나 교실 앞, 바깥놀이로 나가는 장소, 복도 등으로 다양하고 각 지점에서 어떤 방향으로 서야 하는지도 알려주어야 한다. 줄을 설 때는 유아들끼리 서로 밀고 당길 수 있고 장난을 치기도 하므로 미리 위험을 예방하는 차원에서 줄서기와 관련한 그림자료, 영상자료를 이용하여 안내를 해야 한다. 다음의 말을 통해 유아들의 줄서기를 보다 안전하게 지도할 수 있다.

- 애들아! 우리가 복도에 줄을 설 때는 어떻게 서면 좋을까?
- 복도에서는 어느 쪽으로 서야 다른 사람에게 방해가 되지 않을까?
- 친구들과 몸이 닿지 않게 서야 한다고 했는데 두 친구가 나와서 보여주자.
- 친구들의 모습을 보니 어떻게 줄을 서는 것인지 알 수 있었니?
- 친구들이 걸어가고 있는데, 뒤에서 옷을 잡아당기면 어떤 일이 생길까?
- 친구들이 비뚤게 서 있다면 나는 어떻게 서야 할까?

줄서기에서 유아들 간에 갈등이 자주 발생하는 경우는 줄을 서 있다가 화장실에 다녀오거나 선생님의 심부름을 다녀와서 원래의 자리로 돌아가려는 유아와 이미 그 자리를 차지하고 있는 유아 간의 다툼, 친구의 자리를 미리 정해놓은 유아와 그 자리에 끼고 싶은 유아가 있을 때이다. 이러한 경우 교사는 학급에서 지킬 원칙을 정해 유아들 간의 불필요한 말다툼을 줄여야 한다.

줄서기를 한 후 걸어갈 때 걸음이 늦은 유아와 빠른 유아, 한 줄에서 두 줄로 바뀌는 상황에서 유아들이 어떻게 움직일 것인지에 관해 이야기하고 걸음을 걸을 때는 친구 어깨에 손을 올리지 않고 걷도록 해야 한다.

(2) 모임활동 시 태도

집단활동을 할 때 유아들의 태도는 활동에 대한 흥미 정도, 집단의 크기, 참여 정도, 교사의 통솔력 등에 영향을 받는다. 유아들의 산만한 태도는 교사의 교수활동을 어렵게 하는 주된 이유이다. 유아들이 집단활동 시 집중하는 태도를 형성하도록 돕기 위해서 교사는 여러 가지 원인에 대해 생각해보고 대처해야 한다.

우선 집단활동을 계획할 때 유아들의 참여 정도를 높여 흥미를 끌 수 있는 방안을 고려하는 것이 좋다. 교사와 집단활동을 하는 것은 재미있고 즐거운 시간이라는 의식이 형성되도록 해야 한다.

유아들의 집중을 떨어뜨릴 수 있는 요인을 제거하도록 한다. 집단으로 모이는 장소 가까이에 만질 수 있는 물건이 있거나 시선을 빼앗길 물건을 두지 않도록 한다. 모임을 하는 시간에는 색종이, 장난감 등의 작은 물건들도 손이나 주머니에 넣고 오지 않도록 해야 한다.

유아들이 앉을 장소가 너무 좁아 신체적으로 밀착 정도가 높은 것도 주의를 산만하게 하거나 유아들끼리 다툼이 생길 수 있다. 또래 간의 관계에서 서로 싫어하거나 긴밀한 관계의 유아들도 바로 옆 자리에 앉지 않도록 자리를 배치한다.

집단활동을 위해 모였을 때는 교사의 이야기, 유아들의 발표, 토론 과정에서 듣기와 말하기의 태도가 중요하다. 유아들이 바른 태도로 듣도록 하고 형식적으로, 혹은 발표를 하기 위해서 잠시 바르게 앉는 것이 아니라 다른 사람이 말하는 내용을 이해하면서 듣도록 해야 한다. 또한 다른 사람의 이야기를 충분히 들은 후 자신이 하고 싶은 이야기를 할 수 있도록 하고 너무 큰 목소리나 작은 목소리는 다른 사람이 듣기에 불편하지 않은 정도로 조절하도록 안내해야 한다.

집단활동이 시작된 후 들어오는 유아나 화장실이나 물을 마시러 가는 유아들의 경우 다른 사람이나 진행되는 이야기에 방해되지 않도록 뒤로 들어오고 나가는 것을 지도해야 한다. 사전에 화장실을 다녀오거나 물을 마신 후 집단활동을 시작하는 것이 좋다.

(3) 영역활동

영역활동의 구성은 유아들의 개별적 흥미와 개별적 수준에 따른 활동을 지원하기 위함이다. 흥미영역을 유아들에게 차례대로 소개하고 각 영역의 적정한 인원 수도 정하게 된다. 이때 유아들이 선호하는 몇 개의 영역은 놀이를 하려는 유아들로 인해 붐비게 되고 영역 간의 이동과 순환이 잘 이루어지지 않는다.

태현이는 역할놀이에 들어가려고 이름표를 들고 간다. 역할놀이에 자신의 이름을 붙이려고 하는데 빈자리가 없다. "야, 너희들 언제 들어왔어?", "언제까지 놀거야?" 하고 묻는다. 다른 아이들은 아직도 멀었다면서 계속 놀이를 한다. 태현이는 다른 영역을 한 바퀴 돌고 온다. 아이들은 놀이를 계속하고 있고 빈자리는 역시 없다. 몸을 교구장에 기대며 아이들이 나가기를 기다리고 있다. 다시 영역 이름표를 보더니 자기의 이름표를 붙인다. 바닥에는 다른 친구의 이름표가 하나 떨어져 있다. 역할놀이로 들어가며 "야 ! 나도 같이 놀자!" 한다. "너 어떻게 들어왔어?", "이름표 붙일 자리가 있었어. 그리고 성우야 너 나가. 너 이름표는 자리가 없어!"

(역할놀이영역 관찰)

위의 예처럼 한 영역에서 오래 놀이하는 유아와 붐비는 영역, 영역 간의 유아 이동 등은 교사가 계속 관찰하며 유아들의 활동을 안내해야 하는 부분이다.

각 영역에서 놀이할 수 있는 교재, 교구, 활동 내용 등을 한 영역에 치우치지 않고 소개해준다. 때로 조형영역의 활동은 자주 새로운 내용으로 소개되나 다른 영역은 새로운 활동이 잘 첨가되지 않는 경향이 있다. 영역별로 고루 활동을 준비하여 소개하는 것은 유아들이 여러 영역에 대한 관심을 갖도록 하는 방법이다.

각 영역별 인원 수는 학기초에 규칙을 정해 유아들이 여러 영역을 경험할 수 있도록 하는 것이 좋으나 너무 엄격하게 인원 수를 제한한다면 유아들에게는 스트레스가 될 수 있다. 어느 정도 규칙에 익숙해지고 나면 유아들의 놀이 상황에 따라 융통성을 부여하는 것이 좋다.

컴퓨터영역과 같이 오래 기다리는 영역은 인원을 제한하고 순서를 정하여 기다리느라 버려지는 불필요한 시간을 최소화하는 것이 좋다.

3) 행동지도

유아들의 행동을 관찰하다 보면 정상적인 범주에서 혹은 스스로 이겨낼 수 있는 문제를 가진 유아들이 대부분이다. 그런데 반에서 생활하는 몇몇 유아들은 교사의 도움이 필요한 행동적 문제를 지니고 있기도 하다. 여기에서는 몇 가지 유형을 살펴보도록 하겠다.

(1) 또래 간 갈등

3세 정도가 되면 유아들은 또래에게 관심을 보이고 또래와 지속적으로 관계를 유지하며 놀이하기를 즐긴다. 또한 자신이 참여하지 않는 놀이일지라도 같은 공간 내에서 놀이하는 다른 유아의 놀이에 관심을 보이거나 참여, 혹은 개입하기도 한다. 또래관계를 형성하는 과정에서 유아들은 사회적 기술의 부족으로 인해 여러 가지 갈등이 생긴다. 또래 간 갈등을 잘 해결하기 위해 유아들은 자신의 욕구와 또래의 욕구를 이해하는 과정이 필요하고 상황에 적절하게 자신의 요구와 타인의 요구를 조절하여 양보, 협상, 설득하는 기술이 사용되어야 한다.

유아들의 갈등을 지도하기 위해서 교사는 우선 갈등의 원인이 무엇인지 살펴보아야 한다. 대부분의 또래 갈등의 원인은 장난감의 소유나 자신의 물건에 대한 소유에서 비롯된다. 소유에 대한 분쟁이 있을 때 교사의 '나누어 쓰자'는 말은 비효과적일 수 있다. 나누어 쓰기는 유아들에게 매우 어려운 문제이다.

이런 경우에 할 수 있는 방법은 우선 유아의 권리를 인정하는 것이다. 기관의 물건인 경우 정해진 사용방법(기관의 규칙)에 따라 우선시 되는 유아가 사용하도록 한다. 가정에서 가져온 개인의 물건인 경우 해당 유아가 사용을 허락할 때만 가지고 놀 수 있거나 혹은 이름을 부착하여 물건의 원래 주인이 누구인지 알려주는 것은 소유에 대한 욕구를 충족시킬 수 있는 방법이다. 유아들은 자신의 권리에 대해 존중을 받을 때 다른 사람의 권리를 존중하는 법을 배운다(Marjorie & Debby, 1994).

다른 방법은 물건을 사용하는 방법에 대해 유아들이 스스로 결정하도록 하는 것이다. 교사가 일방적으로 한 아이에게 물건을 사용할 권리를 부여하거나 두 아이 모두 사용할 수 없도록 하는 방법은 유아들의 문제해결능력을 길러주지 못한다.

교사: 너희들이 모두 이 자동차를 사용하고 싶구나. 승연이는 먼저 와서 잡았다고 하고 상엽이는 갖고 놀고 있었다고 하고. 너희들이 어떻게 하면 좋을지 생각해보면 좋겠어.

상엽: 내가 먼저 놀고 있던 거야.

승연: 그냥 자동차가 있어서 집은 거야.

교사: 상엽이는 갖고 놀다가 옆에 두었는데 승연이에게는 자동차를 아무도 가지고 놀지 않는 것으로 보였나봐. 어떻게 해야 너희 모두가 자동차를 가지고 놀 수 있을까?

(쌓기영역에서 갈등 지도)

반에서 결정되어 유아들이 지키고 있는 규칙에 대해 상기해본 후 유아가 서로의 입장에서 바라볼 수 있도록 교사는 안내를 하지만 어떤 해결방법을 결정해주지 않고 유아들이 선택할 수 있도록 하는 것은 현재의 문제상황뿐 아니라 나중에 생길 문제도 예방하는 효과가 있다. 유아들이 초기에 해결방법을 찾지 못할 경우에는 몇 가지 방법의 예를 들어준 후 유아들이 가장 합리적인 방법을 선택할 수 있도록 돕는 것도 좋다.

(2) 공격성

유아들의 공격성은 힘을 바탕으로 한 신체적 공격성과 유아 나름의 논리와 근거를 제시하거나 타인에게 상처가 되는 언어적 공격성으로 나눌 수 있다.

신체적인 공격성은 힘이 센 유아가 힘이 약한 유아 혹은 고립되어 혼자 놀이하는 유아를 때리거나 깨물고 밀치는 등의 행동이다. 때로 자신이 감정을 잘 조절하지 못하는 유아의 경우 연필이나 블록 등을 던지거나 의자와 같은 기구를 밀쳐내기도 한다.

이러한 신체적 공격성은 자신의 힘을 타인에게 보여줌으로써 타인을 자신의 의지대로 움직여보고자 하는 의도에서 비롯되는 것이다. 공격성을 보이는 유아들은 자신의 행동이 미치는 결과에 대해서 잘 생각하지 못하는 경향이 있다. 상황이 발생한 순간의 감정이 극대화 되어 조절능력을 상실하고 있기 때문이다. 이때 교사는 유아에게 감정을 다스리고 진정할 수 있는 시간을 주어야 한다. 5회 정도의 심호흡을 하거나 차가운 공기와 접하게 하는 것은 매우 효과적이다. 감정을 다스린 후 사건의 발생을 순서대로 나열해보며 유아들이 문제상황을 객관적으로 바라보도록 한다. 왜 화가 났는지를 천천히 생각하고 말하도록 하면서 유아가 힘으로 하는 방법 이외에 어떤 방법이 있는지를 찾아보도록 한다.

언어적인 공격성은 주로 여아들에게 나타나는데 때로 교사가 눈치 채지 못할 수도 있다.

(애리가 역할놀이영역에서 아기를 하고 싶어 한다.)

지연: (애리에게) 넌 작고 못생겼잖아. 그러니까 아기를 할 수 없어. 아기는 작고 귀여워야 하거든. 난 너처럼 못생긴 아기를 본 적 없어. (친구들을 보며) 정말 이상하게 생기지 않았어?

애리: (울면서) 아니야. 나도 하고 싶단 말이야.

지연: (친구들을 이끌며) 야, 다른 데 가서 놀자.

(역할놀이영역에 애리만 남는다.)

(역할놀이 관찰)

언어적 공격성은 실질적으로 신체적인 공격성에 비해 훨씬 강도가 높다고 볼 수 있다. 신체적인 공격성이 외상성이라면 언어적인 공격성은 내적 · 심리적 손상이기 때문이다. 따라서 언어적인 공격성을 보이는 유아가 있는지 유아들의 대화를 잘 들어보아야 한다. 언어적인 공격성은 다른 유아에게 얼마나 큰 상처가 되는지, 얼마나 회복하기 힘든지 등에 관해 대집단으로 이야기를 나누고 또 상황이 발생할 때마다 서로 생각해보는 시간을 가져야 한다.

이러한 공격성을 보이는 유아들의 대부분은 자신에 대한 인식에서 스스로는 약하거나 상처를 잘 받는다고 느낀다. 따라서 이 유아들이 스스로 선택하여 성공하고 타인으로부터 공격적인 행동 이외에 다른 방법으로 인정받을 수 있는 기회를 제공하는 것이 필요하다.

(3) 주목성

인간은 누구나 자신이 속해 있는 그룹으로부터 사회적으로 인정받고 싶은 욕구를 지니고 있다. 이러한 욕구가 강한 사람들은 타인이 자신을 주목하고 있지 않다고 느낄 때 무시당한다고 생각할 수 있다.

우리는 긍정적인 행동일 때보다는 부정적인, 일탈적인 행동에 더 주목하는 경향이 있다. 이러한 경우에 유아들의 문제행동적인 부분이 감소하기보다는 부정적인 행동이 더욱 증가하게 된다. 우리의 시선은 유아들의 긍정적이고 바람직하고 발전적인 행동으로 모아져야 하고 이때 유아를 칭찬하고 또래에게서 주목받도록 기회를 주어야 한다.

바람직한 행동으로 이끌고자 하는 유아가 하는 사소한 행동을 주시하고 있으면서 유아들에게 교사가 자신을 계속 지켜보고 있음을 인식하도록 하고 작은 일에서도 칭찬받고 긍정적인 메시지를 얻을 수 있음을 알도록 해야 한다.

(4) 고립

유아들은 또래 관계형성을 통해 편안함, 관심, 애정, 행동을 같이하는 기회 등을 얻는다(Gripson, 1995; 이혜란, 2003 재인용). 사회적 관계를 형성하는 시기에 다른 유아와 떨어져 지내는 유아들은 정서적으로 고립되어 자신만의 세계를 갖게 된다. 유아들이 또래와 어울리지 못하고 고립되는 원인은 신체적인 발달의 미성숙, 의사소통의 문제, 자신감, 외모 등 다양하다(Rubin, 1991; Dodge, 1983; Putallaz, 1983).

현재 우리 반의 유아가 지니고 있는 고립의 원인이 무엇인지 알아본 후 유아들이 문제를 해결하도록 돕는 것이 필요하다. 신체적인 발달이 미성숙한 경우에는 유아의 신체적 유능성을 길러주도록 해야 한다. 생김새, 비만 이외에도 소근육이나 대근육 발달에서 미성숙한 부분은 유아들의 사회성 발달에 영향을 미치는 중대한 요소이다. 신체적인 유능성은 또래와의 관계를 원활히 하도록 도움을 주어 이후 자신감, 리더십뿐 아니라 학습능력에까지 영향을 미친다.

고립의 원인이 의사소통에 있는 경우 타인과 적절하게 상호작용하기 위해서 어떤 말을 하는 것이 좋은지 모델을 보여주고 유아들이 상황에 맞게 사용할 수 있도록 해야 한다.

일반적으로 교사들은 친구와 어울리지 못하고 고립된 유아들을 놀이에 참여시키기 위해 "찬우야, 승빈이랑 놀아줄래?" 하고 놀이집단에 권유하는 방법을 사용한다. 처음에 교사의 권유로 잠시 고립된 유아를 참여시키던 유아들을 잠시 후 살펴보면 고립된 유아는 여전히 혼자 놀이하는 경우를 볼 수 있다. 이러한 상황은 고립된 유아에게도 다른 또래에게도 전혀 바람직하지 않다. 놀이에 집중하던 유아들은 흐름을 잃게 되어 고립된 유아를 또 하나의 방해꾼 혹은 도움이 필요한 유아로 인식하게 되고 고립된 유아는 놀이에 참여하는 방법을 배우지 못해 다음에도 똑같은 상황이 반복된다.

고립된 유아들은 놀이에 참여하는 기술이 부족한 경우가 많으므로 또래 유아들이 놀이하는 장소에 있으면서 다른 유아들이 어떤 놀이를 진행하고 있는지 자세히 관찰하고 자신이 적절히 개입할 수 있을 때 끼어들거나 친구들에게 도움이 되는 행동을 하여 자연스럽게 또래들이 받아들일 수 있도록 해야 한다.

아서(Asher, 1983)는 놀이집단에 들어가기 위해서는 적절성, 반응성, 관계형성의 시간적 요소에 대한 이해의 세 가지 요소가 필요하다고 하였다(이혜란, 2003 재인용). 또래집단에 잘 유입되지 않는 유아들은 또래가 놀이하는 과정에 대한 이해를 바탕으로 다른 사람들의 시도에 긍정적으로 반응하거나 칭찬, 협력을 해야 한다. 또 평상시부터 상대의 감정에 민감하게 반응하고 타인의 감정을 읽고 자신의 의사를 밝히며 적절히 조절해가며 서서히 관계를 진전시켜 나가는 노력이 필요하다.

교사는 이러한 유아들을 돕기 위해서 또래집단에 잘 유입되는 행동과 그렇지 않은 행동에 대해 이해를 한 후 유아들을 지도하는 것이 바람직하다. 또래집단에 잘 유입이 되는 행동으로는 적절한 자원을 지원하기, 필요할 때 도움주기, 비중이 낮거나 싫어하는 역할 맡아서 하기, 놀이의 패턴을 확장하거나 새로운 놀이로 전환해주기, 놀이집단 유아들의 이야기 들어주기 등이다. 반대로 또래집단에 유입되기 힘든 행동으로는 자기주장만 말하기, 놀잇감을 허락 없이 가져가기, 친구들의 놀이를 방해하기, 주어진 역할에 소극적으로 대응하기, 처음부터 큰 역할만 주장하기, 놀이 흐름 깨뜨리기 등이다.

표 6-4 | 또래집단 유입의 행동

또래집단 유입이 쉬운 행동	또래집단 유입이 어려운 행동
• 내가 세모 블록 가져다줄게. • 강아지 안 필요해? 내가 강아지 할게. • (역할극에서) 너희들 돼지 안 할 거지. 그거 내가 할게. • 야! 비행기 다 만들었네. 그럼 비행기가 우주로 날아간다고 하면 어떨까?	• 이 모양 나 필요해. • 야, 너 강아지가 왜 그래. 멍멍 짖어야지.-강아지도 안 짖을 때 있어(소극적으로 표현)! • 난 원래 엄마야. 내가 엄마할 거야. • 축구하고 싶은 사람 나한테 와. 내가 다 정해주는 거야.

교사의 도움으로 매번 또래집단에 성공적으로 참여할 수 있는 것은 아니다. 유아들의 평상시의 태도나 친밀감 형성 정도에 따라 받아들이는 정도가 다르기 때문이다. 교사는 유아들에게 의사소통 기술과 행동을 안내함으로써 또래관계 형성과정을 도울 수 있다.

(5) 기관 부적응

기관은 유아들이 가족 이외의 교사, 또래, 기타 낯선 사람들과 일과를 함께 하는 곳이다. 기관의 일정은 한 유아에게 모두 맞추어 진행될 수 없고 집단으로 진행되는 일과가 있어 유아 입장에서 보면 타인에게 자신을 맞추어 가는 것이다. 따라서 부모와의 헤어짐, 또래와의 관계형성, 일과와 규칙에 적응하는 과정에서 스트레스를 받을 수 있다(안선희, 2002; 송진숙 · 권희경, 2003).

유아들의 기관에 대한 부적응은 현재의 기관에 대해 적응하지 못한 것뿐 아니라 유아가 이후에 경험하게 될 집단이나 기관에서의 부적응의 가능성도 내포하고 있기 때문에 유아들의 적응을 돕는 것은 매우 중요하다. 따라서 교사는 유아들의 기관 부적응이 어디에서 비롯되었는지 원인을 찾아보는 노력이 필요하다. 기관의 적응 혹은 부적응은 유아 개인의 기질이나 성격적인 특성, 부모의 양육 태도, 유아교육기관의 환경적 요소 등과 관련이 깊다(이희선, 1994; 지금수 · 송진숙, 2002; 홍계옥, 2001; Klein, 2001).

유아의 기질에 대한 이해는 교사가 유아들의 기관 적응을 돕는 중요한 요소이다. 까다로운 기질의 유아는 자극에 민감하고 자신이 하고 싶은 활동에 대해 즉시 반응하고 자주 그 내용을 바꾸므로 이에 대비하고 있어야 한다. 즉 유아가 만지는 물건이나 활동을 자주 바꾸더라도 이해하고 지지해주며 유아가 흥미를 보이는 물건은 만지거나 잠시 갖고 놀 수 있도록 하는 것이 좋다. 느린 기질의 유아는 기관에서 집단으로 이루어지는 일과를 따라가는 것이 힘들다. 느린 기질의 유아에게 무엇보다 필요한 것은 시간이며 교사는 유아를 재촉하지 않고 시간을 미리 배려하고 유아 스스로 해결할 수 있도록 기다려주는 인내심이 필요하다.

유아교육기관의 물리적 환경도 유아들의 적응을 돕도록 구성되어야 한다. 무엇보다 환경이 정서적으로 편안하고 안정된 느낌, 유아들의 활동을 지지하는 공간이어야 한다. 물리적 환경보다는 교사와의 관계형성이 유아들의 기관적응에 밀접하게 연관되어 있다. 담임교사와 유아 간의 긴밀한 관계형성을 통해 형성된 친밀감은 기관적응에 걸리는 시간을 줄여주며 유아가 집단에서 유능감을 가질 수 있도록 한다.

이 밖에 부모의 학력이나 맞벌이, 소득수준, 양육태도 등이 영향을 미칠 수 있으며 이에 대한 이해를 통해 유아들이 기관적응을 잘 하도록 도울 수 있다. 부모와 관련한 변인은 교사의 세심한 관찰과 부모의 협력을 이끌어내는 태도가 필요하다. 부모와 관련하여 유아가 부적응을 보일 때는 부모와의 정기적 상담이나 전화상담 등을 통해 도움을 요청하는 것이 바람직하다. 맞벌이나 동생이 태어나서 기관에 오는 것이 유아의 분리불안을 야기하여 부적응 상태를 보인다면 부모의 사진을 유아의 개인 사물함에 붙여놓거나 유아가 기관에 있는 동안 부모님이 하고 있는 일을 상세하게 아이에게 말해주기, 동생 보살피는 방법 안내 등을 통해 기관과 부모가 협력할 수 있다.

3 생활지도의 방법

생활지도의 방법을 앞에서 사례별로 구체적으로 설명하였으므로 여기에서는 크게 물리적 환경 살펴보기와 의사소통의 기술에 대해서 알아보기로 한다.

1) 물리적 환경 살펴보기

생활지도의 측면에서 물리적 환경은 간과되기 쉽다. 유아들이 수정이 필요한 문제행동을 나타낼 때 물리적인 환경을 다시 한 번 살펴보아야 한다. 예를 들어 유아들 간의 이동이나 자리에 대한 다툼이 많을 때 영역의 크기가 적당한가, 각 영역 간 이동이 편안한가 등을 살펴본다. 때로 유아들의 일상생활을 방해하는 환경이 교사들의 눈에 잘 띄지 않는 경우도 있다. 다음의 표는 물리적 환경이 유아들에게 행동할 메시지를 주는 예이다. 우리 기관에도 그러한 환경이 있는지 살펴보고 빈 칸에 작성해 본다.

표 6-5 | 물리적 환경과 유아 행동 간의 관계

물리적 환경	유아의 행동
• 바닥에서 소리가 난다.	• 유아들이 뛰거나 쿵쿵 구른다.
• 긴 모빌이 내려져 있다.	• 모빌을 잡아당긴다. • 모빌 아래에서 숨바꼭질을 하거나 모빌 사이사이로 다닌다.
• 책상 사이가 좁다.	• 의자끼리 부딪친다. • 의자 뒤로 지나다니는 유아가 의자에 앉은 유아를 건드리거나 물건을 떨어뜨릴 수 있다.
• 모이는 장소 바로 뒤에 블록 바구니가 있다.	• 유아들이 이야기를 하면서 블록을 만진다.
• 복도가 넓다.	• 유아들이 마음껏 뛰고 소리를 지른다.

2) 의사소통의 기술 안내하기

유아들에게 어떤 문제가 발생하여 생활지도를 할 때 언어적으로 해결하려는 경향이 있다. 효과적인 의사소통을 위해서 교사는 우선 감정을 유아의 수용하는 언어를 사용한다. 다음은 유아의 감정을 수용하는 언어들이다.

- 친구가 같이 놀아주지 않아서 속상하구나.
- 나도 그런 적이 많았는데.
- 장난감을 혼자 갖고 싶지?
- 네가 열심히 만든 것이 망가져서 울고 싶구나.

감정을 수용하는 언어는 통상 교사가 유아들에게 사용하는 유형이지만 교사가 생활에서 모델이 되어 점차 유아들도 자연스럽게 또래의 감정을 수용하는 언어를 사용하게 된다. 다른 사람의 감정을 수용하는 것은 서로의 공감대를 형성하여 협력할 수 있도록 돕는다.

다음으로 필요한 의사소통의 기술은 타인의 이야기를 들으며 다른 사람의 생각이나 의도를 이해하는 것이다. 때로 유아들은 서로 자신의 이야기를 하기 바쁘다. 자신의 이야기만 할 경우 서로 간의 중재 방안을 찾기 어렵다. 따라서 교사는 유아들이 다른 사람이 이야기한 내용을 정확하게 이해하고 있는지를 확인해보아야 한다. 서로의 의사에 대한 정확한 이해는 오해를 만들지 않아 의사소통을 보다 분명히 할 수 있도록 한다.

- 친구가 왜 속상한지 알겠니?
- 네 이야기는 원래부터 망가뜨리려고 한 것은 아니었다는 거지?
- 네가 해 줄 수 있는 것은 무엇이 있을까?
- 친구가 무엇을 원할까?
- 너는 어떻게 하고 싶은 생각이 들었니?

위의 대화들은 유아들 간의 갈등적 요소에 대한 이해를 돕고 문제해결에 빨리 도달하도록 한다.

3) 행동의 결과에 책임지도록 하기

다른 사람과 더불어 살아가는 환경에서 교사가 마련할 것은 집단에서 지켜야 할 규칙과 유아들의 행동 범위의 한계를 설정하는 것이다. 규칙을 설정하고 유아들과 공유하는 활동은 잘 실행되지만 유아들이 자신의 행동에 대해 책임을 지도록 하는 지도는 '유아'라는 이유로 자주 간과된다.

생활지도를 할 때 교사가 지녀야 할 태도 중 하나는 문제의 해결은 유아가 하도록 한다는 마음가짐이다. 때로 교사는 하루 일과를 진행하는 것에 몰입한 나머지 유아들로 하여금 빨리 문제를 종료하도록 권장하는 태도를 지니게 된다. "얼른 사과해", "미안하다고 해야지"라는 말을 유아들끼리 주고받는 것으로 상황을 종료하려는 것이다. 전체 아이들이 기다리는 상황에서 몇몇 아이들 간의 문제를 해결하느라 시간을 소비하는 것은 어떤 측면에서는 교사의 무능감으로 비춰질 수 있다. 그렇지만 교사의 생활지도를 '유아의 장기적인 발달을 도모하며 유아 스스로의 문제해결 능력을 길러주어야 한다.'는 관점에서 보면 이러한 사과의 방식은 유아들에게 전혀 도움이 되지 않는다. 모든 사람들은 실수를 하고 그 실수가 타인에게 해를 끼치는 행동이 될 수 있다. 실수는 했지만 그 실수로 인한 문제를 해결하겠다는 태도를 형성하는 것이 무엇보다 중요하다.

아이들이 원 안에서 하는 실수들은 자신도 모르고 친구를 넘어뜨리기, 물 엎지르기, 친구의 작품 망가뜨리기 등이다. 예를 들어 유아가 점심시간에 물을 먹으려다가 친구의 옷과 바닥에 물을 쏟는 일이 벌어졌다고 하자. 이때 할 일은 얼른 수건을 가져와 유아의 옷을 닦고 바닥을 치우는 일이다. 대부분 빠른 시간에 문제를 해결하기 위해 교사가 닦는다. 문제상황을 만든 유아는 당황하여 그 자리에 있거나 교사로부터 야단을 맞게 된다. 상황을 해결하는 과정에서 유아는 아무런 역할을 하지 않고 있는 것이다. 우선 "선생님은 친구의 옷을 닦을 테니 너는 걸레를 가져와서 바닥을 닦으렴."하고 말하는 것이 좋다. 상황이 마무리될 즘 "어떻게 해서 물을 쏟게 되었니? 물을 마실 때 어떻게 하면 쏟지 않을 수 있을까?" 등의 약속을 상기해 보는 것이 좋다. 이러한 과정에서 교사의 세심한 주의가 필요하다. 유아들은 자신의 행동에 책임을 지는 것일 뿐 벌을 받는 것은 아니기 때문이다. 때로 교사의 태도는 유아들에게 자신이 벌을 받는다고 인식하도록 한다. 교사는 감정을 배제하고 유아들에게 상황을 객관적으로 설명하여 상황에 적절한 행동 양식을 익히도록 도움을 주어야 한다.

다음 상황에서 유아들이 자신의 행동 결과에 책임지도록 지도하는 방법을 고민해 보자.

문제상황	유아의 책임 행동지도
• 색연필을 가져오려다 옆에서 그림을 그리던 친구의 그림을 망치게 되었다.	• (친구가 원할 경우) 친구의 그림 중 일부를 함께 그린다.
• 그룹으로 동극의 소품을 준비하다 등장인물 중 한 명을 빼놓아 동극을 할 수 없게 되었다.	

4 생활지도 평가

생활지도의 결과를 나타내는 방법으로는 일화기록, 체크리스트 등이 있다. 생활지도의 평가 내용은 부모와의 상담을 통해 가정에 전달되어 바람직한 행동을 이끌고자 할 때, 가정과의 연계를 모색할 때 근거 자료가 된다.

유아의 행동을 관찰하여 작성한 일화기록은 유아들이 상황에 따라 어떤 행동을 보이는지를 이해하도록 돕는다. 생활지도의 측면에서 작성된 일화기록의 예는 다음과 같다.

표 6-6 | 일화기록의 예

이름	조○○	생년월일	2006. 6. 13.
관찰일시	2010. 3. 9.	관찰장소	교실과 화장실
이야기 나누기를 하는 시간이다. ○○가 손을 들고 "화장실에 다녀 올래요." 한다. "얼른 다녀와." 하는 소리에 일어나서 화장실로 뛰어간다. 이야기 나누기가 한참 진행되었는데도 ○○는 돌아오지 않는다. 이야기 나누기를 중단하고 교사가 화장실로 간다. ○○는 화장실 안에서 바지를 미처 입지 못하고 서 있다. "도와줄까?" 소리에 싫다는 표현으로 손을 내젓는다. 속옷과 바지를 한꺼번에 올리려고 노력한 듯 옷이 서로 뒤엉켜 있다. "선생님이 해줄게" 하고 말해보지만 싫다는 듯 계속 손을 젓고 얼굴이 굳어진다. "혼자 해보고 싶어? 다 하면 나와. 못 하겠으면 선생님 부르고." 교사가 나온 후 한참 후에 ○○가 나온다. 옷은 올라가 있지만 잘 정리되어 있지 않다. 의자에 앉으며 교사에게 살짝 미소를 보인다.			
교사 의견	• 화장실에 가겠다는 의사표현은 분명히 하나 자신의 옷을 잘 챙겨 입는 것은 어려워하고 있음. • 도움이 필요한 순간에 도움을 요청하는 것은 아직 익숙하지 않거나 낯설어 함. • 자신의 일을 스스로 하려는 의지를 보임.		

위의 일화기록은 유아들의 생활모습과 유아가 사용한 언어를 생생하게 전달할 수 있는 장점이 있지만 시간이 오래 걸리고 자료를 수집하기 어려운 측면이 있다. 그리하여 교사들은 유아들의 기본생활습관이나 친사회적 행동을 체크리스트를 통해 평

가하기도 한다. 체크리스트는 항목별로 되어 있으므로 유아들이 관련된 행동을 보이는지를 잘 관찰한 후에 작성해야 한다. 이러한 평가자료를 근거로 하여 교사는 유아들의 생활에서 지도가 필요한 부분과 가정과의 협력을 도모해야 하는 영역에 대한 자료를 마련할 수 있다. 따라서 이러한 기록은 정기적으로 수집할 수 있도록 계획해야 한다. 정기적으로 기록하고 분석함으로써 유아들이 장기적으로 생활에 잘 적응하고 유능감을 형성하도록 도와야 한다. 기본생활습관과 친사회적 행동에 대한 체크리스트의 예는 다음과 같다.

표 6-7 | 기본생활습관 체크리스트

내용	행동	관찰 척도				
		매우 그렇다	그렇다	보통이다	그렇지 않다	매우 그렇지 않다
청결	이를 잘 닦는다.					
	손을 자주 씻는다.					
	용변 후 손을 씻는다.					
	옷을 단정히 입는다.					
	자기 주변을 깨끗이 한다.					
	음식을 흘리지 않고 먹는다.					
	음식을 고루 먹는다.					
	음식을 제자리에서 먹는다.					
질서	기관 실내 · 외에서 걸어 다닌다.					
	옷, 신발, 가방을 잘 정리한다.					
	차례를 지켜 행동한다.					
	정해진 규칙을 잘 지킨다.					
	사용한 물건을 제자리에 놓는다.					
예절	친구에게 인사를 잘 한다.					
	어른에게 공손하게 인사한다.					
	고마움을 표현한다.					
	자신의 잘못을 인정하고 사과한다.					
절제	물건을 아껴서 사용한다.					
	타인의 물건을 소중히 여긴다.					
	상황에 따라 감정을 조절한다.					
	집단생활의 규칙을 지킨다.					

표 6-8 | 친사회적 행동발달 체크리스트

범주	문항	행동유무	
		그렇다	아니다
자아존중감	① 미소를 지으며 항상 행복해 보인다.		
	② 사람이나 사물에 대해서 두려워하지 않는다.		
	③ 자신의 권리를 주장한다.		
자아 조절력	④ 대체로 제시된 규칙을 준수한다.		
	⑤ 자신의 감정을 조절한다.		
	⑥ 자신의 격한 감정을 행동보다 말로 표현한다.		
타인 존중감	⑦ 다른 유아들과 잘 어울린다.		
	⑧ 다른 친구의 어려움에 관심을 갖는다.		
	⑨ 친구가 어떻게 느끼는지 말할 수 있다.		
우정	⑩ 함께 놀이할 친구를 찾는다.		
	⑪ 친구를 만든다.		
	⑫ 친구의 의견을 받아들이고 함께 논다.		
배려하기	⑬ 놀잇감과 자료를 친구와 함께 사용한다.		
	⑭ 차례를 지킨다.		
	⑮ 다른 유아에게 놀잇감이나 물건을 나누어준다.		
협동하기	⑯ 집단활동에서 협동놀이에 참여한다.		
	⑰ 새로운 놀이 친구를 수용하고 다툼 없이 함께 논다.		
	⑱ 성인의 요구에 응한다.		
도움주기	⑲ 놀잇감이나 물건을 정리한다.		
	⑳ 다른 유아를 돕는다.		
	㉑ 교실의 허드렛일을 맡아한다.		
존중하기	㉒ 놀잇감이나 물건을 바르게 사용한다.		
	㉓ 다른 사람의 물건을 소중히 다룬다.		
	㉔ 성인의 말에 주의를 기울이고 반응한다.		

출처: Braty, J. J.(2001). Prosocial Guidance for the Preschool Child. 이기숙 · 강숙현 역. 이화여자대학교 출판부.

7

포트폴리오

유아교육기관에서 평가는 대체로 표준화된 검사를 통해 유아들의 발달 상태를 측정하고자 하였다. 표준화된 검사는 객관적 사실을 드러내주는 장점을 지니고 있지만 유아들의 개별적인 발달과 진행 중인 변화과정을 알 수 없다는 단점을 안고 있다. 그리하여 최근 유아들이 지닌 개별화된 특성과 시간의 경과에 따른 변화과정을 잘 드러낸 평가지표로서 포트폴리오가 대두되었고 현장에서도 광범위하게 쓰이고 있다(이진희, 2006; 황해익 · 송연숙 · 정해영, 2003).

포트폴리오는 단기간 혹은 단편적인 자료수집을 의미하기보다는 장기간에 걸쳐 수집된 자료로서 유아의 활동을 통해 형성된 기록물을 총칭한다.

걸로(Gullo, 1997)는 포트폴리오의 장점으로 유아의 변화과정을 볼 수 있으며, 개별화된 측정이 가능하고, 폭넓은 교육과정을 반영할 수 있으며, 교사와 유아의 교수학습과정과 결과에 대한 반성적 고찰이 가능하고 부모를 포함하여 다른 관계자들과 정보를 공유할 수 있다는 것을 들고 있다.

유아들의 작품은 유아의 경험과 사고발달과정, 각 영역별 발달 상황을 알 수 있는 중요한 지표이다. 기관에서 생활하는 동안 유아들은 다양한 작품을 만들어낸다. 그림을 비롯하여 만들기, 언어, 수과학적 표상물 등이 모두 유아의 작품이다.

유아들의 작품은 교사에게는 유아의 과거와 현재 상태를 점검해볼 수 있는 중요한 자료이고 유아에게는 자신의 경험과 생각이 녹아 있는 소중한 기록이다. 유아들의 작품을 소중하게 다루고 다음의 교육과정에 반영하는 것은 교사의 중요한 역할이다. 본 장에서는 포트폴리오 구성과 활용에 대한 구체적인 방법을 알아보도록 한다.

1 포트폴리오의 내용

유아와 관련한 모든 자료는 포트폴리오를 구성하는 내용이 된다. 유아가 활동한 결과로 얻어지는 대 · 소집단, 개별활동에서 그린 그림, 협동작품, 다양한 형태의 글, 관찰기록, 점토나 쌓기와 같은 작업물, 도서 대여 목록, 교재 · 교구를 통한 놀이 활동사진, 선택활동 계획표 등이 포함된다.

교사가 유아의 활동을 관찰하며 얻을 수 있는 자료로는 관찰기록, 영역별 발달에 대한 체크리스트, 대화에 관한 기록과 분석, 교사의 저널이 있다. 부모로부터 얻을 수 있는 자료는 가정생활 기록표, 의료기록, 전화와 상담을 통한 유아의 생활 보고 등이 포함된다. 이 밖에도 기관에서 실시하는 적성, 지능, 기질, 성격에 관한 외부기관 검사, 이전 교사로부터 얻을 수 있는 정보도 유아의 발달과정을 알 수 있는 중요한 자료가 된다.

이러한 포트폴리오의 내용은 유아에 관한 기록물의 총체로서 교사와 유아에 의해 계열화되고 보다 다양한 관점에서 살펴봄으로써 현재를 진단하고 발전방향을 모색하는 바탕이 된다.

〈조형활동 결과물〉

〈실험자료〉

〈협동작품〉

〈컴퓨터를 이용한 활동 결과물〉

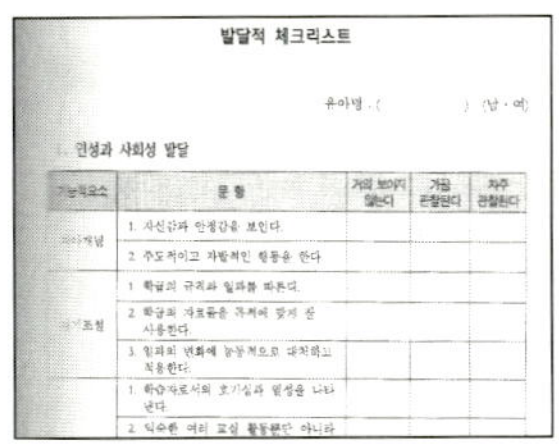

〈체크리스트〉

〈표준화된 검사지〉

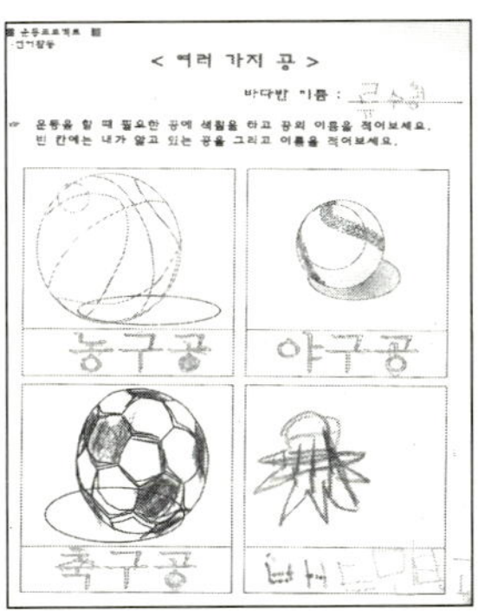

〈언어활동〉

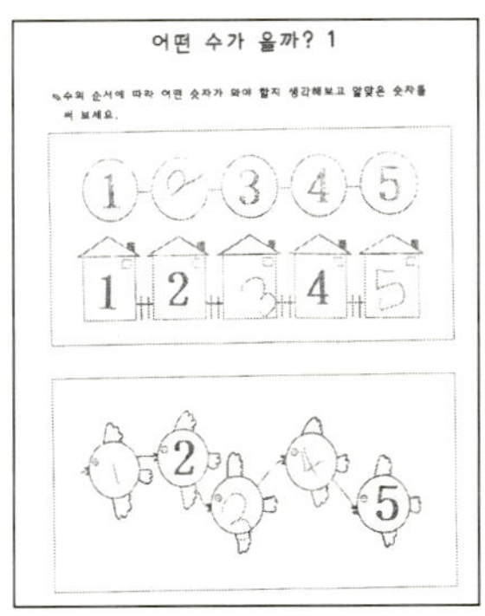

〈수학활동 자료〉

〈도서목록〉

▲ 포트폴리오를 위한 다양한 자료

2 자료수집 방법

1) 자료의 수집

유아들의 작품을 수집하는 일은 유아의 작품을 단순히 모으는 것과는 다르다. 많은 양의 작업 결과물을 모으기만 하고 제대로 활용하지 못한다면 포트폴리오의 장점을 충분히 살리지 못하고 교사의 수고만 가중되는 결과가 된다. 대부분의 유아교육기관에서 유아들의 작품을 수집하는 일은 조형영역의 비중이 가장 높고 언어, 수 · 과학 등의 영역이 그 뒤를 잇는다. 대부분의 교사들은 유아의 작품을 계획성 있게 수집하지 않는 경향이 있다.

유아의 작품을 수집할 때는 각 영역별로 수집해야 한다. 유아들은 각 영역에 따라 발달적 차이를 보이므로 개인의 발달을 여러 영역에 걸쳐 평가할 필요가 있다. 특정 영역에 치우쳐서 작품이 수집되면 개별적인 차이가 고려되지 않아 유아의 장점과 단점, 현재 발달 상태에 대한 정확한 점검이 이루어지지 않을 수 있다.

각 영역별로 수집할 자료의 목록을 작성해보고 유아마다 자료가 있는지 확인한다.

또는 교사가 특정한 영역과 관련하여 자료를 수집하고자 한다면 자료를 수집할 계획을 구체적으로 세울 수 있다. 예를 들어 수학과 관련된 자료를 수집하려면 유아가 숫자를 세는 상황, 수를 사용하는 상황의 대화, 수와 관련된 기록물 등을 어떤 방법으로, 어떤 주제에 수집할 것인지를 계획해야 한다.

표 7-1 | 포트폴리오 구성 내용 목록

내용	확인
• 유아가 자유롭게 그린 그림	
• 유아가 주제와 내용에 맞게 그린 그림	
• 자르기를 한 자료	
• 종이를 접어서 만든 자료	
• 점토, 만들기 등 입체 구성물에 관한 자료	
• 글자가 있는 자료	
• 동시, 동화, 일상생활 모습 등 내용이 있는 글	
• 유아의 읽기를 알 수 있는 자료	
• 숫자가 나타난 자료	
• 다양한 수 개념을 엿볼 수 있는 자료(측정, 공간, 그래프 등)	
• 실험의 결과를 나타낸 자료	
• 사물을 관찰한 결과를 나타낸 자료	
• 블록, 상자 등을 이용한 구성물 활동	
• 또래와 협력하여 산출한 공동 결과물	
• 달리기, 점프 등 신체 운동을 알 수 있는 자료	
• 줄넘기, 훌라후프 등 기구를 사용하는 신체활동에 관한 자료	
• 다양한 신체 움직임을 나타내는 자료(신체표현, 동극 등)	
• 여러 장면에서 관찰된 또래와의 대화기록	
• 악기를 사용하는 장면	
• 노래를 부르거나 음악을 즐기는 행동에 관한 자료	
• 누적적으로 기록된 놀이 계획표	
• 기관, 가정과 연계한 주말 지낸 이야기, 주제관련 이야깃거리 등의 표상자료	
• 기본생활습관, 인지, 사회, 정서 발달에 관한 체크리스트	
• 유아의 행동을 관찰한 교사의 관찰 내용, 의견에 관한 기록	
• 실외, 견학장소 등에서의 유아의 행동, 수행내용에 관한 기록	
• 표준화된 검사 기록	
• 부모와의 상담자료	
• 기타	

2) 자료의 분류와 선정

다양한 기록물을 수집하여 폴더나 바구니에 담아 두는 것으로 포트폴리오의 과정이 끝나는 것은 아니다. 수집된 자료를 유아별로 분류하는 과정을 거쳐야 한다. 자료를 수집하고 분류하기까지의 기간은 기관에 따라 다르나 수행평가의 기능을 충실히 수행하기 위해서는 1달에 한 번 정도가 적합하다. 그러나 교사의 업무상 어려움이 있다면 여름 방학과 겨울 방학 2회에 걸쳐 실시하기도 한다. 다만 기간이 길어질수록 쌓이는 기록물의 양이 많아지고 유아들의 과정에 대한 평가가 늦어져 다음 단계의 지도에 즉각적으로 반영되지 않는다는 단점이 생긴다.

자료를 분류할 때는 교육과정의 각 생활영역별로 분류하는 것이 분석을 용이하도록 한다. 유아들의 신체발달을 알 수 있는 자료, 또래, 다른 사람과의 관계를 알 수 있는 자료, 생각을 표현하는 방식에 관한 자료, 언어적 발달을 나타내는 지표가 될 자료, 탐구적인 성향을 알 수 있는 자료 등으로 구분하여 정리하는 것이 좋다.

자료를 분류하여 정리할 때 고려해야 하는 요인들은 다음과 같다.

첫째, 교사가 이 자료를 어떤 목적으로 사용할 것인지에 따라 자료 분류와 수집 기간 등이 달라질 수 있다. 시간에 경과에 따라 발달적 진보를 볼 것이냐, 언어 · 수 · 과학 등의 교과적 접근으로 볼 것이냐를 결정해야 한다. 유아들의 경우 발달적 변화를 많이 보이므로 1년 동안의 결과물을 시간대별로 모으게 되면 발달적 변화가 두드러진다. 보다 세밀하게 살펴보려면 영역, 교과별로 수집하여 각각의 파일을 만들어 정리하는 방법을 사용한다. 교사가 놓치지 않아야 하는 것은 유아의 변화과정을 알 수 있는 자료가 가치 있는 자료라는 것이다.

둘째, 자료 선정과정에 유아들이 함께 참여하도록 한다. 포트폴리오는 교사의 판단에 의해서만 이루어지지 않는다. 유아들이 자신의 포트폴리오에 무엇을 넣고 싶은지 의사결정을 할 수 있도록 해야 한다. 유아들이 자신의 작품을 보는 관점은 성인의 기준과 다르며 유아 나름대로 자신의 생각이 잘 반영되었다고 생각하는 자료를 고를 수 있는 능력을 지니고 있다. 자신의 작업에 대해 평가하는 경험을 통해 유아들은 자신을 보다 더 잘 이해할 수 있고 자신감을 형성할 수 있으며 다음의 활동에 대한 능동적인 참여자가 될 수 있다. 유아들에게 왜 이 작품을 선택했는지, 무엇을 나타내고 있는지, 마음에 들지 않는 부분은 무엇인지, 다음에 한다면 바꾸고 싶은 부분은 어디인지, 어떻게 바꿀 것인지 등을 질문한다. 질문한 내용을 글로 쓰도록 하면 유아의 자기 평가지 혹은 자기 반영지가 된다.

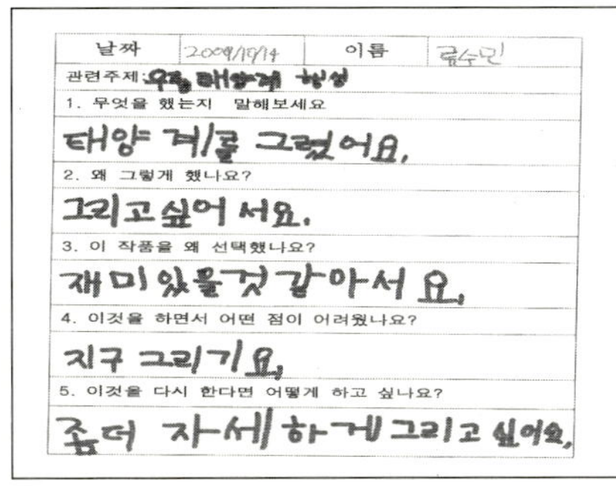

날짜	2009/10/14	이름	김수민

관련주제: 우주 태양계 행성

1. 무엇을 했는지 말해보세요

태양 계를 그렸어요.

2. 왜 그렇게 했나요?

그리고 싶어 서요.

3. 이 작품을 왜 선택했나요?

재미있을것 같아서 요.

4. 이것을 하면서 어떤 점이 어려웠나요?

지구 그리기요.

5. 이것을 다시 한다면 어떻게 하고 싶나요?

좀더 자세하게 그리고 싶어요.

▲ 유아가 선택한 결과물과 유아의 자기 평가지

셋째, 유아별로 포함된 자료의 목록을 작성한다. 유아의 이름을 적은 파일 앞면에 유아가 활동한 자료 중 선택되어 파일에 들어간 자료의 목록을 작성해두면 분석을 할 때 용이하다.

3) 평가 기록

유아들의 결과물을 선택하여 포트폴리오를 구성하고 나면 교사는 유아의 변화과정을 기술해야 한다. 유아의 작품을 분석하는 것이 작품을 영역별로 정리하는 단순한 작업과정을 말하는 것은 아니다. 이러한 평가과정은 전문가로서, 유아 관찰자로서, 평가자로서의 교사의 역할을 충실히 수행할 수 있도록 하는 것이다.

평가가 잘 이루어지기 위해서는 우선 교사가 의도한 방향대로 자료수집이 되었는가, 다방면에서 수집된 자료인가를 다시 한 번 검토해볼 필요가 있다.

평가를 기록할 때는 유아 개개인의 특성 즉 발달 상태, 가족관계, 이전의 경험, 친구관계 등을 고려하여 의견을 작성하도록 한다.

유아들의 작업 결과물을 모아서 계열성 있게 정리한 후 평가를 기록하거나 각각의 자료가 수집될 때마다 교사의 견해를 적을 수 있다. 이것은 나중에 시간을 절약하는 장점이 있다. 영구적인 포트폴리오에 들어가지 않는 결과물에도 교사의 의견을 적을 수 있다.

▲ 4년 4개월 된 유아그림

왼쪽의 그림을 교사의 의견 없이 가정으로 보내게 될 경우 부모님의 입장에서는 이 그림이 유아에게 혹은 교육과정상에서 어떤 의미를 지니는지 잘 이해하기 어렵다. 단지 '진우랑 엄마 그렸네. 그래 잘 그렸구나' 하는 반응만 가능할 것이다.

교사 평가서를 작성할 때는 유아의 평상시의 모습을 잘 생각해보고 유아가 좋아하는 주제나 선호하는 색, 사물이 있는지 알아보아야 한다. 위 그림에 대한 평가는 다음과 같이 간략히 적을 수 있다.

> '나와 엄마'를 그린 그림으로 엄마와 나를 잘 어울리도록 그렸네요. 엄마의 모습과 나의 표정이 밝게 그려져 있고 얼굴 안에 눈, 코, 입을 그려 넣어 위치에 대한 감각을 가지고 있음을 알 수 있습니다.
> 얼굴과 몸의 비례가 정확하지는 않지만 신체 모든 부분이 나타나고 있어 신체에 대한 인식은 뚜렷하다고 볼 수 있습니다. 앞으로 몸의 크기가 점점 커지며 전체적인 균형을 이루는 그림을 그리게 될 것입니다. 그림의 표현이 단색으로 이루어지고 있으나 자신이 꾸미고 싶은 부분에는 색을 칠하는 모습도 나타나게 될 것입니다.

이와 같이 한 작품에 대한 평가를 기록하는 것은 하나의 작업을 상세히 들여다볼 수 있는 기회를 제공한다. 또 다른 방법은 교육과정에 따라 영역별, 주제별로 유아들의 발달 정도를 비교해 볼 수 있도록 자료를 수집하고 정리한 후 평가를 기록하는 것이다.

다음은 과학영역에서 '개미' 주제에서 관찰을 한 결과물을 비교한 것이다.

표 7-2 | 관찰 결과물의 포트폴리오

<table>
<tr><th>날짜</th><td>2009년 9월 8일</td><th>날짜</th><td>2009년 9월 23일</td></tr>
<tr><th>이름</th><td>하태욱</td><th>이름</th><td>하태욱</td></tr>
<tr><td colspan="2">관찰 내용

</td><td colspan="2">관찰 내용
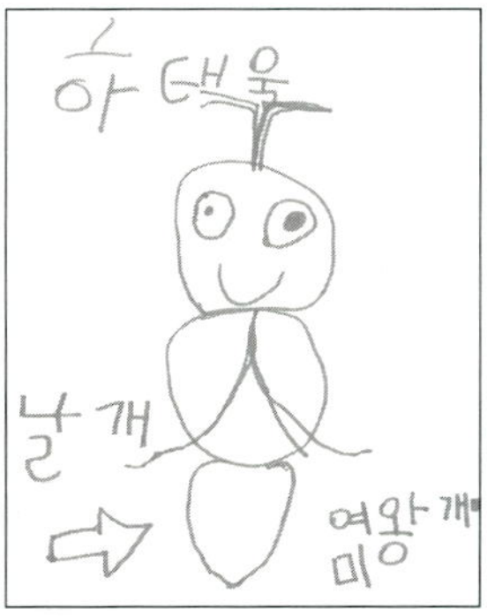
</td></tr>
<tr><td colspan="4">교사 의견
개미 주제를 처음 시작할 때 태욱이는 개미를 잘 안다고 했다. 그림으로 개미를 그려보라고 했을 때 개미의 모습이 잘 나타나지 않았다. 주제가 진행되며 다른 개미의 종류에도 관심을 갖고 여왕 개미에 흥미를 보였다. 여왕 개미는 날개가 있고 다른 개미보다 더 크다는 것을 이야기했다. 관찰한 내용을 비교해보면 더듬이와 날개, 개미의 얼굴 표정이 두드러지게 나타난다.</td></tr>
</table>

유아들의 결과물을 수집할 때 형태가 사라지는 실내외 신체활동, 음악관련활동, 쌓기나 역할놀이의 구성놀이 등이 교사가 어려움을 느끼는 자료이다. 이러한 자료는 사진이나 동영상으로 자료를 수집하여 두었다가 사진을 토대로 하여 평가하는 방법이 적합하다.

다음은 쌓기영역과 신체표현활동에서 유아의 활동을 관찰하며 수집된 자료를 포트폴리오에 포함한 예시이다.

표 7-3 **쌓기영역활동 결과물의 수집양식**

<table>
<tr><th>날짜</th><td>2009년 5월 7일</td><th>이름</th><td>조OO</td></tr>
<tr><th>관찰시간과 장소</th><td colspan="3">자유선택활동 /쌓기영역</td></tr>
<tr><td colspan="2"></td><td colspan="2">쌓기영역에서 OO이가 친구들과 집의 구조를 만들고 있다. 각 방의 위치와 크기를 구분하여 만든 후 방문 모양을 고민하며 여러 가지 블록으로 시도하고 있다. 블록 모양에 대해 "이렇게 생겨서 문을 하면 멋질 것 같은데 잘 넘어질까 걱정돼요"라고 말한다. 한참동안 블록을 들고 고민한다.</td></tr>
<tr><td colspan="4">교사 의견
집의 구조를 만들기 위해 친구와 협력하는 모습을 보임. 집의 구조를 만드는데 장소에 따라 어울리는 종이블록, 유니트 블록 등을 선별하여 사용하였다. 각 방의 크기를 고려하고 자신만의 방법으로 문제를 해결하려고 시도하며 끈기를 보였다.</td></tr>
</table>

표 7-4 **신체표현활동에서 수집된 결과물**

<table>
<tr><th>이름</th><td>김OO</td><th>이름</th><td>김OO</td></tr>
<tr><th>관찰시간</th><td>2009년 5월 13일</td><th>관찰시간</th><td>2009년 6월 24일</td></tr>
<tr><td colspan="2"></td><td colspan="2"></td></tr>
<tr><td colspan="2">교사 의견
바람에 실려 날아가는 모습을 표현하는 활동에 적극적으로 참여함. 두 팔을 뻗어 동작을 크고 자신감 있게 표현함. 다른 유아들이 OO이의 표현에 칭찬을 하여 더 많은 동작을 시도해 보려고 노력함.</td><td colspan="2">교사 의견
리본을 이용하여 친구와 협력하여 모양을 만드는 활동에서 친구에게 먼저 모양을 만들어 보도록 리본을 양보함. 동그라미를 만들다가 변형하여 파도 모양을 만들어 친구들도 함께 따라해 봄.</td></tr>
</table>

유아들의 성향에 따라 포트폴리오 자료를 수집하기 용이한 경우도 있지만 글이나 그림으로 표현하기보다 신체적인 활동에 적극적으로 참여하는 유아는 사진 자료를 수집하여 유아의 발달에 관해 논의하는 것이 바람직하다.

표 7-5 | 활동적인 유아의 포트폴리오

이름	이진우	**이름**	이진우
관찰시간	2009년 4월 9일	**관찰시간**	2009년 4월 8일

교사 의견 신문지에 올라가기 게임활동에 참여하는 모습. 여러 가지 전략을 사용해서 신문지의 크기가 줄어들어도 진우 팀은 모두 올라설 수 있음. 진우는 적극적으로 자신들이 해결한 방법을 교사에게 이야기함.		**교사 의견** 게임활동을 좋아하는 진우가 친구들의 게임을 위해서 자신이 하고 싶은 마음을 포기하고 도와주고 있음. 유아들과 함께 정한 규칙에 대해 친구와 이야기하고 게임을 공정하게 하려고 친구와 의견을 조정하는 모습임.	
이름	이진우	**이름**	이진우
관찰시간	2009년 4월 28일	**관찰시간**	2009년 6월 16일
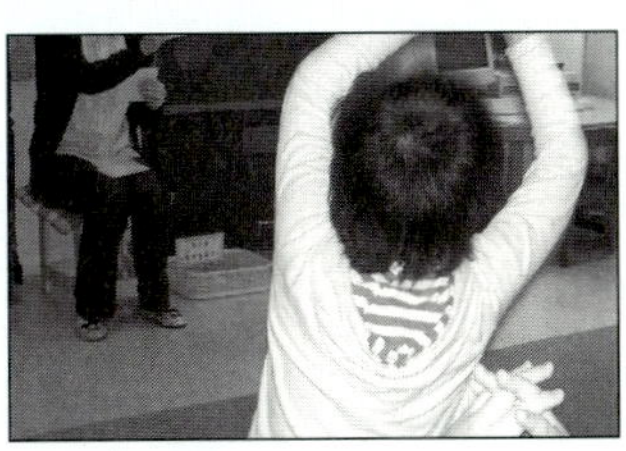		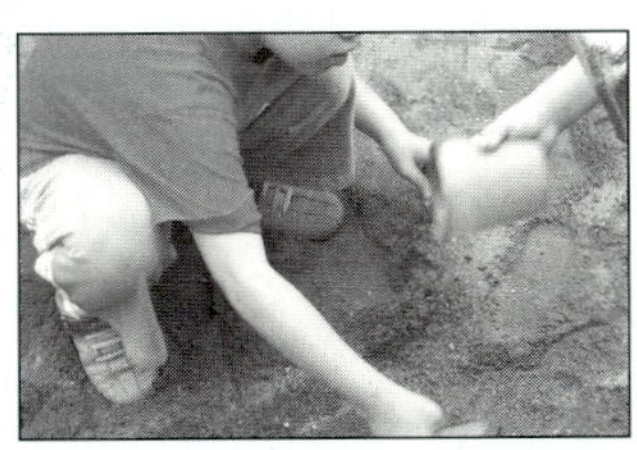	
교사 의견 교사의 지시에 따라 몸을 움직여보는 활동. 교사가 말하는 어휘의 의미를 알고 신체를 움직임. 신체를 움직이는 과정을 즐거워함.		**교사 의견** 친구들과 보물을 숨기는 팀과제에서 숨긴 보물이 보이지 않도록 하얀 모래를 얹고 있는 모습. 과제가 주어지면 끝까지 생각하고 적극적으로 참여함. 진한 모래와 흰 모래의 차이를 인식하고 즉시 주변 환경을 돌아보아 문제를 해결함.	

바깥놀이에서 활동하는 경우 유아들의 모래놀이, 놀이터에서의 안전과 관련하여 지도를 하느라 유아들의 활동내용을 수집하지 못하거나 어떤 내용을 수집해야 하는지 인식하지 못하기도 한다.

바깥놀이에서는 유아들이 동식물의 변화과정에 관심을 갖고 이를 말이나 그림, 문자, 동작 등으로 표현하는 내용, 다양한 놀이기구의 이용 정도의 변화 (예 그네를 혼자 못 탔는데 혼자 오르고 내리고 할 수 있게 되었다.) 등을 관찰하거나 일화기록으로 혹은 사진으로 찍어서 일과가 모두 끝난 후에 정리한다.

특히 바깥놀이에서는 의도적인 관찰보다는 자연발생적으로 관찰할 내용이 생기게 되므로 교사는 유아들의 놀이활동 가운데 의미 있게 보아야 하는 순간은 어떤 것인지 살펴보는 노력을 해야 한다.

다음은 유아들이 바깥놀이에서 우연히 발견한 내용을 교사가 기록하였다가 포트폴리오에 분류한 사례이다.

표 7-6 | 바깥놀이에서 수집한 포트폴리오

이름	송지원	성별	여	연령	만 5세
관찰일	2009. 6. 26.	관찰 장소		실외놀이	

지원: 야! 물웅덩이다.
소연: 그러게 . 우리 뛰어넘자.
지원: (뛰어넘다가) 이것 좀 봐. 이상해!
소연: 뭐가?
지원: 여기에 그림자가 있어. 물에….
소연: 정말? 진짜네.
지원: 우리 그림자는 까만데. 이건 약간….
소연: 또 이상해.
지원: 우리 눈이 보여!
소연: 진짜. 그림자는 눈이 안 보이는데.
지원: 이것 봐. 머리카락도 보여!
소연: 얼굴이 다 보이네.
지원: 그냥 그림자랑 다르네. 거울 같아.
소연: 아마 물이 있어서 그럴 거야.
지원: 원래 그림자는 햇빛이 있어야 하잖아. 그냥 그림자에도 물 부으면 이렇게 될까?

교사 의견
지원이와 소연이가 바깥놀이 중에 우연히 물웅덩이를 발견함. 물웅덩이에 생기는 그림자의 특이한 점을 발견하고 그림자가 생기는 원리에 대해 궁금한 점을 이야기함. 햇빛과 물이 그림자를 만드는데 어떤 역할을 하는지 궁금해 하고 있음.

유아들의 활동을 영역별, 개인 혹은 집단별로 관찰한 결과를 토대로 하여 유아의 발달에 대한 종합적인 의견을 기록한다. 유아의 발달에 대한 의견은 5개 영역의 발달을 기준으로 작성하며 바람직한 방향에서 기록하도록 한다. 유아들의 발달은 진행과정 중에 있으며 이러한 발달은 현재를 기록하는 것이며 앞으로 일어날 유아의 발달에 관해 미리 예견하는 것은 아니기 때문이다. 다만 발달에 있어서 도움이 필요한 부분도 기록하여 유아를 판단하는데 장점과 단점이 모두 드러나도록 한다. 또한 기록 시에는 교육과정에서 제시하는 내용에 맞추어서 기록하여 유아들 간의 비교나 극히 부분적인 특징이 너무 부각되지 않도록 주의한다.

표 7-7 | 유아 발달에 대한 종합 의견

<table>
<tr><th>이름</th><td>김○○</td><th>생년월일</th><td>2005. 3. 15.</td><th>성별</th><td>여</td><th>기록년도</th><td>2009</td></tr>
<tr><th>영역</th><td colspan="7">• 유아의 영역별 발달 상황</td></tr>
<tr><th>건강생활</th><td colspan="7">• 여러 가지 감각을 활용하여 사물을 다룰 수 있으며 주어진 공간에서 신체의 균형을 바르게 잡을 수 있음.
• 소근육을 이용한 활동에 관심을 가지고 있으나 편식에 대한 지도와 관심이 요구됨.</td></tr>
<tr><th>사회생활</th><td colspan="7">• 나와 다른 사람의 의견에 차이가 있음을 알고 서로 의견을 나누려고 노력함.
• 다른 사람과의 약속을 잘 지키나 자기 물건을 정리 정돈하는 태도가 요구됨.</td></tr>
<tr><th>표현생활</th><td colspan="7">• 여러 가지 재료와 도구를 활용하여 창의적으로 만들고 꾸미기를 즐기며 자신과 다른 사람의 작품을 소중히 다룸.</td></tr>
<tr><th>언어생활</th><td colspan="7">• 토의 주제에 대한 경험 이야기를 주로 하며 다른 사람을 방해하지 않고 바른 태도로 주의 깊게 들음.
• 쓰기 도구를 사용하며 자신의 이야기를 적기를 좋아함.</td></tr>
<tr><th>탐구생활</th><td colspan="7">• 날씨와 계절의 변화에 관해 자주 이야기하며 교실 내의 환경적 변화에 호기심이 많음.
• 형태를 보고 간단한 모양을 만들 수 있음.</td></tr>
<tr><th>종합의견</th><td colspan="7">• 조형활동에 관심을 보이고 의욕이 많으며 어려운 친구의 일을 잘 도와줌.
• 침착하고 안정감 있게 행동하고 자연 현상과 변화에 호기심이 많고 자기 의사를 바르게 표현하려고 노력함.
• 모든 활동을 성실히 하는 편이나 새로운 상황에서 적응하기를 어려워함. 상황에 맞는 인사말과 함께 바른 태도로 인사하고 스스로 교육활동에 참여함.</td></tr>
</table>

3 포트폴리오의 활용

유아의 결과물이 분류되어 교사의 의견이 첨가된 포트폴리오는 부모, 교육관계자들과 공유하는 것이 바람직하다. 포트폴리오를 활용하는 방법은 포트폴리오 협의회 실시, 포트폴리오 전시회 개최하기 등의 방법이 있다(김준규 · 박희숙 · 추성경, 2005). 유아 개개인의 발달과정에 대해 부모와 의견을 나누며 다음 발달에 도움을 주기 위해 필요한 부분은 어떤 것이 있는지 살펴보는 것이 좋다. 예를 들어 언어 포트폴리오를 통해 연우가 같은 자음을 지속적으로 다른 방향으로 쓰는 것을 발견했다면 가정과 기관에서 연우가 글씨를 쓰는 모습을 관찰한 후 유아에게 바른 방법을 지도할 수 있다. 또한 건강생활 영역과 같이 신체발달 부분에서 부모가 인식하지 못하는 유연성이나 지구력 등에 관해 부모에게 정보를 제공할 수 있다.

부모에게 보낼 때는 교사의 업무의 양과 시간을 고려하여 매월 보낼 것인지, 학기별로 할 것인지 결정하여 부모에게 알린다. 매월 보내는 경우 월별로 모아서 1년의 발달과정을 부모가 모아 두어야 하기 때문이다. 한 학기에 한 번씩 보내는 경우에는 매월 유아들의 변화과정이 어떻게 진행되고 있는지 두드러진 특징을 드러내주는 것이 좋다. 때로 유아들이 항상 나아져야 한다고 생각하여 유아들의 표현이 지난번 혹은 작년과 비교해서 부족하다고 느껴지면 교사들은 부모에게 보낼 때 보내야 할지, 혹은 포트폴리오에서 빼야 할지 망설이기도 한다. 유아들의 표현 정도는 유아의 기분, 흥미도, 내용에 대한 지식, 또래 관계 등에 영향을 받는다. 따라서 항상 지난번보다 더 좋은, 혹은 더 나아 보이는 표현을 모으는 데 신경을 집중하지 않아도 된다. 포트폴리오는 유아들의 영역별 발달 내용을 보여주기도 하지만 개인적으로 흥미 있는 부분이나 자세히 알고 있는 내용, 특별히 자신에게 의미 있었던 경험들이 드러나는 자료이기 때문이다.

가정으로 보낸 포트폴리오는 부모가 보고 끝나는 것이 아니라 가정에서 기관으로 의견을 보낼 수 있도록 하여 부모의 의견이 다음 교육활동이나 유아들의 관찰, 평가에 반영되도록 한다.

또한 부모와의 상담 시 활용하면 부모의 신뢰를 높이고 부모로 하여금 유아교사의 전문성을 인식시킬 수 있는 기회가 된다. 특히 자녀들이 활동한 내용이 어떤 의미가 있는지 교사의 설명을 통해 이해하게 됨으로써 자녀를 보다 폭넓게 이해하고 상호작용할 수 있는 기회가 되기도 한다. 상담 시 교사는 유아에 관해 이야기할 내용을 포스트잇이나 색깔 펜을 이용하여 표시해두고, 포트폴리오 자료에서 교사의 설명을 이해할 수 있는 일화기록, 그림, 글씨 등을 보여줌으로써 상담을 원활하게 이끌 수 있다.

표 7-8 | 가정으로 보낸 월별 포트폴리오

관찰일	2010년 2월 1일~2월 26일	관찰자	정○○
유아명	바다반 유정현		
유아작품 예		정현이가 색종이 접시와 색종이를 이용해서 공작새를 표현했어요.	

영역		항목	5	4	3	2	1
			그렇다 ←			→	아니다
작업과정	색채	① 단색을 사용하는 경향이 강하다.			○		
		② 색채 구별능력이 있다.		○			
		③ 색채 구분은 확실하나 실제적인 색채사용이 부족하다.			○		
	공간	① 전체화면을 사용하여 그림을 그린다.		○			
		② 특정한 일부분의 공간만을 사용한다.				○	
	선	① 가로선, 세로선, 둥근선을 그릴 수 있다.		○			
		② 구체적이고 분명한 선이 묘사된다.		○			
	재료	① 다양한 도구사용이 미흡하다.					○
		② 한 가지 재료만을 사용하려고 한다.					○
		③ 두 가지 이상 재료를 접목하여 사용한다.		○			
		④ 미술재료에 애착이 많고 보관을 잘 한다.		○			
	기타	① 가위질을 잘 한다.			○		
		② 물질 및 기타 조형작업에 흥미가 있다.		○			
	행동상황	① 반복적인 그림을 계속 그린다.			○		
		② 한 가지 재료만을 사용하려고 한다.	○				
		③ 두 가지 이상 재료를 접목하여 사용한다.	○				
		④ 미술재료에 애착이 많고 보관을 잘 한다.	○				

교사 의견	부모님 의견
정현이는 언제나 인사도 잘 하고 수업 설명을 잘 듣는 친구입니다. 정현이는 종이접기도 잘 하는데, 종이접기 기본형을 반복하여 접기 연습을 해본다면 많은 도움이 될 것입니다.	

또한 유아와의 공유를 통해서 유아는 자신이 한 결과물을 살펴보며 어떻게 달라지고 있는지를 실감할 수 있으며 교사, 부모가 자신의 생각과 변화를 얼마나 소중하게 여기고 있는지를 느낄 수 있게 된다. 변화 발전에 대한 유아들의 자신감과 성취감은 다음 활동에 대한 도전의식을 길러주고 한번 느낀 성취감은 유아들이 매사에 적극적으로 임할 수 있는 바탕이 된다.

유아들과 함께 볼 자료로 정리하는 경우 영역별로 정리하여 모으기도 하지만 교육과정이 주제를 중심으로 하여 진행되므로 주제에 따라 1년 동안 유아들이 관찰하고, 생각하고, 표현한 내용이 드러나도록 한다. 각 주제에는 언어, 미술적 표현, 동작 표현, 구성물 만들기 등이 포함되어 여러 유아들이 고루 참여할 수 있도록 한다.

생활주제가 끝난 후 유아들의 결과물을 전시하거나 1년 동안 내가 경험한 내용을 포트폴리오로 알아보는 전시회를 갖는 것도 매우 의미있다. 이때 교사는 유아 개개인이 학기초와 학기말에 어떤 점에서 달라졌는지 살펴보고 유아들의 수준에서도 그것을 발견할 수 있도록 조직해준다.

교육적으로 잘 정리되고 분석된 포트폴리오는 다른 교육관계자들과 공유하는 전시회나 작은 소모임을 갖는 것이 바람직하다. 자료를 정리하고 분석하는 과정은 서로가 서로를 통해 배울 수 있는 중요한 교사재교육 내용이다. 자신과 다른 교사의 포트폴리오를 비교해보는 것은 교사의 전문적인 능력을 향상시키고 교수효능감이나 교수방법, 교사의 수행능력을 높여주는 데 기여하는 것으로 나타나고 있다(오채선, 2003; 유수경 · 황해익, 2006; 김경철 · 김은정 · 배혜경, 2008).

초임교사의 경우 혹은 자료는 모았으나 어떻게 분석해야 하는지 모르는 경우에는 동료교사들과 함께 어떤 점에서 의미가 있는지 찾아보는 협력의 과정을 거치도록 한다. 동료 간의 협력은 포트폴리오 구성과정에서 절대적으로 부족한 시간과 포트폴리오를 활용하는 방법(이현옥 · 김지영, 1999; 주선희, 2001)에 대한 이해를 도울 수 있다.

8

부모상담

1. 부모상담의 종류와 방법

2. 부모상담의 실제

1 부모상담의 종류와 방법

부모와 교사의 상담은 다양한 상황에서 이루어질 수 있다. 의도적으로 약속된 상담일 수도 있고 등 · 하원을 지도하면서 우연히 이루어질 수도 있다. 또한 전화나 컴퓨터 통신을 통한 상담도 가능하다. 형식적 상담과 비형식적 상담으로 나누어서 살펴보면 다음과 같다.

1) 형식적 상담

형식적 상담은 유아의 건강한 생활과 학습을 지원하기 위해 정보를 공유하기 위한 목적으로 이루어지며, 집단상담과 개별상담의 방법으로 나눌 수 있는데 유아와 부모의 상황, 문제의 유형에 따라 적절하게 선택할 수 있다.

(1) 개별상담의 준비

① 개별상담 시기는 1학기와 2학기 한 번씩 할 수 있다. 1학기 개별면담은 유아가 입학을 하고 4주 정도 지난 후가 적당하다. 부모의 입장에서는 유아의 유치원 생활이 궁금하겠지만 유아와 교사 모두 새로운 환경에 적응하는 시간이 필요하고, 교사가 유아를 파악하는 시간이 필요하기 때문이다. 2학기 개별면담은 많은 유치원에서 11월 중에 진행한다. 이때에는 1년간의 성장에 대한 평가의 시간을 가질 수 있다.

② 상담 실시 2~3주 전에 학부모들에게 부모상담이 있다는 것을 알리고 참석할 수 있는 시간과 상담하고 싶은 문제를 기록해서 보내줄 것을 요구한다. 학부모들이 원하는 시간을 고려하여 상담 일정을 계획한 후 부모들에게 알리고 시간 조정을 원하는 부모들의 요구를 반영한다. 또는 유치원에서 부모의 직장 유무와 부모의 퇴근 시간, 집과의 거리 등을 고려하여 임의로 일정을 정한 후 가

정통신문으로 보내고, 조정을 원하는 부모들의 요구를 반영하여 재조정할 수도 있다. 상담 시간은 20분 정도가 적당하다.

③ 교사는 유아의 발달을 객관적으로 평가하기 위해 유치원에서 교사가 평가하는 체크리스트나 행동목록 외에 가정으로도 체크리스트를 보내어 부모에게 평가해 줄 것을 요구할 수 있다.

④ 교사는 유아에 대한 관찰 기록과 포트폴리오, 놀이계획 및 평가표, 유아 발달에 대한 체크리스트 등을 정리하고 부모와 의논할 부분을 체크해 놓는다. 유아 관찰 기록이나 체크리스트에는 교사의 평가를 기록하여 학부모 상담시 객관적 자료에 근거하여 구체적인 상담을 진행하도록 한다.

⑤ 그 외에도 부모가 유아의 유치원 생활을 알 수 있도록 활동사진, 활동결과물(그림, 언어활동 자료) 등도 파일에 정리해 놓는다. 이때 많은 자료들을 나열하듯이 보여주는 것보다는 유아의 발달을 설명할 수 있는 몇 개의 자료를 선별하고, 자료가 의미하는 바를 기록해 놓는다.

⑥ 부모들은 유아의 유치원 생활에 대한 관심이 많으므로 유아가 선호하는 놀이 형태, 친구관계, 그 유아만의 장점 등 부모와 의논할 부분을 기록한다.

⑦ 부모가 상담하기를 원하는 부분에 대해서도 교사가 관찰한 내용과 교사 개인의 의견을 정리해 놓는다.

⑧ 부모가 작성한 유아 개인 조사서를 통해 부모의 연령, 학력, 직업, 교육에 대한 관점, 양육태도 등에 대한 정보를 수집해 놓는다. 유아가 재원한 경우라면 이전 담임교사에게 유아와 부모에 대한 정보를 얻을 수 있다.

⑨ 준비한 상담 자료가 많다 보면 어떤 자료를 보고 무엇을 말해야 할지 혼돈스러울 수 있다. 이를 피하기 위해 교사는 상담일지에 부모와 의논하고 싶은 내용과 참고로 제시할 수 있는 자료 등을 기록한다.

상담 준비가 완벽하게 되었다면 교실 환경을 준비해야 한다. 교실 환경과 상담의 분위기가 상담 과정과 결과에 영향을 미치기 때문이다. 이를 알아보면 다음과 같다.

① 상담은 환경의 영향을 많이 받으므로 정갈하고 편안한 분위기가 되도록 교실 환경을 정돈하고 교실 밖으로부터 방해받지 않는 조용한 곳에 상담 책상을 놓는다. 책상 위에는 테이블보를 깔고 꽃을 놓는 것도 상담 분위기를 부드럽게 만들어준다. 또한 상담 자료도 보기 좋게 정리해 놓는다.

② 교사와 부모가 마주 앉을 수 있도록 자리를 배치하되 정면보다는 90° 방향에 위치하는 것이 좋다.

③ 교사는 교실 문이 보이는 자리에 앉아야 상담실 밖에서 기다리는 부모나 교사에게 전달 사항이 있는 다른 교사들에 대해 파악할 수 있다.

④ 교실 밖에는 기다리는 부모들을 위해 상담 시간을 공지해주어서 상담 시간을 준수할 수 있도록 돕는다.

⑤ 교사는 앉은 자리의 맞은편에 시계를 놓아서 정해진 시간 안에 상담을 마치도록 한다.

⑥ 바른 자세로 앉아서 상담을 하되 부모의 얼굴을 응시하고, 시야를 많이 분산시키지 않도록 한다.

(2) 집단상담의 준비와 운영

집단상담의 준비과정은 개별상담의 준비과정과 유사하지만 교사와 부모가 일 대 일로 상담을 하는 것이 아니라 집단을 형성하여 부모들이 공감하는 문제에 대해 서로 의견을 교환한다는 점에서 차이가 있다. 집단상담의 준비과정과 운영방법은 다음과 같다.

① 집단상담은 학기초에도 할 수 있지만, 학기초는 주로 부모들이 유아의 적응 문제에 대해 관심이 많고 교사의 입장에서는 유아의 가정생활에 대한 정보를 듣는 시기이기 때문에 1학기초보다는 1학기말 또는 2학기에 실시하는 것이 적당하다.

- 한 집단에 10명 정도의 부모들이 참석할 수 있도록 일정을 계획한다.
- 참석한 부모들이 서로 얼굴을 볼 수 있도록 원형의 책상과 의자를 준비

한다.

- 유아의 이름이 기재된 이름표를 만들어서 부모가 달도록 한다.
- 교사는 학부모들에게 간단한 인사를 하고, 집단상담의 취지를 알린다.
- 부모들끼리 이름표를 보고 서로 인사를 나눈다.
- 교사는 부모들이 유아의 건강문제나 성격, 생활습관, 학습문제 등에 고민하고 있는 부분을 자유롭게 말할 수 있는 기회를 준다.
- 한 부모의 말에 대해 공감하는 부모들의 이야기를 듣는다.
- 문제해결의 방법은 교사가 제시하기보다는 같은 경험을 가지고 있는 다른 부모의 의견을 듣도록 한다.
- 교사는 참석한 부모들에게 골고루 이야기할 수 있는 기회를 제공한다.
- 교사는 부모들의 이야기를 기록했다가 부모들의 이야기가 끝나면 의견을 종합, 정리하여 들려준다.
- 교사는 학급운영과 관련하여 학부모에게 부탁하고 싶은 사항이나 공지사항을 알린다.
- 집단상담에 참석한 부모들에게 감사의 인사를 한다.
- 유아 개인에 대해 궁금한 점은 전화 또는 개별면담을 통해 이야기 나눌 수 있음을 알린다.

위와 같은 운영과정을 통해서 부모들은 고민을 자유롭게 이야기하면서 서로 비슷한 고민을 가지고 있다는 것에 대해 심리적인 안정감을 갖고, 다른 부모의 경험을 통해 자녀양육 기술을 습득하게 된다. 때로는 교사가 일정한 주제를 제시하여 부모들이 주제와 관련된 자녀의 문제에 대해 솔직한 이야기를 나누면서 해결방법을 모색할 수도 있다. 예를 들면, '자녀의 또래 관계', '우리 아이의 주의 집중력 높이기' 등의 특정 주제를 제시할 수 있다, 이때 유사한 문제를 지니고 있는 유아의 부모들을 한 집단으로 구성하여 관련된 주제를 제시하는 것도 좋다.

집단상담이 끝나면 교사는 기록해 놓은 자료를 기초로 상담일지를 작성한다. 유아 개개인별로 필요한 내용을 정리해 놓았다가 유아 지도 자료 또는 부모상담 자료로 삼는다. 또한 집단상담에서 부모가 고민한 내용 중 변화된 부분이 있을 때 부모에게 전화하여 이에 대한 대화를 나눈다. 부모의 입장에서는 집단상담에서 내 자녀의 문제에 대해 교사와 충분히 이야기를 나누지 못했다는 아쉬움이 있을 수 있는데 교사가 관심을 가지고 이를 관찰했다가 유아의 변화된 모습을 알려준다면 부모는 교사에게 신뢰감을 가질 수 있을 것이다.

(3) 상담 시 유의할 점

어떤 형태의 상담이든지 교사들이 부모에 대해 가져야 하는 기본적인 태도는 유사하다. 다음은 집단상담이나 개별상담 할 때 교사가 유의해야 할 점이다.

① 교사는 부모가 자녀의 문제에 대해 고민하는 나약함을 가지고 있으며 자녀의 발달에 대해 자신하고 있다고 해도 여전히 교사의 도움을 필요로 한다는 것을 이해해야 한다. 또한 모든 부모들이 자녀를 사랑하고 헌신해야 하지만 부모도 인간이기 때문에 부모 자신의 요구에 집중할 수 있다. 따라서 모든 부모가 완벽한 양육을 할 수 없음을 인정한다.

② 부모상담을 하다 보면 교사의 입장에서는 문제가 아닌데도 불구하고 부모들이 예민하게 반응하는 것 같은 생각이 들 때도 있다. 부모들이 정확하게 아이의 문제를 판단하여 설명하지 못한다고 해도 직감적으로 이상한 점을 느끼고 교사에게 상담하려는 것임을 이해해야 한다. 이때 교사는 "어머니 걱정 마세요. 아무 문제없이 잘 지내요."라고 말하기보다는 "그래요. 저는 아직 그런 점을 발견하지 못했지만 주의 깊게 살펴봐야겠네요. 어머니 말씀대로 아이가 친구들에게 따돌림을 받는 것 같은 점이 발견되면 바로 알려드릴게요. 일주일 정도 관찰하고 다시 상담을 하면 어떨까요?"와 같이 말할 수 있다.

③ 유아의 문제에 대해 교사는 부모의 기분이 나빠지더라도 용기를 가지고 객관적으로 전달해야 할 때가 있다. 이때 같은 말이라도 긍정적으로 표현하는 것이 좋다. 예를 들어, "아이가 산만합니다."라는 것보다는 "아이가 바른 학습태도를 갖기 위해서는 집중력을 갖는 것이 도움이 됩니다."와 같이 유아에게 바라는 부분을 그 이유와 함께 들려준다.

④ 교사가 아무리 조심스럽게 유아의 문제에 대해 이야기를 해도 일부의 부모는 교사가 자신의 양육방식과 자녀를 비난하는 것으로 받아들여서 방어적인 태도

를 취할 수 있다. 부모가 마음의 문을 닫고 교사에게 부모 자신과 자녀를 방어하려 들면 상담이 효과적으로 이루어질 수 없으므로 이때에는 당장 부모를 변화시키려는 교사의 의도를 접고 부모의 이야기를 더 듣도록 노력한다.

⑤ 3월의 개별상담은 교사가 파악한 부분을 부모에게 전달하기도 하지만 유아의 가정생활과 부모가 고민하고 있는 부분에 대해 듣는 시간이 되어야 한다. 또한 집단상담도 교사가 주제에 대해 설명하는 것이 아니라 주제와 관련된 부모들의 경험과 문제해결 방법을 서로 공유하는 시간이어야 하므로 교사는 말하는 것을 줄이고 부모들이 주로 이야기하는 시간이 되도록 한다.

⑥ 교사는 부모의 이야기에 대해 평가적 반응보다는 공감대를 형성하기 위해 느낌을 반영하는 반응을 해 준다.

⑦ 부모상담을 통해 당장 유아의 문제가 해결되는 것도 아니고, 부모의 고민이 해결되는 것도 아니지만 부모의 입장에서는 자녀의 문제와 부모의 고민을 말하는 것 자체만으로도 정화의 가치가 있으므로 부모가 자신의 생각과 느낌을 충분히 이야기할 수 있는 기회를 제공한다.

⑧ 상담을 하다 보면 부모가 자녀의 문제에 대해 논리적으로 이야기하는 것이 아니기 때문에 교사가 부모의 이야기를 요약하여 들려줄 필요가 있다. 또한 부모들이 자녀문제와 관련된 사례들을 나열하거나 부모의 감정을 두서없이 말하기 때문에 교사가 부모의 의도를 파악하기 어려울 수도 있다. 교사는 부모가 말하고자 하는 의도를 잘 파악하기 위해서 "어머님 말씀은 아이가 내성적이기는 해도 자기가 하고 싶은 일이 있을 때만큼은 적극적이 된다는 거지요?"와 같이 부모가 말하고자 하는 것을 파악하여 부모에게 다시 질문함으로써, 교사의 해석이 맞는지 확인한다.

⑨ 부모들은 자녀의 문제에 대해 부모의 시각에서 해석하고 판단하거나 자녀의 입장에서 문제를 해석하는 경향이 있으므로 교사만큼의 전체적인 안목을 갖지 못할 수 있다. 교사는 부모가 문제를 다양한 각도에서 볼 수 있도록 돕는다.

⑩ 유아의 문제에 대해 부모와 상담을 하다 보면 전문적인 상담기관에 의뢰해야

하는 것과 같은 중요한 결단을 해야 할 때가 있다. 이때 교사는 유아의 발달에 대한 다양한 정보를 제공하고 교사의 개인적인 견해를 들려줄 수 있지만 교사가 부모를 대신하여 중요한 결단을 내려줄 수는 없다.

⑪ 여러 주제에 대해 부모와 상담을 하다 보면 상담이 끝나고 나서 실제 어떤 이야기를 나누었는지 기억에 안 남을 수도 있다. 또한 부모가 자녀에 대해 심각하게 고민하고 예민하게 반응할 경우 말을 순화해서 하다 보면 유아의 실질적인 문제를 직접적으로 다루지 못하고 겉도는 대화만을 하고 끝나게 되어서 상담의 결과가 허무해질 수 있다. 이러한 문제를 방지하기 위해 교사는 오늘 상담의 내용과 결론이 무엇인지 부모에게 요약하여 들려준다. 예를 들면, "오늘 ○○이가 유치원에 등원할 때 어머니와 헤어지기 어려워하는 문제를 돕기 위해서 상담을 했어요. 어머니는 아침 일찍 준비시켜서 유치원에 보내주시고 아이가 안심할 수 있도록 엄마가 데리러 오겠다는 이야기를 들려주세요. 저는 ○○이가 교실에 들어오면 반갑게 맞아주고 함께 놀이해서 심리적으로 안정감을 가질 수 있도록 돕겠습니다."와 같이 상담을 정리할 수 있다.

⑫ 교사는 부모와의 상담 중에 부모의 이야기와 교사의 조언 등을 간략히 기록해 두었다가 상담일지를 정리한다. 상담일지는 유아의 문제에 대한 부모의 말을 객관적으로 기록하고 교사의 지도 방향 등을 기록한다. 유아의 변화된 점도 기록한다.

2) 비형식적 상담

교사는 하루의 시작부터 유아들이 귀가하는 순간까지, 때로는 교사가 퇴근하는 중에도 부모를 만나서 유아의 문제에 대해 이야기를 나누게 된다. 부모들은 형식적 상담 외에도 교사를 만나는 순간마다 수시로 유아의 문제에 대해 단편적인 이야기를 나누게 되는데 이를 비형식적 상담이라고 한다. 비형식적 상담은 현관에서의 부모 만남, 전화상담으로 나누어서 살펴볼 수 있다.

(1) 현관에서의 부모 만남

교사와 부모는 유아를 등 · 하원 시킬 때 짧은 만남을 통해 자연스럽게 유아의 문제 행동과 원의 운영방안에 대해 이야기를 나눌 수 있다. 짧지만 빈번한 비형식적 상담은 교사와 부모를 서로 친숙하게 해주고 신뢰할 수 있게 한다.

등원 시 교사는 유아를 따뜻하게 맞이하면서 부모에게 밝은 미소와 친밀한 대화를 건넨다. 이러한 교사의 태도는 부모에게 교사에 대한 신뢰를 갖게 한다. 교사는 유아가 등원할 때 부모에게 유아의 건강상태, 기분, 유아가 먹어야 하는 약 등에 대해 관심을 보이고 교사가 알아야 할 정보에 대해 이야기를 듣는다. 귀가 시에 부모들은 교사가 자녀에게 얼마나 관심을 보이는가를 보고 교사에게 신뢰감을 갖게 된다. 부모들은 자녀의 얼굴을 통해 유치원 생활을 잘 했는가, 선생님이 관심을 가졌는가를 판단하기 때문에 교사는 귀가 지도 시간에 유아들이 불쾌한 감정을 갖지 않도록 하고 혹시 일과 중 담임교사와 갈등이 있었던 유아의 경우, 유아가 감정을 해소할 수 있도록 배려하여 귀가 때까지 부정적인 감정이 남지 않도록 하는 것 또한 부모와 관계를 원만히 하는 데 도움이 된다.

귀가 시 교사는 등원 할 때 힘들어했던 유아가 유치원에서 어떻게 지냈는지를 부모에게 이야기해주고, 유아가 잘 한 부분, 친구관계 등을 적극적으로 칭찬해 준다. 버스로 귀가하는 유아의 경우에는 유아를 맞이하러 온 부모에게 유아의 하루 일과 중 특징적인 부분을 짧게 들려준다.

(2) 전화상담

비형식적 상담 중 많은 비중을 차지하는 것이 전화상담이다. 시간과 공간의 제약이 없기 때문에 직업을 가진 부모의 경우 편리하게 의견을 교환할 수 있으며, 유치원에서 유아의 행동이나 가정에서 유아의 행동에 대한 즉각적인 해결을 원할 때 필요에 따라 수시로 이루어질 수 있다는 장점이 있다. 교사는 유아가 유치원에서 다른 유아와의 관계에서 문제가 발생했을 때, 사소한 문제가 발생했을 때, 유아가 칭찬받을 만한 긍정적인 일이 있을 때 수시로 전화로 상담을 한다.

전화상담은 쉽게 이루어질 수 있다는 장점이 있으나 초임교사와 경력이 낮은 교사에게는 두려운 일일 수 있다. 그러므로 교사는 전화상담을 하기 전에 철저한 준비를 해야 한다. 전화상담할 때 유의할 점은 다음과 같다(곽현주, 2006).

① 유아들이 입학하고 난 후 한 달 정도 부모들은 아주 사소한 것에 대해서도 불안해하고 궁금하므로 교사의 업무에 차질이 없는 선에서 부모상담을 자주 하는 것이 좋다.

② 유아의 문제에 대해 전화를 해야 하는 시점을 고려해야 한다. 유아가 다쳤거나 아팠다면 유아가 도착하기 전에 전화하는 것이 부모의 놀라움을 줄일 수 있다. 유아에 대한 칭찬과 유치원 생활 중에 교사나 다른 유아와의 사소한 갈등은 유아가 집에 도착한 이후에 전화한다. 또한 유아가 결석을 했을 때는 유아들이 귀가를 마친 후 바로 전화하도록 한다. 교사들은 업무가 많기 때문에 급한 업무를 우선적으로 처리하고 전화하는 경향이 있는데 부모들은 교사의 바쁜 일손을 이해하기보다는 교사가 관심이 없다고 오해할 수도 있기 때문이다.

③ 학부모들 중에는 유난히 자녀에 대해 걱정이 많은 부모가 있다. 이런 경우 교사가 먼저 전화하여 유아가 잘 하는 점을 칭찬해주면 부모들은 유치원 생활에 대해 안심할 수 있다.

④ 교사들은 학급의 유아들 중에 유난히 문제를 자주 일으키는 유아들의 부모에게 전화를 자주 하게 되는데 전화상담일지를 참고로 하여 그동안 전화상담을 하지 않은 부모가 있는지 파악하여 골고루 전화를 하도록 한다.

⑤ 전화상담 시에는 일상적인 대화를 반복적으로 나누기보다는 부모가 특별히 신경 쓰고 있는 부분에 대해 구체적인 정보를 제공한다.

⑥ 전화상담은 서로가 얼굴을 보지 않고 의사소통이 이루어지므로 오해가 생길 수 있다. 교사는 오해의 소지가 없도록 사용하는 단어와 말투, 억양에 신경 써야 한다.

⑦ 전화 걸기 전에 인사말에서 전화 끊을 때 할 말을 대본처럼 적고 연습을 해 본 후 전화통화를 하면 실수를 덜하게 될 것이다. 정해진 순서가 있는 것은 아니지만 처음에는 부모의 안부를 묻는 인사말을 하고, 오늘 유아의 유치원 생활 중에 있었던 에피소드를 이야기한다. 이는 부모와 친밀감을 갖기 위한 대화라

고 볼 수 있다. 부모들은 교사가 전화하면 우선 불안감을 갖게 된다고 한다. 일상적인 대화를 통해서 부모는 교사에 대한 긴장을 줄일 수 있다. 부모와의 신뢰감을 형성했다는 판단이 들면, 교사가 부모와 나누고 싶었던 유아의 문제에 대해 이야기한다. 부모와의 대화가 끝나면 유아를 바꿔 달라고 하여 유아와 대화를 나누고 다시 부모와 끝인사를 한다.

3) 효과적인 상담을 위한 의사소통 전략

학부모상담을 위한 효과적인 의사소통이 되기 위해서 교사는 부모와 쌍방적 의사소통을 할 수 있어야 한다. 그러나 교사의 잘못된 표현과 태도로 인해 쌍방적 의사소통에 실패하는 경우가 있다. 이를 알아보면 다음과 같다.

- 유아의 문제에 대해 모호하거나 완곡한 표현을 한다.
- 부모와 상담할 때 부모가 이해하기 어려운 전문 용어를 사용한다.
- 유아의 행동에 대해 부정적인 평가를 나타내는 언어를 사용한다.
- 교사가 비전문가처럼 행동하여 부모가 교사를 신뢰하기 어렵다.
- 교사가 자녀양육 방법에 대해 부모에게 충고를 한다.
- 무관심한 듯한 태도나 과장된 몸짓, 음성 등 잘못된 몸짓 언어를 사용한다.

반면 교사가 몇 가지 전략을 갖추면 더 효과적인 의사소통을 할 수 있다. 효과적인 의사소통의 전략을 알아보면 다음과 같다(김충기 · 장선철, 2000).

(1) 관심 기울이기

관심 기울이기는 '몸과 마음으로 상대방에게 주의를 집중함으로써 그를 이해하려 하고 있다는 사실을 전달하는 것' 이다.

① 좋은 자세

부모와 대화를 나눌 때 교사는 바른 자세로 앉지만 신체적으로 이완되고 편안하며 자연스러운 자세를 취하는 것이 좋다. 교사는 부모를 향해 얼굴을 돌리고 몸을 약간 기울이는 것이 바람직한데 지나치게 오랜 시간 동안 부모의 눈을 응시하는 것은 상대방에게 부담감을 준다. 상대방 얼굴의 턱과 눈 사이에 시선을 두는 것이 좋다. 교사는 대화 중에 팔짱을 끼거나 다리를 꼬고 앉는 것, 턱을 괴고 앉는 것과 같이 자신도 모르게 나오는 행동을 피해야 한다. 이는 상대방의 이야기에 관심이 없다는 것과 상대방의 이야기에 반대한다는 메시지를 전달하게 된다. 가끔 손을 이용하여 적절하게 제스처(gesture)를 사용할 수도 있다.

② 상냥한 얼굴 표정과 목소리, 시선 접촉

밝고 상냥한 얼굴 표정과 미소, 수용적이고 부드러운 음성으로 이야기하는 것은 상대에 대한 관심을 표현하는 좋은 반응이다. 가볍게 미소 띤 얼굴로 부모의 양쪽 눈과 입 사이를 밝고 부드러운 눈길로 바라보면서 적당한 수준의 목소리 크기(tone)로 말하는 행동을 통해 부모에 대한 교사의 수용적인 관심을 전달할 수 있다. 우리는 우리도 모르는 사이에 상대방의 이야기에 집중하게 되면 얼굴을 찡그리게 되고, 아이의 문제에 대해서도 심각하게 말하다 보면 얼굴 표정이 굳어지거나 목소리가 높아질 수 있다. 이는 상대방에게 불쾌감을 주거나 긴장감을 줄 수 있기 때문에 평상시에 대화할 때의 자신의 얼굴 표정과 목소리 톤 등을 파악하는 것이 좋다.

③ 즉각적인 언어, 비언어적 반응

즉각적인 언어와 비언어적인 반응을 통해 부모가 말하는 내용에 관심을 기울이면서 그것을 제대로 이해하려고 애쓰고 있음을 표현한다. 웃어 주거나 고개를 끄덕이는 비언어적인 반응이나 '아 그랬군요.', '그렇지요.'와 같이 맞장구를 치는 언어 반응들은 상대방에게 계속적인 관심을 갖고 있으며 이해하려고 애쓰고 있으니, 이야기를 계속하라는 격려의 메시지를 전달한다.

(2) 경청(적극적인 듣기)

경청(적극적인 듣기)은 단순히 부모의 말을 귀로 듣는 차원을 넘어서 부모의 마음까지 수용하는 것을 의미한다. 교사는 부모가 말한 부분과 말로 표현하지 않은 부분까지 파악할 수 있어야 한다. 이를 살펴보면 다음과 같다.

① 경청하기

부모를 잘 이해하기 위해 교사는 부모의 이야기를 경청하고 부모가 나타내는 무언의 정보에도 주의를 기울여 정확한 판단을 할 수 있어야 한다(서봉연 외, 1994). 표정, 억양, 눈짓, 숨소리, 손발의 움직임, 제스처, 몸의 자세, 목소리, 얼굴 빨개짐, 창백해짐과 같은 반응 등 부모의 비언어적인 메시지를 이해할 수 있으려면 예민한 관찰력과 대인관계 경험이 필요하다. 교사는 자신이 잘 경청하고 있음을 부모가 느낄 수 있도록 여러 방법으로 표현한다. 부모의 말에 대해 교사가 고개를 끄덕이는 것은 상대방의 말을 주의 깊게 듣고 공감하고 있는 것을 전달한다. 또한 부모가 한 말에 대해 "아, 예.", "그랬군요.", "그럴 수도 있겠네요." 등의 반응들은 상대방에게 '경청 받는다.', '이해받는다.', '공감 받는다.' 는 느낌을 줄 수 있다.

교사는 부모와 대화를 나누는 중에 사실, 사건, 정보에 관한 질문을 할 수 있다. 질문은 교사가 부모의 말을 잘 듣고 있었다는 메시지를 전달한다. 또한 부모와 대화하면서 교사는 부모가 한 말의 일부를 반복해 준다. 이는 교사가 '잘 경청한다.', '이해한다.', '계속하라.' 는 메시지를 부모에게 전달하는 것이다. 부모가 강조해서 한 말이나 상담자가 볼 때 중요한 부분이라고 생각되는 곳을 반복해 주면 부모가 자기 표현을 하는 데 도움이 될 수 있다.

② 반영적 경청하기

반영적 경청은 상대방의 심리적 내면세계에 귀를 기울이며 '마음의 소리' 를 듣는 것이다. 교사는 자신이 들은 것을 부모에게 되돌려 반영해 주는 적극적 청취를 통해 의사소통의 정확성을 확보할 수 있다. 또한 부모의 말 속에서 그들이 현재 느끼고 있는 감정을 공감(sympathy)하고 이해(understand)함으로써 그들의 자존심을 존중해 주고, 말 속에 숨겨진 의미(the hidden meaning)를 올바르게 찾아낼 수 있다.

또한 부모의 말을 잘 요약해서 들려주면 부모가 자신의 말과 심정을 명료하게 이해하는 데 도움이 된다.

(3) 공감적 이해와 반응

① 공감적 이해

부모가 무엇을 느끼고 있는지를 이해하여 정서적으로 반응해 주는 것은 교사-부모관계에서 이해와 사랑을 증진시키는 의사소통의 기본 요소이다(서봉연 외, 1994).

② 공감적 이해의 반응

부모는 자기가 처한 어려움과 감정 상태를 언어 또는 비언어적인 것으로 표현하는 과정에서 장황하거나 논리적이지 못한 표현을 하기도 한다. 이때 교사가 부모의 감정에 대해 이해하고 느낀 바를 언어로 표현하는 감정 반영(예 실망을 많이 하셨군요)을 활용함으로써 아주 짧은 말로 상대의 심리상태를 표현하는 효과를 볼 수 있다.

(4) **효과적인 자기표현**(I-message)

효과적인 자기표현은 자신의 권리를 주장하되, 상대방의 권리를 부정하지 않으면서 목표 달성에 이르기 때문에 다른 사람과 좋은 관계를 유지할 수 있도록 한다. 부모와의 효과적인 대화를 위해 교사는 자신의 느낌이나 원하는 바를 분명하게 말할 수 있어야 한다. 반영적 경청과 나 전달법은 부모와의 사이에서 갈등이 생겼을 때 부모를 존중하면서도 생각의 차이를 해결하는 과정에서 유용하게 사용될 수 있다.

'나 전달법'은 개인적으로 느끼는 심리적인 불편함을 전달하고자 할 때 다른 사람을 비난하거나 책망하지 않으며 비방하는 내용도 포함하지 않은 가운데 자신의 욕구에 초점을 두어 말하는 방법이다.

4) 조언

부모들은 교사에게 유아의 문제에 대한 전문적인 도움을 필요로 한다. 그러나 부모들이 언제나 교사의 조언을 바라는 것은 아니기 때문에 섣부른 판단은 부모가 교사에 대해 거부감을 갖게 한다. 교사는 부모의 말을 주의 깊게 듣고 조언을 필요로 하는지 그렇지 않은지를 잘 구별하여 답변하도록 해야 한다. 효과적인 조언을 위해 교사는 다음의 사항을 고려한다.

① 교사가 유아의 문제해결에 대한 답을 하기 전에 부모가 자녀의 문제를 해결하기 위해 어떤 노력을 해보았는지에 대해 질문한다.

② 교사의 말이 장황하면 부모들은 교사가 말하고자 하는 것이 무엇인지 파악하기 어려울 수 있다. 따라서 교사가 조언을 할 때는 간단해야 효과적이다.

③ 교사의 입장에서는 유아의 문제를 해결할 수 있는 최선의 방법이라고 생각하지만 가정의 상황과 부모의 양육 방식에 따라 교사가 하는 조언이 최상의 방법이 아닐 수 있으므로 교사의 조언에 대해 부모가 어떻게 생각하는지 의견을 구한다.

④ 부모에게 해준 조언을 부모가 가정에서 실행해 보도록 한 후 효과가 있었는지, 문제해결에 도움이 되었는지를 평가해 보고 효과가 없었다면 부모와 효과적인 지도 방법에 대해 고민한다.

2 부모상담의 실제

교사들은 상담에 대한 부담을 줄이기 위해 학부모들이 주로 하는 상담내용을 예측하여 기록해 두고, 이에 대한 답변을 적어본다. 현장 교사들은 부모들이 자주 요구하는 상담의 내용을 다음과 같이 제시하였다.

1) 부모들이 자주 하는 상담내용

(1) 유치원 생활과 적응과 관련된 문제

① 우리 아이는 유치원에 안 간다고 해요. 왜 그럴까요?
② 아침에 나와 헤어질 때마다 울어요. 보내야 될지 말아야 될지 고민이에요.
③ 친구들이 안 놀아준다고 해요. 우리 아이가 친구들과 어울리지 못하나요?
④ 친구들이 자꾸 때린다고 하는데 관심 좀 가져 주세요.
⑤ 아이가 다쳐서 왔어요. 우리 아이가 산만한가요?
⑥ 유치원에서 있었던 일을 말을 안 해서 도대체 유치원의 일을 알 수가 없어요.
⑦ 우리 아이가 발표를 잘 하나요?
⑧ 우리 아이는 선생님이 시키는 것을 잘 따라 해요?
⑨ 반의 아이들이 우리 아이보다 어린 것은 아닌지 궁금해요. 아이가 친구들이 시시하다고 하면서 언니들하고만 놀려고 해요.
⑩ 아이가 유치원이 재미없다고 하는데 유치원에서는 어떻게 지내나요?

(2) 유아 개인의 성격과 관련된 문제

① 성격이 소심하고 내성적이어서 걱정이에요. 엄마 마음에 다른 아이들처럼 활발했으면 좋겠어요.

② 집에서는 대장인데 밖에만 나가면 말도 못 하고 주눅이 들어서 탈이에요.

③ 아이가 욕심이 너무 많은 것 같아요.

④ 고집이 너무 세고, 누구에게 지는 것을 싫어해요.

⑤ 해 보지도 않고 무엇이든지 못한다고 두려워해요. 심지어는 이전에 할 수 있었던 일도 무조건 못 한다는 말부터 해요.

(3) 가정생활에서 나타나는 문제

① 우리 애는 엄마만 따르고 아빠는 싫대요. 왜 그럴까요?

② 손가락을 늘 물고 있어서 손톱이 다 닳았어요. 못 하게 해도 고쳐지지 않아요. 어떻게 해야 할까요?

③ 아침에 깨워도 안 일어나고 준비하는 속도도 너무 느려요. 유치원에서도 행동하는 게 늦지요?

④ 요즈음 들어서 거짓말을 해요.

⑤ 남의 물건에 손을 대는 것 같아요. 때로는 유치원의 놀잇감을 가지고 오기도 해요.

⑥ 아이가 자기 물건을 안 챙겨요.

⑦ 집안을 어질러 놔요. 자기 장난감도 정리를 안 하고 여기저기 늘어놔서 매일 야단치게 돼요.

⑧ 텔레비전과 비디오(게임)를 너무 보는 것 같아서 걱정이에요.

⑨ 집에서 소리 지르고 뛰어다녀서 걱정이에요.

⑩ 아이가 무조건 "안 해.", "싫어."라고 반항을 해요.

⑪ 손님들이 와도 인사를 안 해요. 손님들이 질문을 하면 고개를 숙이고 도망가려고만 해요.

⑫ 동생하고 매일 싸워요.

⑬ 음식을 물고 씹지를 않아요. 그러다 보니 먹는 양이 너무 적어요.

⑭ 편식이 너무 심해요.

(4) 유아의 발달, 학습 능력과 관련된 문제

① 우리 아이의 언어가 다른 아이들에 비해 늦는 것 같아요.
② 한 가지를 집중해서 하지를 못해요. 책을 읽을 때도 놀 때도 한 가지를 끝까지 마치지를 못하고 산만해요.
③ 책을 읽어 달라고 해서 읽어 주면 듣지 않고 왔다 갔다 해요.
④ 아직 한글을 쓸 줄 몰라요. 너무 늦었죠?
⑤ 예능교육은 어렸을 때 시키라고 하는데, 무엇부터 시켜야 할지 모르겠어요.
⑥ 책을 많이 읽게 하라고 하는데 어떤 책을 사주는 것이 좋을까요?
⑦ 초등학교를 보내려니 걱정이 되네요. 무엇을 가르쳐야 할까요?

위에서 제시한 부모들이 원하는 상담내용 외에 교사가 부모에게 상담하고 싶은 내용도 있다. 유아의 유치원 생활과 또래 관계, 발달 및 학습 문제와 관련된 문제일 것이다. 교사가 상담하고자 하는 내용들은 다음과 같다.

① 다른 아이들을 때리거나 깨물어요.
② 활동에 주도적으로 참여하지 않아요.
③ 늘 같은 그림만 그려요.
④ 수업 시간에 성기를 만지고 있는 것을 발견할 때가 있어요.
⑤ 수업 시간에 돌아다니거나 소리를 내서 방해하는 행동을 해요.
⑥ 또래에게 과격한 말을 하거나 공격적인 행동을 해요.
⑦ 한 가지 놀이만 해요.
⑧ 가정통신문을 반드시 확인해 주세요.

2) 부모상담의 실제

상담이 일정한 순서에 의해서 진행되는 것은 아니지만 교사와 부모가 래포를 형성하기 위해서 대화의 초반에는 간단한 인사말과 날씨 또는 부모에 대한 관심 등을 먼저 이야기한다. 예를 들어, "퇴근 후 급히 오시느라고 힘드셨지요?", "○○이 동생이 아프다고 하던데 감기는 다 나았어요?", "어머니 생신이었다면서요? 축하드려요."와 같은 인사말은 상대방의 마음을 열고 편안함을 갖게 한다.

1학기초라면 "○○이가 유치원 생활에 대해 무엇이라고 말하는지 궁금하네요. 유치원 생활이 재미있다고 하던가요?"와 같이 질문하여 유아의 유치원 생활에 대해 부모로부터 정보를 듣는다. 또한 1학기초는 교사가 판단한 내용을 말하기보다는 유아를 더 잘 지도하기 위해 부모의 도움을 얻어야 하므로 교사의 지도방법에 대한 부모의 조언을 귀담아 듣는다. 부모의 이야기를 충분히 들었다면 교사가 발견한 유아의 문제와 지도 방안에 대해 이야기하고 부모의 도움을 원한다는 것을 이야기 한다.

2학기 부모상담이라면 1년 동안 유아의 유치원 생활에 대한 부모의 생각을 듣고, 유아의 변화된 부분에 대한 교사의 관찰내용을 부모에게 들려주고, 앞으로 노력해야 할 부분에 대해 부모와 서로 협의한다.

이야기를 충분히 나누었다는 판단이 들면, 교사는 상담내용을 요약하여 들려주고 부모가 도와줄 부분과 교사가 노력할 부분을 다시 한 번 확인한다. 이러한 과정에 따라 진행된 상담사례의 일부를 제시하면 다음과 같다.

교사: ○○ 어머니, 안녕하세요?

부모: 선생님 안녕하세요?

교사: 동생 맡기고 오시느라 힘드셨죠?

부모: 다행이 이모가 와서 봐주고 있어요.

교사: 다행이네요. ○○이가 그동안 유치원 생활을 잘 해왔는데, 어머니 생각은 어떠세요?

부모: 3월에는 안 가겠다고 해서 애도 먹었는데….

교사: ○○이가 입학한 지 벌써 2개월이 되었네요. 처음엔 적응하기 어려워했는데 성격이 활달해서 금세 친구들과도 친해졌고, 유치원에도 빨리 적응을 해서 다행이었어요.

부모: 요즈음은 거짓말을 해서 걱정이에요.

교사: 유치원에서는 거짓말하는 것을 발견한 적은 없는데, 지켜봐야겠어요. 집에서는 언제 거짓말을 하나요?

부모: 책 읽었다고 하고 놀고 나서 나중에 다시 물어보면 안 읽었다는 거예요.

교사: 그런 일이 있었군요. ○○이는 왜 그렇게 대답했을까요?

부모: 책 읽는 것보다 노는 것이 더 좋아서 그렇죠?

교사: ○○이는 책 읽는 것을 아주 싫어하나요?

부모: 왜요? 잠잘 때나 심심할 때 책 읽어 달라고 조르기도 하고, 자기 혼자 읽기도 하죠.

교사: 아마 ○○이가 책 읽는 것보다 다른 놀이하는 것이 더 좋았나 보네요. ○○이가 놀이하는 시간에는 그 놀이를 충분히 하고 나서 책을 읽도록 하면 어떨까요?

교사: ○○이는 적극적이고 활동하는 것에 대한 욕심이 많은 것은 좋은데, 친구들과 놀이할 때 놀잇감을 나눠 쓰려고 하지 않아서 다른 유아들과 갈등이 생길 때가 있어요. 이 나이의 유아들이 아직은 다른 사람에게 양보하고 나눠 쓰는 것을 어려워할 때이니까 크게 걱정할 부분은 아니지만, 다른 사람과 나눠 쓰고, 양보하고, 차례 지키는 것을 배워야 할 때예요. 혼자만 욕심 부리고 차례

를 안 지키는 아이에게 다른 유아들이 친구를 하려고 하지 않을 수 있거든요. 지금은 크게 문제가 안 될 수도 있지만 아이들의 나이가 더 많아지면 사회적 기술이 부족한 아이는 놀이집단에 끼워 주지 않으려는 경향이 있어요.

부모: 집에서도 동생하고 매일 싸워요. 장난감이라도 뺏기면 떼를 쓰고 난리를 피워서 동생 것을 빼앗아 줘야 해요.

교사: 그럴 때 어머니는 어떻게 하세요?

부모: 처음에는 말로 타이르기도 했는데, 워낙 말을 안 들으니까 이젠 화를 내게 돼요. 그러지 말아야지 하면서도 생각대로 되지 않더라고요.

교사: 말로 타이르는 것이 좋기는 한데 쉽게 안 되죠?

부모: 그러게 말이에요.

교사: 어머니가 사용해 보신 방법 중에 좋은 방법이 있었어요?

부모: 지난번에는 "동생은 네가 멋진 형이라고 생각해. 엄마도 네가 양보 잘 하는 형이라고 생각해."라고 했더니 으쓱해서는 자기 것을 다 양보하더라구요. 잠시긴 하지만….

교사: 아! 그런 방법도 있네요. 어머니도 아시다시피 어른들이 화를 내면 아이들이 당장은 듣는데, 왜 동생 것을 빼앗으면 안 되는지 이해를 못 하고 자기가 갖고 싶은 장난감을 빼앗겼다는 억울함만 가질 수 있을 거예요. 처음부터 ○○이 것과 동생 것을 명확하게 나눠주는 것도 도움이 되고, 동생 것을 갖고 싶어 할 때는 동생의 허락을 받아서 빌려 쓰는 것임을 알게 해 주세요. 네 것을 남이 가져가면 화가 나는 것처럼 동생 것도 네 마음대로 가져갔을 때 동생의 마음이 어떨지 생각해 볼 수 있도록 해 주세요. 대신 동생에게 ○○이 물건을 양보했을 때는 "너도 갖고 싶었을 텐데 동생에게 양보했구나. 동생이 정말 좋아하겠다. 멋진 걸."하고 칭찬해 주세요.

(중간 생략)

교사: 오늘 ○○이의 거짓말과 친구들하고 장난감을 양보 안 하는 문제에 대해 이야기를 나누었어요. ○○이가 거짓말을 하지 않도록 ○○이에게 선택할 수 있는 있는 기회를 주시고, 충분히 놀이한 다음에 책을 읽도록 요구하는 것이

더 좋을 것 같아요. 양보하기 문제는 당장 나아지기보다는 시간을 두고 노력해야 할 것 같아요. 가정에서는 동생하고 물건 때문에 싸움이 생겼을 때 누구 소유인지 알 수 있도록 지도해 주시고, 남의 물건을 빼앗으면 다른 사람의 기분이 나쁘다는 것을 알려주세요. 그리고 내 것을 다른 사람에게 양보하는 것도 알려 주시면 좋을 것 같아요. 유치원에서는 친구들하고 놀잇감 때문에 분쟁이 있을 때 무슨 일이 있었는지 물어보고, 싸운 유아들끼리 서로 해결할 수 있도록 하여 놀잇감 양보하기와 싸우지 않고 말로 해결하기를 지도하고자 합니다.

교사: 혹시 더 당부하고 싶은 말씀 있으세요?

부모: 앞으로 우리 ○○이 잘 부탁 드려요. 집에서도 잘 지도할게요.

교사: 저도 관심 가지고 지도할게요. 오늘 많은 말씀 들려 주셔서 감사합니다.

9

가정통신문

1. 가정으로 발송되는 문서의 종류

2. 가정통신문의 구성

3. 가정통신문 작성 시 어려운 점과 유의점

4. 가정통신문 문구 유형에 따른 작성의 실제

가정통신문은 유아의 지도와 유아교육의 성과를 높이기 위해 교사와 학부모가 빈번하게 의사소통을 할 수 있는 창구이다. 유치원에서 이루어졌던, 그리고 이루어지게 될 교육활동에 대해 가장 구체적으로 알리는 공식 문서이다. 가정통신문을 통하여 부모와 자녀가 함께 할 수 있는 활동을 제공하거나 부모에게 도움을 주는 생활지도에 관한 조언, 유치원에서 이루어지는 활동에 대한 안내와 협조 등을 전달한다(채경란, 2007). 또한 가정통신문은 부모들에게 기관의 여러 가지 사항을 알리기 위해 유치원에서 가장 많이 사용하고 있는 부모교육의 형태이기도 하다(이혜심, 1997). 가정통신문을 통해 교사와 부모가 서로 의사소통을 원활히 한다면 신뢰감이 형성되어 가정과 유치원 간의 협력적인 연계교육도 이루어질 수 있는 이점이 있다(조성미, 2006). 가정통신문은 간접적으로 부모와 대화하고, 신뢰감을 증진시키는 등 부모와의 지속적인 협력체계를 구축한다는 점에서 유용하다(이명숙, 1999). 교사와 부모 모두 가정통신문은 부모가 유아의 경험을 이해하고 도와주는 역할을 하므로 효율적이라고 인식하고 있다(고미아 · 고선옥, 2000).

가정통신문의 중요성과 필요성은 다음과 같다. 첫째는 가정통신문이 부모를 위해 작성되어 유아를 통해 가정으로 전달됨으로써 자녀교육에 있어서 부모참여의 중요성을 지속적으로 알려주는 계기가 된다. 둘째는 유치원과 가정이 연계적인 대화를 하도록 촉진시켜주는 주요매체의 역할을 한다. 유아를 바르게 이해하기 위해서는 유치원에서의 생활과 가정생활을 모두 잘 알아야 한다. 즉, 유아의 행동이 장소나 상황의 변화에도 불구하고 일관성이 있는 경우도 많으나 유치원에서의 행동과 가정에서의 행동이 전혀 일치되지 않는 경우도 있기 때문에 교사와 부모의 의사소통이 필요하다. 부모와 교사 간의 의사소통이 이루어지는 중요한 방안 중의 하나가 가정통신문의 활용이다. 가정통신문은 교사-부모의 관계를 적극적으로 발전시킬 수 있는 좋은 기회가 되며, 유아교육에 많은 도움이 된다. 교사들은 가정통신문으로 부모의 협조를 요청하고 상담을 제의하며 유아의 생활에 관한 사항을 부모에게 알리고 여러 가지 제안이나 계획을 논의할 수 있다. 셋째는 교실에서 전개되는 주요활동들을 계속적으로 부모에게 알려 가정에서 교사로서의 부모역할에 관한 지식과 기술을 제공함으로써 유아와 부모의 대화에 상호작용 능력을 촉진시킬 수 있으며, 넷째로 부모교육을 실시하는 운영상의 방법으로 경제적이라고 할 수 있다(유안진 · 김연진, 1997). 이 밖에도 유치원과의 의사소통은 교사와 부모와의 인간관계를 더 밀접하게 만든다. 그리고 교사와 부모가 인간적인 이해나 교육 신조, 생각하는 방법에 대해 이해를 하는 것은 유아에게 그대로 반영된다. 따라서 교사가 가정통신문을 통해 부모가 듣고 싶어 하는 것, 걱정스러워하거나 의문스럽게 생각하는 것에 대답할 때 교사와 부모의 신뢰감도 깊어진다(이명숙, 1999).

가정통신문은 부모에게 유치원 운영계획과 월별, 주별, 일별 교육활동과 준비물, 부모교육의 계획과 운영, 유아교육에 관한 정보 등의 제공은 물론 유치원에서의 활동 및 행사에 관한 구체적인 사항, 그리고 대다수의 부모들이 관심을 갖는 자녀지도 문제 등을 알리기 위해서도 사용된다. 또한 유치원에서 유아의 지도와 교육에 필요한 정보를 수립하기 위한 각종 질문지도 가정통신문의 한 형태가 될 수 있다. 유아들의 기본생활습관교육을 위해서 가정과의 연계 수단으로써 가정통신문을 활용한 연구도 있다(김윤환, 1992; 채경란, 2007). 가정과 연계된 부모교육용 유인물은 부모가 유아교육을 이해하는 데 도움을 주고 유아에게는 유치원과 일관된 맥락에서 부모가 상호작용할 수 있도록 도와줌으로써 유아교육의 효과를 높이는 데 중요한 영향을 미친다. 교육을 가정과의 연장선에서 실행함으로써 공감대를 형성하고 부모역할을 보다 효율적으로 할 수 있도록 돕는다(조미상, 2002).

현실적으로 가정통신문의 목적이 유치원에서 진행되는 제반 활동들을 부모들에게 단순히 알려주는 것으로만 그 기능이 제한된다면 활용도에 비해 효과가 미비할 수도 있다(김숙자, 1989; 이명숙, 1999). 그러나 이처럼 가정통신문은 유치원과 가정 간의 연계를 촉진시키는 주요 매체의 역할을 하기 때문에 부모역할에 관한 지식과 기술 제공은 물론 유아와 부모 간의 대화에 필요한 상호작용 능력을 촉진시키게 된다.

오늘날 맞벌이 부부가 많기 때문에 부모들이 유치원에서 실시하는 부모교육에 직접 참가하는 일이 쉽지 않게 되었다. 가정통신문을 통한 효율적인 성과를 성취하기 위해서는 정기적으로 발간되어야 함은 물론이며, 부모의 참여를 촉진시키기 위해서 가능하면 간결하면서도 짧게 하여 생활에 바쁜 부모들이 정확하게 읽을 수 있도록 해야 한다. 그러므로 가정통신문 작성의 핵심은 학부모가 쉽게 내용을 잘 이해할 수 있도록 글로써 명확하게 진술되어야 한다. 본 장에서는 가정통신문을 보다 잘 작성하는 방법에 대해 살펴보고, 한 페이지 내에 포함될 수 있는 여러 유형의 가정통신문 문구 예시도 제시함으로써 효과적인 가정통신문 작성을 돕고자 한다.

1 가정으로 발송되는 문서의 종류

가정통신문은 유치원과 가정에서 서로 주고받는 여러 형태의 통신문을 의미하며 유치원의 소개 책자와 같이 연간으로 발간되는 것, 유아교육이나 부모교육의 계획이나 운영을 부모들에게 전달하기 위해 월별, 주별, 매일 발행하는 것 그리고 유치원이나 부모들의 필요에 의해 수시로 발간하는 것 등 다양한 형태를 가진다(김신재, 1986). 가정에 발송되는 통신문의 종류는 연령, 발송시기, 횟수, 내용, 기관의 특성에 따라 다양하다.

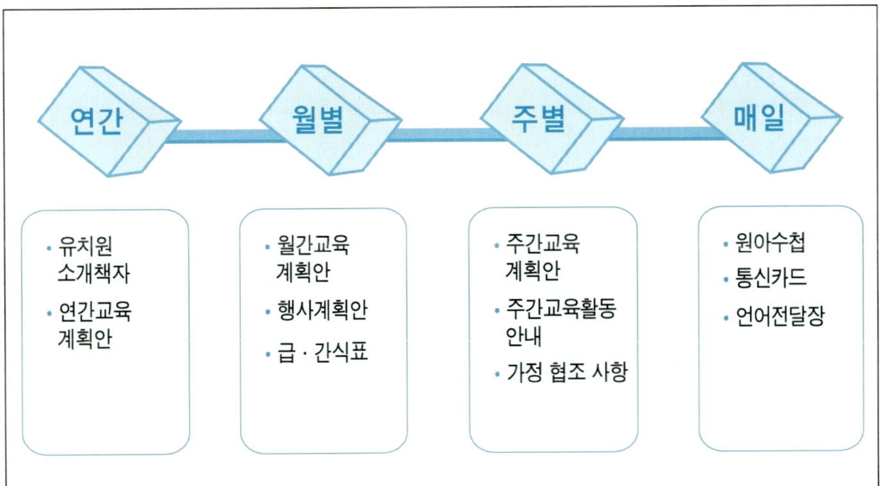

가정통신문 종류

일반적으로 가정통신문을 통해 부모들은 유치원의 행사, 부모의 참여사항, 유치원 운영에 필요한 가정협조사항 등을 알게 된다(이명숙, 1999). 가정통신문은 일주일에 한 번씩 규칙적으로 보내지기도 하고 특별한 행사나 알려야 할 내용이 있을 때 보내지기도 한다. 한편, 출석수첩에 매일의 소식을 적지 않고, 특별한 일이 있을 때 부모가 수첩에 편지를 적어서 보내면 교사가 답변하는 식으로 사용을 하거나 언어전달장의 역할을 같이 하는 기관도 있다. 올해 원아수첩을 새로 사용하기 시작한 기관에서는 아이들의 출석을 보다 확실하게 알기 위해 시행하고 있다고 한다(곽현주, 2010). 가끔 학부모들이 원아수첩에 쪽지를 많이 끼워 보내는데 확실히 가정과의 교류가 활발해진 느낌이 들고, 가정에서의 아이 생활에 대한 정보를 보다 많이 알게 되며, 학부모의 소소한 오해나 부탁사항이 부담스럽지 않고 보다 편안하게 전달되고 있다는 긍정적 견해를 보이기도 한다.

> 가정연락장의 좋은 점은 학부모님과의 친밀도를 높일 수 있다는 거예요. 유치원에서 일어나는 일을 개인적으로 알려드리면, 학부모에게 신뢰를 높일 수 있어요. 특히 낯가림이 있는 분들이나, 말로 하기 좀 애매한 점들을 가정연락장을 통해 편하게 적어주셔서 의사소통의 다른 면을 제공해요. 가정연락장에 아이의 사진을 실어주면, 아이가 잘 지내고 있다는 느낌을 받아 마음도 놓이고 기분도 좋다고 하세요(S 유치원 교사).

교사-유아 비율이 1:20 이상의 학급에서는 한 명의 담임교사가 모든 학부모에게 매일 연락장을 작성하는 일은 현실적으로 어려운 일이다. 교사들은 "원장님이 꼭 하라고 하셔서…"라며 어려움을 호소하나 기관의 방침이기에 수행할 수밖에 없는 일이다. 간혹 부모-교사 간 연락장을 통해 아이의 하루 일과에 대해 관찰한 내용을 글로 써서 보낼 때 이를 읽어보는 학부모의 입장에서는 오해를 일으킬 경우가 있을 수 있다. 기관에서 발송되는 모든 종류의 문서들은 기관의 얼굴이니만큼 기관장은 문서 종류와 내용 문구에 따른 작성요령에 대해 교육을 실시하여야 하며, 교사의 경력과 능력에 따른 지원이 필요하다.

가정연락장은 교사 입장에서 힘든 점이 여럿 있다. 글로는 의사소통의 한계가 있다. 이해하는 쪽에서 잘못 이해하면, 곤란해지기도 한다. 우리 원에서는 매주 가정연락장이 나간다. 학부모님께서는 일주일에 한 번 받아보는 것이니, 엄청 기다리는 분도 계신다. 하지만 교사는 바쁜 일상 속에서 반복되는 일들을 또 적을 수 없고 새로운 이야기를 하기에는 한계가 있다. 즉 소재거리가 없어 할 말이 없을 때 힘이 든다. 무엇보다 시간이 많이 걸린다는 점이 가장 힘들다. 매일 집에 가져가서 쓴다.

매주 가정으로 발송되는 가정통신문의 예는 다음과 같다. 일반적으로 위에서 언급한 내용이 A4 한 페이지에 골고루 포함되도록 가정통신문을 작성한다([표 9-1] 참조). 몇몇 기관에서는 주간교육계획안과 가정통신을 함께 작성하는 경우도 있다([표 9-2] 참조). 주간교육계획안 하단부에 가정통신을 연이어 짧게 작성하기도 하고, 내용이 많을 경우 뒷면까지 작성하기도 한다. 종일반의 경우, 한 주간 급간식표와 동시, 새노래 내용까지 포함시켜 작성할 수도 있다.

표 9-1 | 일반적인 가정통신문의 예

기쁨이 넘치는 사랑반에서 알려드립니다

안녕하세요? 지난주 뚝 떨어진 기온으로 인해 결석이 잦았던 한 주이기도 하여 마음이 좋지만은 않았답니다. 빨리 완쾌해서 유치원에서 함께 즐겁게 뛰어놀 수 있기를 소원하면서 더욱더 실내 · 외 환경 소독과 청소에 만전을 기울이고 있답니다. 가정에서도 충분한 수분섭취와 수면 및 환기를 철저히 해주시기를 부탁드립니다.

❀ '삐약이는 흉내쟁이' 동극을 하였어요.

'삐약이는 흉내쟁이'를 읽고 동극을 해보았습니다. 책을 읽고 나서 회상을 하는데 아이들이 등장인물들의 순서를 줄줄 이야기하며 대사까지도 이야기를 하였습니다. 매일 책을 읽는 독서습관 덕분인 것 같습니다. 처음부터 '나 ~~ 하고 싶어요' 하면서 손을 들고 역할을 정하던 친구도 있었지만 조금 쑥스러워서 힘들어하는 아이들이 있었습니다. 지난번까지도 하지 않으려는 아이들이 많았는데 이번 동극에는 모두 참여하여 즐겁게 활동을 해보았습니다.

❀ 소방안전교육-화재 대피 훈련을 했어요.

11월 10일(수)에는 ○○소방서에서 유치원을 직접 방문하시어 소방안전교육을 했습니다. 화재가 무엇인지, 불이 나면 어떻게 해야 하는지 알아본 후 실제 연기를 피어두고 비상구로 대피해보는 훈련까지 모두 마쳤습니다. 젖은 손수건으로 입과 코를 막고 배꼽 높이(60cm)까지 몸을 숙여서 비상구로 차례차례 뛰어나가는 것까지 해보았는데 아이들이 당황하지 않고 해내었습니다. 이후에도 한 달에 한 번씩 화재대피훈련을 계속 해나갈 겁니다.

❀ 사랑반 생활주제 안내

11월 15일(월)부터는 '색과 모양'을 주제로 활동할 예정입니다. '색과 모양'과 관련된 동화책, 사진, 사전, 실물자료 등의 자료를 가정에서 찾아보시고 아이들이 유치원에 이야깃거리로 가져올 수 있도록 도와주시기 바랍니다.

❀ 학기말 개별 학부모 상담

2007 개정 유치원 교육과정 5개 생활영역에 따른 발달상황 및 전반적 유치원 생활 등에 대해서 개별 학부모 상담이 11월 16일(화)~19일(금)에 있습니다. 날짜와 시간을 꼭 지켜주시기 바랍니다.

2○○○. ○○. ○○.

기관로고 ○○ 유치원장

표 9-2 **주간교육계획안과 가정통신을 함께 작성한 예**

2011년도 사랑반(만 3세 반) 3월 2주 교육계획안

생활주제						
주제						
목표						
소주제 / 활동		7일(월)	8일(화)	9일(수)	10일(목)	11일(금)
자유선택활동	쌓기놀이영역					
	역할놀이영역					
	언어영역					
	수 · 조작놀이영역					
	조형영역					
	음률영역					
	과학영역					
대 · 소집단활동	이야기 나누기					
	동화 · 동시 · 동극					
	음악					
	신체 · 게임					
	요리					
바깥놀이 활동						
기본생활습관 교육						
안전교육						
가정통신						

2 가정통신문의 구성

가정통신문은 그 내용이 체계적으로 기획되고 합리적으로 조직될 때 최대의 효과를 거둘 수 있게 된다. 따라서 효과적인 가정통신문을 구성하기 위하여 고려해야 할 것은 '무엇을 근거로 어떤 것들을 어떻게 구성할 것인가'와 관련된다. 여기서 가정통신문의 하위영역은, 가정통신문의 내용을 구성하는 요인을 의미한다. 이는 교육활동 안내, 유치원 소식 및 각종 행사 안내, 부모교육자료, 유아교육에 관한 각종 자료나 정보 안내, 공지사항 및 일상생활 정보 안내의 5개 영역으로 구성되어 있다(김신재, 1986).

현재 가정통신문은 대체적으로 거의 모든 유치원에서 활용되고 있으며, 교사와 부모 모두 부모참여 및 부모교육으로 가정통신문이 가장 효율적이라고 인식하며, 그 이유는 '가장 간편하고 손쉽게 접근할 수 있기 때문'이었다(박수악, 1998). 조성미(2006)의 조사에 따르면, 교사는 가정통신문 내용이 유치원 소식 및 각종 행사 안내, 교육활동 안내, 건강/위생/안전교육 순으로 구성되어야 한다고 응답한 반면, 학부모는 교육활동 안내, 유치원 소식 및 각종 행사 안내, 유아교육에 관한 각종 자료나 정보 안내 순으로 구성되어야 한다고 응답하였다. 여기서의 공통점은 부모와 교사 모두 유치원 소식 및 각종 행사 안내와 교육활동 안내를 가정통신문의 주요내용으로 꼽았다는 점이다.

선행연구를 토대로 추출한 가정통신문에 포함될 수 있는 내용은 다음과 같다.

표 9-3 | 선행연구를 토대로 추출한 가정통신문에 포함될 수 있는 내용

구분	가정통신문에 포함될 수 있는 내용
신학기(1회)	• 유치원의 전반적인 안내 및 교육 프로그램 소개 • 학사일정 • 어린이의 등 · 하원시간(차량이용 유아의 승 · 하차 장소와 정확한 시간, 교사 이름, 교사 핸드폰 번호), 학기초 등 · 하원시간에 대한 안내 • 유치원 생활지도(유치원에 가져오지 말아야 할 물건, 복장 등)
일반적 사항 (매주)	• 인사말(날씨, 국경일, 건강관리, 사회적으로 대두되고 있는 문젯거리, 그 주의 유치원 생활 및 행사와 관련된 인사말, 현장학습 다녀온 일) • 급 · 간식 식단표(또는 매달 발송) • 학급에서 진행되고 있는 활동과정 및 결과(생활주제 선정, 전개 과정, 수업전사와 사진을 통한 결과보고, 앞으로의 예상 진행방향, 한 주간 있었던 에피소드 등) • 주간의 행사 알림(생일잔치, 면담시간 안내) • 각 반별로 그 주에 배웠던 노래나 놀이, 그 주에 감상한 곡 제목과 작곡가 • 다음 주 활동소개
건강안전 (수시)	• 건강, 안전 관련 내용(예 환절기 감기조심, 유행하는 질병, 청결-손 씻기) • 시력검사 및 학기별 영유아건강검진
납부금 (분기)	• 교육비, 급간식비, 교재비 등의 금액 및 납부일정(CMS 권장, CMS 인출내역 안내)
현장학습 (수시)	• 현장학습에 관한 목적, 자세한 안내(견학, 소풍, 공연 등의 장소, 시간표, 준비물) • 현장학습 참가여부 절취선
부모교육 (수시)	• 학부모가 직접 참여하는 행사에 관한 안내 및 결과(오리엔테이션, 입학식, 졸업식, 부모참여수업, 어린이날 축하파티, 부모교육, 체육대회, 산타파티 등) • 학부모면담에 관한 일정 및 방법 • 자녀교육에 관한 지식이나 정보(건강관리, 어린이의 영양, 사회성, 창의성 등) • 부모교육용 짧은 글(엄마, 아빠에게 드리는 글, 좋은 시), 부모교육자료(문제행동 지도, 식습관 관리 등)
가정연계 및 협조사항 (수시)	• 가정연계활동(기본생활습관지도, 독후활동, 노래의 악보와 가사, 활동지 등) • 가정협조사항(생활주제와 관련하여 어린이가 가져올 수 있는 이야깃거리 함께 찾기, 유치원 생활 및 활동에 필요한 준비물(휴지, 물티슈, 치약, 칫솔, 비누, 양치 컵, 도시락 통, 수건 등), 유치원에서 필요한 폐품, 제출 서류, 사진과 등본(*기관에서의 용도 포함), 가정에서 도와주실 점 등) • 학부모 자원봉사 제안(현장견학 보조교사, 행사 시 활동영역교사 등)

구분	가정통신문에 포함될 수 있는 내용
기타 알림 (수시)	• 교육 실습생 안내 • 유치원 교육환경 개선에 대한 보고(신축, 개 · 보수, 안전점검, 해충점검, 수질 관리, 새로 구입한 교재 · 교구 등) • 교육의 질 향상을 위한 원내 장학 및 교사연수 • 안내(매주 월요일 저금하는 날, 각종 유아교육전, 한 달에 한 번 저축 안내) • 신청서(유아학비지원 신청서, 부모교육, 참여수업 등의 참석 여부)

3 가정통신문 작성 시 어려운 점과 유의점

부모님들이 가정통신문을 제대로 읽지 않는 경우가 많아 중요한 것, 꼭 체크해 두셔야 할 것은 색을 다르게 표시하거나 굵은 글씨로 표시하여 부모님들께서 잊지 않고 챙길 수 있도록 해야 하며 의미전달을 분명히 하는 것이 주의해야 할 점이라고 생각합니다. 가끔 말을 다르게 해석하시는 분들이 계십니다.

유치원 기관마다 가정통신문을 작성하는 담당자가 다양하였다(곽현주, 2010).

- 원장 또는 원감 혼자 작성함.
- 원감이 대부분의 내용을 작성하고 워드작업만 신입교사가 함.
- 매년 가정통신문 작성 담당교사를 정하여 작성함.
- 교사들이 돌아가면서 2~3주씩 작성, 주안만 담임교사가 작성함.

원장(원감)이 가정통신문을 작성하는 경우, 한 번도 써보지 않아서 어려운 점은 잘 모르겠다는 교사들도 많으며, '짜여진 틀에 우리 반 이야기를 매주 바꾸기 때문에 특별한 어려움은 없다' 는 교사도 있다. 그러나 일반적으로 교사들이 가정통신문을 작성할 때의 어려움으로, 내용을 간결하게 쓰기, 학부모가 이해하기 쉽게 쓰기, 인사말 쓰기, 문장을 매끄럽게 구사하기 등을 들고 있다(곽현주, 2010). 교사들이 [표 9-4]와 같은 공통적인 어려움을 보인다고 하여 원장(원감) 혼자서 작성하는 것은 바람직하지 않다. 초안 작성부터 최종 검토에 이르기까지 원장과 함께 한다면 교사들이 인식하는 어려움은 감소될 것이며 점차 가정통신문을 작성하는 능력도 향상될 것이다.

표 9-4 | 가정통신문 작성 시 교사의 어려움

구분	가정통신문 작성 시 교사의 어려움
간결성	• 간결하면서도 정확한 내용이 전달되어야 한다는 점에 약간의 어려움이 있다. • 간략하게 정리하는 점도 어렵다. • 분량조절(교육내용 작성 시 최소한의 문장으로 활동의 내용을 모두 담아내는 것이 어렵다.)
학부모 이해	• 한 주의 주제 전개 내용을 부모님이 보시기 편하게 한눈에 볼 수 있게 하고 싶은데 그게 조금 어렵다. • 특히나 어려운 내용이거나 너무 딱딱해 보이면 어머님들께서 끝까지 읽지 않는 경우가 많아서, 어려운 내용도 쉽게 읽을 수 있도록 바꾸는 과정이 어렵다. • 오해의 여지가 없도록, 이해가 쉽게 되도록 구체적으로 작성하는 것이 가장 어렵다. • 어떻게 하면 학부모님들이 핵심적인 내용을 놓치지 않고 보실 수 있을까! 내용의 포인트를 정하는 것이 어렵다. • 가정에서 글로 받아 보는 것이라 아무래도 부모님들이 보고 이해하기 쉽게 쓰는 것과 양해를 구하는 내용이 들어갈 때는 학부모님들이 읽고 이해가 갈 수 있게 글을 쓰는 것이 어렵다. • 말을 보다 부드럽게 하면서 부모님들께서 꼭 협조할 수 있도록 유도하여 말을 쓰는 것이 어렵다.
인사말	• 계절이나 주의사항에 맞는 인사말을 잘 풀어나가는 것이 어렵다. • 매주 상황에 따른 인사말을 작성하는 것이 어렵다. • 가정통신문의 처음 문을 여는 인사글을 어떻게 시작할지가 고민이 된다. • 가정통신문을 작성할 때 무턱대고 핵심내용만 덜렁 적기가 애매해서 항상 통신문의 도입부분에 인사말(날씨, 계절, 근래의 화젯거리 등)을 적는 편인데 그 도입부분을 작성하는 것이 핵심내용을 적는 것보다 시간이 더 많이 걸릴 때가 있다.
문장기술	• 육하원칙에 따른 문장기술이 어렵다. • 내용 작성 시 사용할 어휘 선택(너무 직설적 혹은 교육적인 단어사용 등)에 많은 신경이 쓰인다. • 앞뒤 문장이 매끄러운지 확인해야 하고, 오타확인, 그리고 무엇보다 잘못된 안내가 나갈 경우가 발생하기 때문에 확인 또 확인해야 한다는 점이 어렵다. • 매끄럽게 말을 만들기가 쉽지 않다. • 전달코자 하는 내용과 학부모가 이해하는 내용이 다를 때, 문맥으로 잘 표현이 안 되는 것들이 어렵다. • 일단 예쁘게 꾸미는 것도 어렵다.

구분	가정통신문 작성 시 교사의 어려움
판단의 어려움	• 교사가 파악하지 못한 유치원의 안내사항을 빠뜨릴 수 있으며, 원장님께 검사받는 과정을 여러 번씩 거쳐야 할 때가 있어 힘들다. • 말을 어떻게 해야 하나, 그리고 이런 내용을 쓰면 되는가 확신이 안 들어서 어렵다. 그래서 혼자 작성하지 않고 꼭 다른 선생님이나 원감선생님께 여쭙고 작성한다. 작성 후에 확인받는다. • 학부모님들에게 공개되어져야 하는지 여부를 판단하는 게 어렵다. • 어떤 내용이 우선시 되어야 하는지에 대한 판단이 어렵다.
지면 채우기	• 매번 다른 내용의 가정통신문을 써야 하기에 특별한 일이 없을 때 가정통신문을 쓰는 것이 제일 어렵다. • 한 주 동안 특별한 내용이 없을 경우 가정통신문의 공란을 채우는 것이 약간은 어렵다.

일반적으로 가정통신문은 학부모와 매주 정기적으로 소통하는 창구가 되므로, 다음과 같은 사항에 주의하여 작성한다면 그 효과를 높일 수 있다.

첫째, 통신문은 기관의 또 하나의 이미지이기 때문에 간결하지만 명확하게 내용을 작성해야 한다. 누가 보더라도 그 내용을 바로 이해할 수 있도록 작성한다. 가정통신문을 받는 적정 회수는 1개월을 기준으로 매주 1회가 가장 적합하며, 적정 분량은 A4 용지 한 장 이하를 선호하는 것으로 나타났다(조성미, 2006). 그러므로 두서없이 길어져 학부모가 말의 핵심을 파악하지 못하는 일이 생기지 않도록, 요점만 간단히 정리하여 작성한다. 풀어서 쓴 후에 간단명료하게 정리를 또 해주어야 한다. 여러 가지 의미로 전달되지 않도록 복잡한 내용을 간단하게 정리하여 기재하는 것이 필요하다.

둘째, 학부모가 보기에 이해가 쉽게 글을 쓰고, 눈에 잘 띄도록 작성해야 한다. 이해하기 어려운 단어나 문장으로 기술하지 않도록 유의한다. 이해하기 쉽고 간결한 문체로, 서술어가 반복되지 않게, 중요한 포인트만 잘 찍어서, 무엇보다 부모가 읽다가 귀찮지 않도록 요점만 간단히 혹은 재미있게 작성할 수도 있다.

부모들은 가정통신문을 통한 부모교육이 대체적으로 필요하며 그 효과도 매우 긍정적으로 인식하고 있었다(김유경, 2003). 직접 참여하지 않아도 되고 시간이 단축된다는 것을 장점으로 꼽았으며, 이에 반해 대부분 기억하기 어렵고 다양한 정보를 얻기 어려운 것을 단점으로 지적하였다. 가정통신문의 효용성을 높이려면 핵심적인 내용이 잘 전달될 수 있도록 적절한 강조점을 주어야 한다(예 색을 다르게 표시하기, 굵은 글씨로 표기하기). 가정통신문이 나가도 그 안에 있는 내용을 다시 물어보려고 전화를 걸어오는 학부모들이 있기 때문이다. 학부모가 한눈에 볼 수 있도록(보고 싶도록) 편집하는 것이 필요하다.

셋째, 기술적인 면에서 보았을 때 가정통신문을 읽고 싶도록 작성하는 것이 중요하다. 간혹 대충 읽거나 전혀 읽지 않는 학부모들도 있는데, 누구나 쉽게 읽을 수 있고 중요한 내용을 기억할 수 있도록 작성하는 것이 좋다(사진을 첨부하거나 예쁜 그림을 넣거나, 글이 너무 많지 않게, 글씨가 너무 작지 않게, 중요한 내용은 글씨체와 색, 이미지를 적절히 배치한다.).

넷째, 전문성이 보이는 어휘와 문장을 사용하도록 한다. 그 주의 대표적인 수업들이 잘 실릴 수 있도록 알차게 내용을 구성한다. 각 문항을 쓸 때 그 활동의 취지와 결과를 일목요연하게 표현하는 것이 중요하다. 이때 많은 이모티콘(예 ^*^, ㅠㅠ, ㅋㅋ)이나 컴퓨터 줄임말을 활용해서 장난스럽게 작성하는 일(예 '어머님들 킹왕짱!!')이 없도록 유의한다.

다섯째, 기본적인 문장구성, 문법이나 맞춤법, 띄어쓰기에 맞게 유의해서 작성한다. 변화된 표준어를 기억하여 기입한다. 사소한 부분이라고 여길 수도 있겠지만 오타 또는 어미나 어휘의 잘못된 사용, 띄어쓰기 등을 잘 살펴보고 여러 번 검토 후 부모에게 전달되어야 한다. 그러려면 가정통신문이 가정에 발송되기 이틀 전에 완성되어야 재차 확인할 시간적 여유가 있다.

여섯째, 정확한 내용을 전달하도록 한다. 잘못된 정보가 들어가지 않도록 주의해야 한다. 길게 쓰는 것보다 꼭 필요한 내용이 눈에 들어오게 하는 것이 중요하다. 행사 일시나 장소, 날짜, 금액, 시간 등을 착오 없이 적도록 한다.

일곱째, 그 주에 이루어졌던 다양한 행사, 앞으로 예정하고 있는 행사 안내뿐만 아니라 원에서 유아들의 안전을 위해 노력하고 있는 것들에 대한 안내도 제공한다. 이때 아이들의 활동사진을 실을 경우 모두가 같은 횟수로 공평하게 실릴 수 있도록 주의한다.

여덟째, 다음 주에 행사가 있다면 행사에 대한 안내가 자세하게 언급되어야 하고, 유행하는 질병이 있다면 미리 안내하여 예방할 수 있도록 하는 것도 중요하다. 행사가 있을 경우에는 적어도 일주일 또는 이주일 전에 공지한다.

아홉째, 연령별, 반별로 약간 구분을 하여 작성하는 것이 필요하다(예 우리반 이야기).

4 가정통신문 문구 유형에 따른 작성의 실제

가정통신문 문구를 작성하는 일은 좋은 글을 쓰는 것과 같은 맥락이다. 가정통신문으로 많은 학부모들의 공감과 이해, 신뢰를 이끌어내야 하므로 정확하고 분명한 어휘의 선택과 함께 원활한 흐름의 문장구성력이 요구된다. 누구나 보고 이해할 수 있는 문장력과 글로 의미를 정확하게 전달할 수 있는 방법을 익히는 일이 필요하다.

그러므로 부족하더라도 자꾸 가정통신문을 써봐야 작성기술이 향상된다. 또한 가정통신문을 보다 잘 작성하기 위해서는 가정통신문 예시를 많이 살펴보는 것도 하나의 방법이 될 수 있다.

다음은 가정통신문을 구성하는 문구유형별 작성의 실제 예이다. 이 모든 내용들을 가정통신문에 한꺼번에 기술하는 것이 아니라, 연령과 상황에 알맞은 인사말을 시작으로 중요한 순서대로 내용을 배열하여 A4 용지 1장에 담기도록 작성한다.

1) 인사말

가정통신문의 첫 번째에 해당하는 문구이다. 학기초 환영인사, 학기말 감사인사, 날씨변화, 질병 및 건강관리, 국경일, 명절, 앞으로 기대되는 유치원 행사 등의 내용을 부드러운 문체로 작성한다.

(1) 학기초와 학기말

> 안녕하십니까? 자녀가 ○○유치원에 입(재)학하게 된 것을 기쁘게 생각합니다. 유아들이 즐겁고 행복한 시간들을 보낼 수 있도록 최선을 다하겠습니다.

어린이들이 유치원에서 돌아오면 무엇을 했는지, 누구랑 놀았는지 꼬치꼬치 질문하기보다는 포근하게 안아주고 격려해 주시어 새 생활에 대한 긴장감을 빨리 풀 수 있도록 도와주십시오. 우리 아이들은 새로운 친구, 새로운 환경에 적응하기 위해 나름대로 많은 노력을 하며 보냈습니다. 많은 칭찬과 격려를 해주세요.

(2) 계절 및 날씨

환절기의 큰 기온 차와 건조한 공기로 인해 감기에 걸린 어린이들이 많이 있습니다. 얇은 겉옷을 입혀 기온 차에 따른 체온 조절을 도와주시고, 특히 일기예보에 관심을 가져주시어 황사 발생 정보가 있을 시에는 외출을 삼가시고 등원 시에도 마스크(어린이의 이름 표기)를 착용할 수 있도록 지도해주시기 바랍니다.

날씨가 더워지면서 어린이들이 유치원에서 생활하는 동안 땀을 많이 흘립니다. 유치원에서 집으로 돌아간 후에는 몸을 깨끗이 씻어 청결한 습관을 기르도록 하며 또한 고른 영양섭취와 적당한 휴식을 함으로써 어린이들이 건강한 여름을 맞이할 수 있도록 도와주시기 바랍니다.

(3) 질병 및 건강관리

요즈음 수족구가 유행하여 걱정스러운 가운데 있사오니, 어린이들의 건강에 각별히 유의하여 주시고 외출 후 손, 발, 얼굴 등을 깨끗이 씻어 건강을 유지할 수 있도록 도와주시기 바랍니다. 아울러 몸이 아플 때는 가정에서 편안히 휴식할 수 있도록 하여 주시기 바랍니다.

최근 중국을 비롯한 동남아 지역에서 수족구병이 유행하고 있으며, 국내에도 수족구병으로 인한 사망자가 발생하는 등 수족구병의 유행이 우려되고 있습니다. 수족구병은 전염력이 강하고 백신이나 치료제가 개발되지 않아 예방이 최선의 방법입니다.

- 증상: 발열, 발진, 구강 내 물집
- 예방: 손 씻기(식사 전후, 배변 후, 외출 후), 끓인 물 마시기, 외출 후 양치질하기

2) 학급에서의 활동 안내 및 결과보고

매주 가정통신문을 통해 학급에서의 활동 진행과정이 구체적으로 설명되어야 한다. 이때 활동과정에서의 유아들의 대화를 전사해도 좋고, 유아들의 활동결과물을 실을 수도 있다. 이때 활동장면이 담긴 사진을 포함시키면 효과적이다.

생활주제를 하면서 아이들과 함께 이야기 해본 동시와 새노래 가사입니다. 함께 감상해 주세요.

〈봄〉

봄이 된 걸 어떻게 알았니? 팔랑팔랑 나비가 나니까
봄이 된 걸 어떻게 알았니? 살랑살랑 봄바람이 부니까
봄이 된 걸 어떻게 알았니? 파릇파릇 새싹이 돋으니까

〈햇볕〉

햇볕은 고와요. 하얀 햇볕은 나뭇잎에 들어가서 초록이 되고, 봉우리에 들어가서 꽃빛이 되고, 열매 속에 들어가서 빨강이 되~요.

〈봄바람〉

바람이 아기처럼 잔디밭을 기어간다.
바람이 아기처럼 꽃나무를 흔든다.
바람이 아기처럼 모자를 벗겨간다.
바람이 아기처럼 할아버지 수염을 만져본다.

3) 현장(체험)학습 안내 및 결과보고

학부모에게 일정과 준비물만을 소개할 것이 아니라 그 곳으로 계획하게 된 목적과 기대효과에 대해 글로 충분히 설명해야 한다. 중요부분에 글자색과 밑줄을 사용하여 강조하면 효과적이다.

[봄소풍 안내]

따뜻한 봄날을 맞이하여 4월 27일(월)은 아이들이 좋아하는 동물들을 실제로 보면서 온몸으로 봄의 날씨를 느껴보고자 ○○으로 봄 소풍을 갑니다. 아래의 신청서를 4월 21일(화)까지 유치원으로 보내주시기 바랍니다.

1) **일　시:** 4월 27일(월) 9:30~16:00
2) **장　소:** ○○
3) **준비물:** 간단한 도시락, 물, 음료수, 간식, 돗자리, 물수건

종류	비고
도시락	먹을 수 있는 양만큼만 싸 주세요.
물	꼭 보내주세요(※ 음료수는 달아서 물을 많이 찾습니다).
음료	뚜껑이 있는 통으로 된 것을 보내주세요.
	뚜껑이 이중으로 된 것은 속 뚜껑을 일단 개봉한 후 다시 뚜껑을 닫아 보내주세요.
	※ 팩 우유나 요구르트, 캔 음료수는 보내지 말아주세요.
간식	봉지를 개봉하여 뚜껑 있는 통에 넣어 주세요(유아기부터 환경보호가 생활화될 수 있도록 일회용품의 사용을 자제합니다). 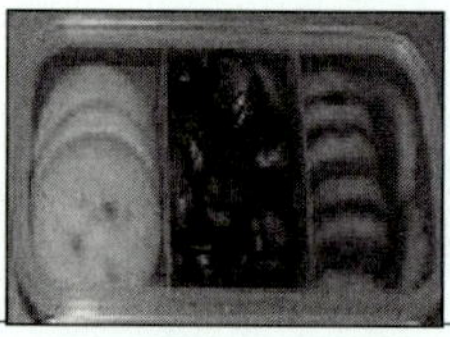 
	※ 껌이나 사탕, 초콜릿 등은 가져오지 않습니다.
돗자리	가방에 들어가는 크기로 보내주세요.

봄소풍 참가 신청서

반:　　　　이름:

참가합니다	불참합니다

4) 학부모 면담 안내

[학기초 학부모 개별 면담 안내]

23일(화)~26일(금)은 학기초 학부모 교육상담기간입니다. 학기초 교사가 관찰한 유아의 발달 상황을 학부모님과 나누고, 학부모님은 유아의 성장과정과 가정에서의 유아의 생활이나 성격, 생육과정 등에 대한 정보를 교사와 함께 나누는 시간입니다. 유아를 지도할 때 고려할 점, 담임교사나 유치원에 요구하는 점 등을 메모해 오셔서 자세히 말씀해주세요. 개인 면담 시간은 20분이며 1:1로 이루어지는 상담이므로, 뒤에 기다리는 분들을 위하여 면담 시간은 꼭 지켜주시기 바랍니다.

※ 아래의 상담시간이 어려운 학부모님께서는 담임선생님께 전화주시기 바랍니다.

이름	상담일시	
	월 일( )	시 분

5) 교사연수 안내 및 결과보고

유치원이 교육의 질을 높이기 위하여 실시한 원내 장학과 교사 연수에 참가한 내용을 싣는다.

[수업장학]

6월 30일(화)에는 수업개선을 도모하고자 원장님 이하 교사들이 로테이션으로 수업을 참관하여 평가해보는 수업장학을 했습니다. 믿음반은 공룡들이 쿵쿵쿵(동시), 소망반은 우리 동네에는(이야기 나누기), 사랑반은 공을 굴려요(게임) 수업을 진행한 후 평가를 통해서 더 나은 수업의 질과 교육적 방향에 대하여 논의하였습니다. 알찬 수업, 좋은 유치원으로 더욱 발전하기 위해 ○○유치원 선생님들은 열심히 연구하고 있습니다.

[‘공정무역(FAIR TRADE)’ 유아경제교육 교사연수참여]

지난 주말에 원장님과 선생님들이 ‘공정무역’을 주제로 한 한국영유아교원교육학회 연수에 다녀왔습니다. 우리 아이들이 앞으로 ‘착한 생산과 소비’를 할 수 있는 공정한 사회 일원으로 성장하도록 지도하겠습니다.

6) 가정협조 및 연계

가정에서 어떤 연계 교육이 이루어져야 하는지, 학부모가 자녀에게 어떻게 해야 하는지, 어떤 준비물을 보내야 하는지를 구체적으로 안내해주어야 한다.

[차량 유의사항]

학기초 기간에는 버스 승 · 하차 시간이 다소 지연될 수 있사오니 이 점 양해해 주시기 바랍니다. 뒤에 타는 유아들을 생각하여 지정된 시각보다 5분 정도 일찍 나와 기다려 주시면 감사하겠습니다. 학기초에 정해진 하차 장소는 유아들의 안전과 원활한 차량지도를 위하여 변경하지 말아주십시오. 차량을 이용하는 어린이들은 차량 시간을 꼭 지켜주시기 바라며 어린이들이 본받을 수 있도록 차량 기사님, 선생님께 인사하는 모습을 보여주시고 차량교사를 통해 문의하는 것은 삼가주시기 바랍니다.

[가정의 물건 소지 금지]

요즈음 어린이들이 유치원에 올 때 불필요한 것들을 가져와 불편을 겪고 수업에 방해가 되는 경우가 빈번히 발생하고 있습니다. 유치원 등원 시 껌, 사탕, 젤리, 캐러멜 등의 간식류나 스티커, 장난감, 장난감 반지, 인형, 캐릭터 카드 등 장난감을 가져오지 않도록 협조해 주시기 바랍니다. 또한, 귀금속 목걸이, 팔찌, 시계 등 귀중품을 소지할 경우 활동에 방해될 뿐 아니라, 분실의 위험도 많으니 착용하지 않도록 주의해 주시기 바랍니다.

[투약 의뢰 안내]

요즈음 감기 등 각종 바이러스 감염으로 인해 고생하는 어린이들이 많이 있습니다. 이로 인해 유치원에서 약을 먹이게 될 경우가 있는데 이럴 때는 반드시 별도의 용기에 1회분을 용량에 맞게 담아 용법과 함께 보내주셔서 약의 오용으로 인한 부작용이 생기지 않도록 도와주시기 바랍니다.

[건강 및 위생]

어린이들이 다른 어린이들을 할퀴어 상처를 내는 경우가 종종 있습니다. 학부모님께서는 어린이의 손톱을 수시로 확인하고, 짧게 깎아 주셔서 어린이들이 청결한 생활을 할 뿐 아니라 서로 피해가 없도록 도와주시기 바랍니다.

[편안한 복장]

- 등원할 때 이름표를 가슴에 부착하여 주시기 바랍니다.
- 활동과 용변이 편안한 옷으로 입혀 주시고, 신고 벗기 편한 신발을 신겨 주세요.
- 모든 소지품에는 반드시 이름을 적어 주시기 바랍니다.

※ 여벌옷(팬티, 양말, 내의, 겉옷 등)을 지퍼 백에 넣어 보내주세요.

※ 칫솔은 손잡이에 입체 장식이 없는 유아용 칫솔로 보내주십시오.

[재활용품을 보내주세요!]

역할놀이를 할 수 있는 물품이나 미술영역에 놓을 재활용품이 있으시면 손질하여 보내주시기 바랍니다. 어린이들의 교육 자료로 잘 활용하겠습니다.(예 엄마나 아빠가 사용했던 가방, 신발, 액세서리, 모자, 화장품 통, 단추, 다양한 병뚜껑, 플라스틱 약병, 호일 및 휴지 속대, 조개껍질, 스티로폼 그릇, 깡통, 자연물 등)

※ 깨끗이 세척하여 말린 후 보내주시면 감사하겠습니다.

7) 서류 제출 및 교육비 납부 안내

제출 기한이 언제까지인지 밝히며, 절취선 부분을 잘라서 다시 유치원에 송부하도록 한다.

> [영유아 건강검진 안내]
> 유치원에 다니는 모든 어린이들은 1년에 1회 이상 반드시 건강검진을 하도록 되어 있습니다. 국민건강보험공단에서 실시하는 '영유아 건강검진 안내문'을 인포맵 공지사항에 올려놓았습니다. 내용을 확인하시고 우리 아이들이 건강검진을 모두 받을 수 있도록 해주시기 바랍니다.

> [재원 신청 안내]
> 2011학년도 재취원 여부를 파악하고자 하오니 만 4세 반 어린이는 별첨하는 재취원 희망서를 작성하시어 18일(수)까지 보내주시기 바랍니다. 신입생 원서접수일 전에 재원 여부를 파악하여 신입생 입학전형계획에 반영하고자 하오니 기일 내에 제출하여 주시면 감사하겠습니다.

> [2분기 교육비 납부 고지서]
> 2분기(6, 7, 8월) 교육비 고지서와 수혜성 경비 고지서를 보냅니다. 계좌번호를 확인하신 후 30일까지 납부하여 주시기 바랍니다.

8) 앞으로의 일정 안내

[수료식 안내]

2월 10일(목)에는 사랑, 소망반 수료식이 있습니다. 모두 모여 1년 동안 지냈던 일들을 회상하고 감사한 마음을 전하는 시간을 갖습니다. 우리 아이들의 작품집을 가정으로 보내드립니다. 칭찬해주시고 아이들의 결과물을 소중하게 다루어주는 모습을 보여주시길 부탁드립니다.

[졸업식 안내]

2월 11일(금)에는 제○○회 졸업식이 있습니다. 졸업을 맞이한 아이들과 학부모님들께서는 모두 참석하시어 새로운 출발을 위해 떠나는 우리 아이들에게 많은 격려와 박수를 보내주시기 바랍니다.

※ 이 날은 믿음반만 등원합니다. 식이 시작되기 5분 전까지는 도착해주시기 바랍니다.

- 일시: 2011년 2월 11일(금) 오전 10시 30분
- 장소: ○○유치원 믿음반 교실

9) 부모교육 자료

학부모의 관심사나 사회적으로 이슈화된 사항, 유아기의 중요성, 자녀 발달에 대한 지식, 양육 태도 및 기술, 기본생활습관, 먹거리, 놀이의 중요성, 친구, 창의성, 성교육, 초등학교 준비 등을 중심으로 정보나 지식을 간단 명료하게 제시하면 효과적이다.

[단호하게 가르쳐 주세요]

엄마아빠! 내가 떼를 쓰거나 우는 방법으로 원하는 모든 것을 갖게 하지 마세요. 내가 바라는 모든 것은 저절로 얻어지는 것이 아니며 경우에 따라 참고 기다려야 하는 경험을 어릴 때부터 배우게 도와주세요. 엄마아빠! 내가 쓸데없는 고집을 피울 때는 단호하게 가르쳐주세요.

○○ 유치원 어린이 드림

[아빠와의 유대관계]

성장기 전반을 통하여 아버지라는 존재가 자녀의 성장에 미치는 영향이 크다는 것을 알면서도, 연구에 의하면 아버지가 아이와 상호작용하는 시간은 하루에 평균 37초밖에 되지 않는다고 보고되고 있다. 그러나 데리고 놀아 주고, 함께 이야기하는 것만이 아버지와 유대관계를 돈독하게 해 주는 유일한 방법은 아니다.

어느 학자가 자기 아들의 유치원 교실을 참관한 것을 그의 저서에서 소개한 적이 있다. 한 아이가 "우리 아빠는 의사야, 돈을 많이 벌어."라고 말하자, 다른 아이가 "우리 아빠는 변호사야, 대통령하고도 얘기해" 하였다. 이때, 저자의 아들이 그들을 바라보던 자신을 가리키며 "우리 아빠는 지금 여기에 있어."라고 하였다. 물론, 자랑스럽고 의기에 찬 표정이었던 것은 말할 것도 없었다. 자녀가 있는 그 자리에 함께 하도록 노력한다면 자녀에겐 대단한 힘이 될 것이다. 그리고 자녀와의 유대관계가 더욱 의미 있어질 것이다.

10

유치원 행사

1. 유치원 행사절차

2. 유치원 행사 진행의 실제

유치원 행사는 다양하다. 교사의 입장에서는 행사가 많으면 힘들다. 그렇다면 행사가 없으면 좋은 건가? 꼭 해야 하는 행사가 있는 반면 불필요한 행사도 있을 수 있다. 그러므로 유치원에서는 각각의 행사 목적을 공고히 해야 한다. 생활주제 진행에 도움을 주기 위함인가? 유치원과 교육과정에 대한 이해를 돕기 위함인가? 학부모로 하여금 자녀가 유치원에서 교사 또는 친구들과 어떻게 생활하고 있는지 이해를 돕기 위함인가? 부모-자녀 관계를 돈독히 하기 위함인가? 자녀 양육 또는 발달에 대한 도움을 주기 위함인가? 등 목적을 분명히 한 후 행사세부계획을 세워야 한다.

각 유치원마다 학기초에 기관 프로그램과의 적합성, 교직원 · 유아의 가정환경 · 지역사회 여건, 학부모 요구도, 경비, 거리, 생활주제, 유아연령, 소요시간 등을 고려하여 연간행사일정을 계획한다. 본 장에서는 각 기관에서 일반적으로 많이 실시하는 행사를 중심으로 계획에서부터 평가에 이르기까지 자세히 다루고자 한다.

1 유치원 행사절차

일반적으로 신입생 오리엔테이션 전에 모든 교직원이 함께 모여 학사일정을 작성하면서 연간행사계획도 수립한다. 이때 지난해 행사평가 기록을 참고한다. 재원생의 경우 3년에 걸쳐 똑같은 방식의 행사를 경험하게 할 수 없는 일이므로 격년으로 계획할 수도 있으며, 반복해도 되는 행사는 매번 계획할 수도 있다. 다음 [표 10-1]은 연간행사계획표의 예이다.

표 10-1 유치원 연간행사계획표의 예

월	행사 및 견학 내용	월	행사 및 견학 내용
3	• 입학식 • 부모교육 • 학기초 학부모 상담 • 3월 생일잔치	9	• 민속박물관 견학 • 소방안전체험교육(1차) • 농촌 체험학습 • 9월 생일잔치
4	• 씨앗 심기 • 교통안전교육(1차) • 4월 생일잔치 • 성교육 및 인형극(굿네이버스)	10	• 송편 빚기 • 전통예절교육 • 아빠 참여수업 • 인형극 관람 • 10월 생일잔치 • 어린이도서관 견학
5	• 어린이날 잔치 • 봄 현장학습 • 엄마 참여수업 • 5월 생일잔치	11	• 교통안전교육(3차) • 김장 담그기 • 부모교육 • 학기말 학부모 상담 • 11월 생일잔치
6	• 교통안전교육(2차) • 유괴예방교육(한국생활안전연합) • 갯벌체험 • 6월 생일잔치	12	• 신입 원아모집 • 소방안전체험교육(2차) • 초등학교준비 관련 부모교육 • 12월 생일잔치 • 산타잔치 및 겨울방학식
7~8	• 물놀이 • 7월 생일잔치 • 여름 방학식 • 개학식 • 8월 생일잔치	1~2	• 개학식 • 초등학교 선배 초대 • 1, 2월 생일잔치 • 종업식 및 졸업식 • 신입 원아/학부모 오리엔테이션

행사계획에서부터 평가에 이르기까지 전체 교직원이 협력을 해야 한다. 행사의 성격상 준비기간이 짧은 것도 있지만 최소한 한 달 정도의 준비기간을 필요로 하는 행사도 있다. 그러므로 아이디어 회의, 계획, 자료 준비 및 제작, 예약, 사전답사, 사후평가 및 협의록 작성 등을 거쳐야 하므로 역할분담은 필수적이다. 이때 학기초에

원감이나 부장교사, 또는 교사 중 한 명이 행사를 담당하도록 업무분장을 하여 아이디어 수집, 현장학습 장소 물색, 담당자와의 연락, 초빙인사 연락, 예약과 문의 등을 담당하면 행사 진행이 효율적이다. 다음의 [표 10-2]는 유치원 행사의 일반적 절차이다. 이와 더불어 절차 중 필요한 서식을 함께 제시하고자 한다.

표 10-2 | 유치원 행사절차

아이디어 회의 및 계획	• 연간행사계획표를 토대로 행사 전에 전체 교직원이 모여 구체적인 아이디어 회의를 실시 • 행사담당 교사가 사전에 조사한 아이디어를 제안 • 구체적인 행사일정, 준비일정 수립
역할분담	• 준비사항에 따른 역할분담 ※ 현장학습지, 담당자와의 연락은 행사담당교사가 전담
자료 준비 및 제작	• 행사에 필요한 자료 구입, 제작 ※ 유아가 준비(예 어버이날 선물, 카드 등)하는 것이라면 기간을 충분히 둠
사전답사	• 코스 설정, 소요시간, 점심식사 장소, 대집단 활동 공간 등을 고려하여 사전답사 ※ 현장학습이나 원외 행사(예 숲체험)를 실시할 장소일 경우 사전답사는 필수
행사 전 점검	• 행사 세부 계획표를 보며 일정 확인([표 10-3]) • 각자의 역할 확인 • 행사 자료준비, 세팅 점검 ※ 현장학습지, 초빙인사 등과의 확인 전화 ※ 행사 전 리허설을 하면 실수를 최소화할 수 있음. 행사 및 현장학습시 사전 분담한 역할에 따라 진행
평가 및 협의록 작성	• 학부모를 대상으로 실시한 행사의 경우, 종료와 동시에 평가지를 배부하여 작성하도록 함([표 10-4]) • 행사를 마친 후 전체 교사가 모여 평가 실시 • 행사협의록을 작성하여 파일링해 둠([표 10-5])

표 10-3 행사 세부 계획표의 예-갯벌 체험

시간 및 활동명	내용	준비사항	교사 역할
등원 (~9:50)	• 각 반에서 가방 확인 및 이름표 확인 • 등원하는 대로 화장실 다녀오기	• 소지품에 이름 써 줄 네임펜, 각 반 약품, 카메라 • 부교사와 서무: 차량 도착하자마자 짐 싣기	• 부교사: 차량지도 시 받은 음식들 확인해서 담임교사에게 꼭 알려주기 • 서무: 경비 챙기기, 갯벌 가서 직접 지불해야 함. 비상금. 늦은 아이 연락 • 도우미: 물, 상비약, 돗자리 등 준비되어 있는 것을 차에 모두 실어 놓기
버스 타기 및 출발 (9:50~10:00)	• 버스에 탑승하자마자 안전벨트 및 인원 체크	• 아이들 비상연락망 목걸이	• 가방은 다리 밑에 놓을 수 있도록 지도 • 자리에 앉혀서 안전벨트 꼭 확인하기
어촌 도착 (~12:00)	• 동요 노래 틀어주기, 건강 체크하기 • 버스 멈추고 안전벨트 풀고 한 줄로 서기	• 동요 CD, 검은 비닐봉지, 물티슈 • 오후 간식은 자리에 놓고 내릴 것	
점심 (~13:00)	• 돗자리 펴서 점심 먹기 • 가방 모아서 정리 ※ 교사도 복장 바꿔 입기	• 비닐봉지(쓰레기 버릴 것), 물, 양말, 선크림, 모자 • 갯벌 주인에게 전화연락하기	• 점심지도하기 • 선크림 발라주기(부교사: 사랑반/믿음반, 도우미: 소망반
오후 자유 활동 (~13:30)	• 모래사장(그늘)으로 이동한다. • 모래사장에서 뛰어다니기, 모래놀이 • 공놀이하기	• 오후 간식, 가방, 돗자리, 공 • 이동 전 오후 간식을 약간 먹이기	• 담임: 물 1병씩 • 부교사: 돗자리, 약품, 비닐봉지
갯벌로 이동 (~14:00)	• 트랙터 앞으로 이동하여 모인다. • 가방을 탈의실에 벗어 놓는다. • 긴 양말 신기, 트랙터 승차 준비 • 갯벌로 이동한다. • 조심해서 타고 내린다.	• 모자 착용, 선크림 • 사진기, 삽	• 갯벌에서 나온 후 씻기 편하도록 탈의실에 가방을 둔다. • 어촌에 체험비 지불 및 영수증 받기 • 선크림 발라주기(부교사, 도우미)

시간 및 활동명	내용	준비사항	교사 역할
갯벌 활동하기 (~15:20)	• 갯벌에서 활동하기 • 조개, 게 등 잡아서 각자 통에 모아 놓기 ※ 갯벌 활동 사진촬영	• 신발 벗어서 모으기 • 뻘에 빠진 아이가 있는지 관찰하기 • 사진기, 지퍼 백	
뭍으로 이동 (~15:35)	• 조심해서 뭍으로 이동하기 • 인원 체크하기	• 지퍼 백	• 도우미: 갯벌에서 잡은 것을 지퍼 백에 넣어 버스에 옮겨 싣기
샤워 및 옷 갈아입기 (~16:10)	• 5명씩 불러서 씻기고 옷 갈아입히기(부스 두 개로 나누든지 아니면 한 부스에서 다 해결하기) • 5세→3, 4세 순서로	• 옷 벗기고 정리하기, 씻기기, 물 닦기, 옷 입히기 • 샤워 타월, 수건, 비닐(갯벌 체험옷 비닐에 넣기)	• 도우미, 부교사: 옷 벗기고 갯벌 옷 정리하기 • 3,4세 담임: 씻기기 • 5세 담임, 원장님: 물 닦기, 옷 입히기
버스 탑승 및 출발 (~16:20)	• 모래 털고 승차 • 물수건으로 닦기 • 오후 간식 먹기 • 버스에 타서 안전벨트 하기 및 인원 체크하기	• 휴식용 잔잔한 음악	• 버스 타기 전 화장실 다녀오게 하기
이동 및 도착 (~18:30)	• 도착하기 전에 깨우기, 갯벌체험 회상하기 • 내일 공지사항	• 마이크, 가져갔던 물건 모두 내리기	• 버스 내 쓰레기 수합
사전 준비사항	• 얼음물 10개, 비상약품(소독약, 면봉, 밴드, 상처약, 뿌리는 파스, 화상연고, 벌레물린 데 바르는 약 등), 수건, 수건 얼려 놓은 것(4개), 휴지, 물티슈, 비닐봉지(구토, 아이들 옷, 쓰레기), 선크림, 공, 돗자리, 이름 표기한 지퍼 백(유아 인원 수에 맞추기)		
교사 개인 준비사항	• 샤워타월, 교사용 여벌 옷(개인적으로 챙겨올 것), 챙이 넓은 모자, 양말		

표 10-4 | 행사 직후 학부모 평가지의 예

2○○○학년도 아빠와 함께 떠나는 기차 여행 평가서

반:　　　　　　이름:

오늘 아이들과 함께 재미있게 보내셨는지요? 오늘 아빠와 함께 떠나는 기차 여행에 대한 아버님의 의견을 듣고자 합니다. 작성해 주신 내용은 내년 학부모 참여 활동계획에 반영토록 하겠습니다.

1. 아빠와 함께 떠나는 기차 여행 활동이 만족스러우셨습니까?
   ① 매우 그렇다.　② 보통이다.　③ 그렇지 않다.
2. 오늘 활동이 자녀와의 친밀감 형성에 도움이 되셨습니까?
   ① 매우 그렇다.　② 보통이다.　③ 그렇지 않다.
3. 아빠와 함께 떠나는 기차 여행 활동 장소는 적절하다고 생각하십니까?
   ① 매우 그렇다.　② 보통이다.　③ 그렇지 않다.
4. 아빠와 함께 떠나는 기차 여행 활동 시간은 괜찮으셨습니까?
   ① 매우 그렇다.　② 보통이다.　③ 그렇지 않다.
5. 아빠와 함께 떠나는 기차 여행 활동 중 가장 좋았던 활동은 무엇입니까?
   ① 기차 안에서 손놀이　② 자전거 여행　③ 왕관 만들기
   ④ 폭포 다녀오기　⑤ 레크리에이션
6. 내년 학부모 참여 활동으로 적절하다고 생각하는 활동은 무엇입니까? 다음 행사로 어떤 것을 제일 해보고 싶으십니까?
   ① 기차여행　② 가족 운동회　③ 가족 숲 체험
   ④ 갯벌 탐사　⑤ 기타(　　)
7. 아빠와 함께 떠나는 기차 여행 활동에 대한 소감과 제안하고 싶은 점을 자유롭게 적어주십시오.

작성해 주셔서 감사합니다.

2○○○. ○○. ○○.

기관로고　○○ 유치원

표 10-5 | 행사관련 교사 협의록의 예

<table>
<tr><td rowspan="2">행사명</td><td rowspan="2">학부모 오리엔테이션</td><td rowspan="2">일시</td><td colspan="2">2010년 2월 23일(화)</td></tr>
<tr><td colspan="2">오전 10시 30분~12시 20분</td></tr>
<tr><td>목표</td><td colspan="4">• 학부모들의 유치원과 교육과정에 대한 이해를 돕는다.
• 학부모와의 만남을 가진다.</td></tr>
<tr><td>준비사항</td><td colspan="4">교실 내 행사 세팅(의자, 대형 TV 또는 빔, PPT 자료, 음료대), 유치원 원가 악보, 여러 가지 서류 준비(서류 봉투 위에 아이 이름 써 놓기/반별로 분류), 슬리퍼, 음악 CD</td></tr>
<tr><td>시간 및 활동명</td><td colspan="3">활동내용</td><td>준비물</td></tr>
<tr><td>학부모
오리엔테이션
(10:30~12:00)</td><td colspan="3">• 학부모님들과 인사를 한다.
• 서류봉투와 유아 이름표를 배부한다.
• 유치원 원가를 배운다.
• 원장님과 인사를 한다.
• PPT 자료를 통해 유치원 교육과정과 학사일정에 대한 안내를 받는다.
• 공지사항을 알린다(입학식, 제출 서류).
• 차량 운행 신청서를 작성한다.
• 유치원 가방을 배부한다.
 </td><td>• 안전동의서, 입학식 안내문, 차량운행 신청서, 1기분 교육비 납부 안내서, 가방, 원아이름표, 유치원 교육과정 PPT, 슬리퍼</td></tr>
<tr><td>행사 평가</td><td colspan="3">① 오리엔테이션 일자를 SMS로 공지하여 참여도를 높였다.
② 오리엔테이션용 PPT 자료를 학사일정에 따라 제작하니 학부모들이 이해하기에 수월하였다.
③ 유치원 교육과정 소개 시 실물도 함께 준비한다.
④ 유아의 이름표와 가방을 부모님 편으로 보내 적응기간 첫날에 이름표를 부착하고 오도록 했다.
⑤ 행사 세팅된 사진도 찍고, 행사진행 사진도 찍었다.
⑥ 학기초 준비기간은 최소한 1주일은 필요하다.
⑦ 유치원 홈페이지를 업데이트해야 한다.
⑧ 신입 학부모 오리엔테이션을 오후 2~4시에 해도 좋겠다.</td><td></td></tr>
</table>

2 유치원 행사 진행의 실제

행사의 성격에 따라 월, 학기, 해마다 해당시기에 실시하기도 하나, 격년으로 실시하는 행사도 있다. 예를 들면, 생일파티는 생일 당일에 잔치를 하는 유치원도 있으나 일반적으로 매월 마지막 주에 생일을 맞은 유아들을 모아서 파티를 한다. 이때 모든 반과 함께 또는 같은 연령 반끼리 함께 모여 축하해주기도 한다. 대다수의 유치원에서 실시하는 행사들을 중심으로 목적, 준비물, 소요시간, 내용 및 순서, 유의점 등을 자세히 기술하면 다음과 같다.

1) 신입원아 학부모 오리엔테이션

활동목표

- 신입원아 학부모의 유치원 교육, 유치원 교육과정, 유치원 하루 일과에 대한 이해를 도우며, 신입원아의 원활한 적응을 돕기 위함이다.

준 비 물

- 세팅(의자, 유치원 교육과정 PPT 자료, 음료대), 슬리퍼, 유치원 원가 악보, 서류봉투(안전동의서, 입학식 안내문, 차량운행 신청서, 1기분 교육비 납부 안내서), 가방, 원아 이름표, 펜, 음악 CD

소요시간

- 2시간

내용 및 순서

① 학부모님들과 인사하기

② 유치원 원가 배우기

③ PPT 자료를 보며 유치원 교육과정 및 하루 일과, 행사 소개(원장)하기

④ 입학 전 기본 생활습관지도 안내(원장)하기

⑤ 공지사항(원감 또는 부장교사)

- 서류작성방법(안전동의서, 차량 신청서), 입학식, 무상교육지원비신청, 건강검진방법, 등록금납부 등을 공지

비 고

- 신입원아 학부모 오리엔테이션에 가능한 유아를 동반하지 않도록 양해를 구한다. 행사 진행 중 유아를 돌볼 여유인력이 있을 경우엔 한 교실에 모아 돌볼 수 있다.
- 오리엔테이션용 유치원 교육과정 PPT 자료를 제작할 때 유의할 점은 삽입될 사진 속에 재원생의 출현빈도수를 비슷하게 맞추는 것이다.

2) 유아 오리엔테이션

활동목표

◆ 입학 전 각 반 교사와 유아들 간의 친밀감 형성과 신학기 원활한 적응을 돕기 위함이다.

소요시간

◆ 1시간 30분~2시간

준 비 물

◆ 각 반 세팅, 차 세팅, 슬리퍼, 유치원 운영계획서, 음악 CD

내용 및 순서

① 선생님들과 인사하기

담임교사와 유아	원장과 부모
• 자신의 신발장과 사물함 확인하기 • 신발과 옷을 정리하고 교실에 가기 • 자기 소개하기 • 유치원 원가 배우기 • 친구들과 인사하고 자유선택활동하기 • 간식 먹기 • 노래 부르기 • 동화 듣기 • 바르게 인사하는 방법 알아보기 • 담임교사와 인사하고 현관으로 나가기	• 학부모교육 –유아기의 중요성 –기본생활습관지도 –놀이의 중요성 –연령별 연간교육계획 –가정에서의 협조 –질의응답

② 유치원 현관에서 부모님 만나서 귀가하기

비 고

- 유아 오리엔테이션은 연령별로 나누어서 시간대 또는 요일을 달리하여 2~3회로 진행하는 것이 효과적이다(예 오전과 오후, 화/수요일 오전과 오후).
- 각 반에서 담임교사와 유아가 처음 만나서 이름을 알아보고 자유선택활동을 하면서 친밀감을 형성하는 동안, 원장과 해당 연령에 관련되는 내용을 학부모와 간담회 형식으로 자유롭게 대화를 나눌 수 있다.

3) 입학식

활동목표

◆ 전체 원아와 학부모가 함께 모인 자리에서 공식적인 유치원 생활의 시작을 알리는 식을 거행하는 데 있다.

소요시간

◆ 1시간 30분

준 비 물

◆ 의자, 입학식 현수막(실내), 식순지, 음악 CD, 서류, 슬리퍼, 가정통신문

내용 및 순서

① 유치원에 도착하여 선생님과 인사하기

② 의자에 바르게 앉기

③ 입학식(원감 또는 부장교사)

- 개회사, 국민의례, 연혁보고, 원장님 말씀, 교직원 소개, 원가제창, 폐회사

담임교사와 유아	원장과 부모
• 교실로 이동하여 축하 인형극 관람 • 오늘 하루 지낸 일을 평가하기 • 선생님과 인사하고 현관으로 나가기	• 학부모 교육 -교사에 대한 예우 갖추기 -자녀와의 바람직한 상호작용 방법

④ 유치원 현관에서 부모님 만나서 귀가하기

비 고

- 입학식 당일 입학축하기념으로 인형극을 관람하게 하면 효과적이다. 입학식 축하선물로 솜사탕을 만들어 주기도 한다.
- 유아들이 교실로 이동하여 인형극을 관람하는 동안, 원장은 오리엔테이션 때와 겹치지 않는 내용으로 학부모 교육을 실시한다.
- 각 반에서 교사와 귀가 인사할 때 첫 가정통신문을 배부할 수 있다.

4) 학기초 학부모 상담

활동목표

◆ 학부모가 담임교사에게 일 년간 유아를 교육할 때 고려해야 할 사항, 유치원에 대한 요구사항 등 대화를 나눔으로써 지도의 방향을 수립하고, 학부모와의 신뢰를 구축하기 위함이다.

소요시간

◆ 학부모 1인당 20분

준 비 물

◆ 면담시간표, 각 반 면담책상(학부모가 문을 등지고 앉게 세팅), 차 세팅, 면담일지, 대기 중인 부모용 책자, 슬리퍼, 음악 CD

내용 및 순서

① 학부모와 인사하기

② 약속된 시간이 될 때까지 대기 장소에서 기다리기

③ 각 반 교실에서 담임교사와 면담하기

④ 귀가하기

비　고

- 면담시간표는 직장 여부, 까다로움 정도, 집과의 거리, 신입 · 재원생, 동생 여부 등을 고려하여 작성한다. 면담 2주 전에 가정통신문으로 알린 후 재조정하여 면담시간을 확정한다.

표 10-6 | 면담시간표 예

시간	17일(화)	18일(수)	19일(목)	20일(금)
3:00~3:20	송민준(소망) 김연송(믿음)	유서연(사랑) 박주은(믿음)	이 진(사랑) 손혜성(믿음)	김치성(믿음) 주 영(소망)
3:20~3:40	김시윤(사랑) 신민석(믿음)	김경미(소망) 이진호(믿음)	박채린(믿음) 구나연(사랑)	김치형(사랑) 조승우(소망)
3:40~4:00	김희민(믿음) 이원상(사랑)	정영미(소망) 서세준(사랑)	권서연(소망) 안지호(믿음)	신재원(사랑) 안 디(소망)

- 연령별로 면담일자를 달리하여 실시하면 교사 간 도움을 줄 수 있다. 즉 면담 중인 교사를 제외한 나머지 교사들이 면담을 위한 물리적 환경을 구성하고, 다른 반 학부모를 현관에서 맞이하고 면담이 끝난 후 귀가인사를 하는 역할을 담당한다. 유치원 전체에 대한 긍정적 이미지 형성에 도움이 된다.
- 학기초와 학기말 학부모 면담일지 양식이 다르다. 학기초는 학부모로부터 사전조사한 내용에 기초하여 면담이 이루어진다면, 학기말은 5개 생활영역에 따른 교사의 평가를 토대로 실시된다. 면담 전에 일지를 자세히 기록하고, 학부모 요구사항 칸만 비워두어 면담 중에 기록한다.
- 2학기말 학부모 상담 시 1년간 유아들이 활동했던 작품, 사진과 평가지를 중심으로 향상된 바를 자세히 보고해야 하므로 면담시간을 30분으로 늘인다.
- 7월에 학부모 상담을 추가시키기도 한다. 담임교사와 더 의사소통하길 원하는 학부모의 요구를 충족시킬 수 있고, 2학기 교육과정 운영과 원아관리에 효과적이다.

표 10-7 | 학기초 학부모 면담일지 양식 예

<table>
<tr><td>이름</td><td colspan="4"></td></tr>
<tr><td>생년월일</td><td colspan="2"></td><td>면담일시</td><td>년 월 일(시 분)</td></tr>
<tr><td rowspan="20">사전조사 및 관찰내용</td><td colspan="2">가족관계</td><td colspan="2"></td></tr>
<tr><td colspan="2">입학 전 경력</td><td colspan="2"></td></tr>
<tr><td colspan="2">성격</td><td colspan="2"></td></tr>
<tr><td colspan="2">즐기는 놀이</td><td colspan="2"></td></tr>
<tr><td colspan="2">좋아하는 음식</td><td colspan="2"></td></tr>
<tr><td colspan="2">싫어하는 음식</td><td colspan="2"></td></tr>
<tr><td colspan="2">주양육자</td><td colspan="2"></td></tr>
<tr><td colspan="2">또래관계</td><td colspan="2"></td></tr>
<tr><td colspan="2">대화</td><td colspan="2"></td></tr>
<tr><td colspan="2">글자</td><td colspan="2"></td></tr>
<tr><td colspan="2">숫자</td><td colspan="2"></td></tr>
<tr><td colspan="2">TV 시청</td><td colspan="2"></td></tr>
<tr><td colspan="2">가정에서의 문제행동 지도</td><td colspan="2"></td></tr>
<tr><td colspan="2">교사가 고려할 점</td><td colspan="2"></td></tr>
<tr><td colspan="2">교육적 희망사항</td><td colspan="2"></td></tr>
<tr><td colspan="2">기본생활습관 및 기타</td><td colspan="2"></td></tr>
<tr><td rowspan="4">교사 관찰</td><td>에피소드</td><td colspan="2"></td></tr>
<tr><td>언어</td><td colspan="2"></td></tr>
<tr><td>칭찬할 점</td><td colspan="2"></td></tr>
<tr><td>가정연계사항</td><td colspan="2"></td></tr>
<tr><td>면담 시 학부모 요구사항</td><td colspan="4"></td></tr>
</table>

표 10-8 | 학기말 학부모 면담일지 양식 예

<table>
<tr><td>이름</td><td colspan="3"></td></tr>
<tr><td>생년월일</td><td></td><td>면담일시</td><td>년 월 일(시 분)</td></tr>
<tr><td>1학기 면담내용 요약</td><td colspan="3"></td></tr>
<tr><td rowspan="5">생활영역에 따른 평가</td><td>건강</td><td colspan="2"></td></tr>
<tr><td>사회</td><td colspan="2"></td></tr>
<tr><td>표현</td><td colspan="2"></td></tr>
<tr><td>언어</td><td colspan="2"></td></tr>
<tr><td>탐구</td><td colspan="2"></td></tr>
<tr><td>면담 시 학부모 요구사항</td><td colspan="3"></td></tr>
</table>

5) 생일잔치

활동목표

◆ 생일 맞은 친구를 다양한 방법으로 축하해 주기 위함이다.

소요시간

◆ 30분~1시간

준 비 물

◆ 케이크, 음료수, 생일카드, 고깔모자, 목걸이, 유치원 선물

내용 및 순서

① 생일 맞은 유아가 준비된 책상 앞으로 나와 앉기

② 친구들이 만들어준 고깔모자 쓰기와 목걸이 걸기

③ 생일축하 노래 부르기

④ 다양한 방법으로 축하해주기(노래 부르기, 수수께끼 내기, 닭싸움, 팔씨름, 안아주기, 뽀뽀해주기, 마차 태워주기 등)

⑤ 모두 함께 준비한 생일카드와 유치원 선물 주기

⑥ 생일축하 기념사진 찍기

⑦ 생일축하 음식 먹기

비 고

- 매달 마지막 주에 해당 월에 생일을 맞은 유아들을 모아서 잔치를 한다.
- 생일 맞은 유아의 부모가 생일축하 메시지를 적은 '생일축하도서'를 받아서 읽어주면 유아들에게 감동을 줄 수 있다.

6) 봄 소풍

활동목표

◆ 야외로 나가 계절의 변화를 느끼며 심신의 조화로운 발달을 돕기 위함이다.

소요시간

◆ 6시간

준 비 물

◆ 휴지, 물티슈, 비상약품, 유아들 명단 및 연락처, 카메라, 얼음물, 수건, 돗자리, 선크림, 쓰레기 봉투

내용 및 순서

시간 및 활동명	활동내용	준비물 및 비고
등원 (~10:00)	• 등원하여 선생님과 친구들과 인사를 한다. • 신발, 옷, 가방을 정리하고 자유선택활동을 한다. • 이름표를 단다. • 하루를 계획하며 이야기한다.	• 각 소지품에 이름 꼭 기입하기 • 휴지, 물티슈, 비상약품, 유아들 명단 및 연락처, 카메라, 얼음물, 수건, 돗자리, 선크림, 쓰레기 봉투
준비 및 인원 점검 (~10:20)	• 신발과 가방을 챙겨 나갈 준비를 한다. • 짝꿍과 손을 잡고 줄을 선다. • 버스가 있는 곳으로 이동한다. • 버스에 타고 안전벨트를 맨다.	• 각자 가방 꼭 챙기기 • 가방은 발밑에, 안전벨트 꼭!
버스 이동 및 도착 (10:20~11:20)	• 버스에 타서 가족공원으로 이동한다. • 버스에서 안전벨트를 푼 후, 가방을 들고 안전하게 내린다. • 차에서 내려 짝꿍과 함께 줄을 선다.	
이동 및 짐 정리 (11:20~11:35)	• 가족공원 안으로 이동한다. • 자신이 가져온 돗자리를 편다. • 신발을 벗고 가방을 정리한다.	• 돗자리, 물, 수건, 비닐, 비상약품

<table>
<tr><th>시간 및 활동명</th><th>활동내용</th><th>준비물 및 비고</th></tr>
<tr><td rowspan="4">가족공원 활동
(11:35~14:20)</td><td>〈점심〉
• 도시락을 준비한다.
• 점심기도 후 점심을 먹는다.
• 점심을 먹은 후 정리한다.</td><td>• 돗자리 펴고 앉아서 도시락 먹고 정리하기
• 음식이 남은 도시락은 한 곳에 모으기</td></tr>
<tr><td>〈물놀이〉
• 물총, 물 분수대에 가서 물놀이를 한다.
• 옷을 갈아입는다.</td><td>• 가방 속 옷 갈아입히기, 수건</td></tr>
<tr><td>〈놀이터〉
• 놀이터로 이동하여 재미있게 놀이를 한다.</td><td>• 물, 수건, 비상약품</td></tr>
<tr><td>〈산책활동〉
• 산책로를 따라서 산책활동을 한다.</td><td>• 물, 수건, 비상약품</td></tr>
<tr><td>정리 및 출발
(14:20~14:30)</td><td>• 자리를 정리한다.
• 화장실에 다녀온다.
• 가방을 메고 버스가 있는 곳으로 이동한다.
• 버스에 앉아 안전벨트를 맨다.</td><td>• 인원 확인 후 출발하기
• 화장실 다녀올 수 있게 하기</td></tr>
<tr><td>이동 및 도착
(14:30~15:30)</td><td>• 유치원으로 이동한다.
• 버스 안에서 오늘 있었던 일을 회상한다.
• 유치원에 도착하여 안전벨트를 푼다.
• 가방을 멘다.</td><td>• 마이크, 간식</td></tr>
<tr><td>귀가
(15:30~)</td><td>• 차에서 한 명씩 내린다.
• 부모님을 만나 선생님과 인사하고 귀가한다.</td><td></td></tr>
</table>

비 고

• 가을소풍도 위와 같은 시간대로 계획하여 진행할 수 있다. 계절에 알맞게 농촌 체험지를 검색해봐도 좋다.

7) 어린이날 잔치

활동목표

◆ 어린이날을 맞아 선생님과 엄마가 함께 놀이 활동을 준비하여 유아들을 축하해주고 유아들이 행복감을 갖게 하기 위함이다.

소요시간

◆ 5시간

준 비 물

◆ 케이크, 활동 목걸이, 스티커, 음식, 각종 놀잇감

내용 및 순서

시간 및 활동명	활동내용	준비물 및 비고
등원 및 일과계획 (9:00~10:20)	• 자유선택활동을 한다. • 하루 일과를 계획한다. • 함께 모여 케이크로 어린이날을 축하한다.	• 케이크, 촛불, 활동 목걸이, 스티커
엄마 인형극 공연 (10:20~10:50)	• 학부모의 인형극을 관람한다('누가 내 머리에 똥 쌌어?').	• 인형극 소품, 대본, 피아노
뷔페파티 (10:50~12:00)	• 반별로 나와서 음식을 골라서 개인접시에 담는다. • 자리에 앉아서 음식을 먹는다. • 자리를 정리한 후, 물양치를 한다.	• 가정에서 준비하여 보내준 음식, 식판, 집게
로테이션 활동 (12:00~13:30)	• 유치원 실내외 곳곳에 설치된 놀이영역에서 놀이한다. –물풍선 터트리기, 장신구 만들기, 솜사탕 만들기, 인라인/킥보드/전동차/자전거 타기, 훌라후프/줄넘기, 미장원 놀이, 페이스페인팅, 요술풍선, 음식코너 등. • 선택한 영역에서 놀이를 마친 유아는 자원봉사 학부모에게 스티커를 받아 활동 목걸이에 붙인다.	• 각 활동 세팅(어머님 의자, 책상, 삼각대) • 놀잇감
귀가지도 (13:30~14:00)	• 활동 목걸이를 보면서 하루를 회상한다. • 어린이날 선물을 받아서 가방에 넣는다.	• 스티커, 어린이날 선물

비 고

- 어린이날 잔치는 학부모 자원봉사자를 참여시켜 진행하면 더욱 풍성하다. 2주 전에 가정통신문을 통해 학부모 자원봉사 신청서를 배부한다.
- 인형극에 자원한 학부모가 인형극을 공연하게 하려면 사전에 대본, 의상, 소품은 유치원에서 준비하고, 당일 학부모들이 유치원에 모여서 미리 대본 연습을 하도록 돕는다.
- 교사–유아들로만 이루어진 파티 또는 학부모 자원봉사자를 참여시킨 파티 방식으로 격년마다 변화를 주어 진행할 수 있다.

표 10-9 | 학부모 자원봉사 신청서의 예시

어린이날 기념잔치

5월 2일(금)은 어린이날을 축하하며 뷔페파티와 즐거운 놀이를 할 예정입니다. 아이들이 즐거운 시간을 보낼 수 있도록 도움을 주실 수 있는 학부모님께서는 아래 표에 기재하시어 4월 21일(월)까지 아이들 편에 보내주시기 바랍니다.

※ 음식의 종류에는 밥류, 떡, 빵, 케이크, 닭튀김, 꼬치, 음료, 과일, 쿠키 등을 자세히 써주세요.

학부모 자원봉사 신청서

반: 이름:

인형극	솜사탕 만들기	미용실 놀이	장신구 만들기	사진사	바깥놀이	음식종류

8) 엄마 참여수업

활동목표

◆ 자녀가 유아교육기관에서 어떻게 생활하는지 자연스럽게 관찰을 하는 기회를 학부모에게 제공하며, 아이가 엄마와 함께 유치원에서 놀이를 하면서 부모-자녀 간 친밀감을 증진하는 데 목적이 있다.

소요시간

◆ 3시간

준 비 물

◆ 놀이계획표, 역할놀이 소품, 음식, 신체활동 도구, 각 놀이영역 놀잇감, 학부모 평가지

내용 및 순서

시간 및 활동명	활동내용	준비물 및 비고
등원 (~10:00)		• 잔잔한 음악, 놀이계획표
자유선택놀이 및 정리하기 (~12:00)	① 조형(믿음반) • 엄마와 커플목걸이 만들기 -폐품으로 만들기 • 밀가루점토로 모양 찍기	• 병뚜껑, 목걸이 줄, 여러 가지 펜, 색 밀가루점토, 밀대, 모양찍기 틀 • 활동방법을 쓴 코팅 삼각대
	② 역할(사랑반) • 병원놀이	• 병원놀이 환경구성 및 놀잇감(산부인과, 이비인후과, 소아과, 치과)
	③ 블록(사랑반) • 우리 집 만들기	• 유니트블록, 종이벽돌, 나무블록, 카프라
	④ 과학(소망반) • 여러 가지 관찰을 해요	• 여러 가지 새싹, 동물, 곤충 등, 루페, 활동방법을 쓴 코팅 삼각대

시간 및 활동명	활동내용	준비물 및 비고
자유선택놀이 및 정리하기 (~12:00)	⑤ 수조작(소망반) • 화폐교구, 가족교구, 바느질하기	• 워크숍 교구 확인 • 모양코팅용지, 털실, 돗바늘 • 활동방법을 쓴 코팅 삼각대
	⑥ 언어(각 반) • 엄마와 함께 책 보기 및 빌리기 • 삼행시 짓기	• 도서대출카드, 날짜도장, 연필 • 엄마 이름으로 지은 삼행시 벽면 게시 • 삼행시 적을 종이 및 필기도구 • 접착 테이프(엄마가 직접 전시)
	⑦ 음률(믿음반) • 악기 연주	
	⑧ 요리(믿음반) • 여러 가지 고물 주먹밥 만들기 • 잔치국수 먹기	• 여러 가지 고물(김, 파슬리, 계란 노른자 등) • 주먹밥, 물수건, 접시 • 잔치국수(열무국수) • 활동방법을 쓴 코팅 삼각대
	⑨ 바깥놀이 페이스페인팅 • 캐치볼, 훌라후프, 페이스페인팅 물감, 붓, 물통 • 캐치볼 벽면 구성, 훌라후프	• 모래놀이 도구
	신체활동 사랑반 (10:30~10:50) 소망반 (11:00~11:20) 믿음반 (11:30~11:50) • 기본신체활동: 집게손, 스트레칭, 관절 돌리기, 박쥐 뛰기 • 율동: 뽀로로, 바라밤 • 활동: 파라슈트	• 파라슈트, 카세트
노래선물 준비 믿음반 및 소망반 (~12:30)	• 각 담임교사가 유아들을 각 반 교실로 이동 • 엄마들은 유희실로 이동 • 원장님-학부모와의 대화(유치원에서 이렇게 지내요)	• 의자 세팅, PPT 자료 • 아이들 노래선물 순서대로 유희실로 보냄
엄마 노래 선물 믿음반 (~12:50)	• 얼굴 찌푸리지 말아요(사랑반) • 참 좋은 말(소망반) • 우리 어머니(믿음반) – '엄마와 함께, 사랑'(모두)	• 반주: OO 선생님 • 사랑반 노래 부를 때 소망반에서 기다리기 • 노래 부르고 엄마 앞에 서기
귀가 현관에 나와 인사 (~13:00)	• 인사 • 행사 평가서 작성 안내 및 제출 공지	• 잔잔한 음악 • 행사 평가서

비 고

- 아빠 참여수업도 위와 같이 원내에서 진행할 수 있다. 또는 엄마와 아빠를 모두 유치원에 초대하여 참여수업을 진행할 수도 있다. 이때 미니 운동회를 계획하여 가족모둠별로 간단하게 할 수 있는 신체활동게임을 포함시키면 더욱 흥미롭다.
- 요즘의 다양한 가족구성을 볼 때 가족단위의 행사를 계획하는 것도 좋다. 그 예로 '숲 해설가와 함께 하는 가족숲체험'을 추천하고자 한다. 관내 구청에 문의하면 코스 선정과 숲 해설가 배정에 도움을 받을 수 있다.
- 아빠-자녀만을 대상으로 '아빠와 떠나는 여행'을 계획해볼 수 있다. 기차여행, 갯벌체험, 농촌체험, 등산 등을 할 수 있는 장소를 선택하는 것도 좋다.

9) 산타잔치

활동목표

◆ 크리스마스의 의미와 유래를 살펴보며 즐겁게 크리스마스 파티를 한다.

소요시간

◆ 2시간

준 비 물

◆ 산타 할아버지 등장 음악, 선물, 악보

내용 및 순서

① 캐럴을 부르며 산타 할아버지 기다리기

② 산타 할아버지와 인사 나누고 캐럴 부르기

③ 산타 할아버지에게 한 명씩 선물을 받으며, 산타 할아버지의 당부말씀을 들은 후 지킬 것을 약속하기

④ 산타 할아버지에게 노래 선물하기

⑤ 산타 할아버지와 끝인사 하기

비 고

- 선물은 파티 2주 전에 학부모가 가정에서 준비하여 유치원에 보내도록 한다. 유아 몰래 부모로부터 선물을 건네받아야 하므로 사전에 한자를 활용한 가정통신문을 발송하여 상세히 안내를 한다.

> [크리스마스 행사]
>
> Christmas 행사날 Santa Claus가 어린이에게 직접 膳物을 傳達합니다. 학부모님들께서는 膳物을 준비하셔서 12월 18일~19일에 유치원으로 보내주시기 바랍니다.
>
> ① 膳物은 보관상 이틀 동안 모으려고 하오니 협조하여 주시기 바랍니다.
>
> ② 膳物크기: 20×30cm 이하. 특정 百貨店의 포장지는 삼가주시고, 作動이 되거나 소리가 나는 선물은 소리가 나지 않도록 주의해주시기 바랍니다.
>
> ③ 유의사항: 어린이 편에 선물을 보내는 것을 삼가 주시기 바랍니다.
>
> ④ 어린이의 長·短點을 한두 가지 memo한 post-it 종이를 겉포장에 붙여서 보내주시기 바랍니다.

- 오후 4~6시에 산타잔치를 하게 되면, 귀가 때 바깥이 어둑해진 가운데 트리의 불빛으로 인하여 크리스마스 분위기를 더 느끼게 하는 장점이 있다.
- 산타잔치를 할 때 점심식사는 각 가정에서 음식 한 가지씩을 제공받아 뷔페파티로 진행하면 파티의 흥을 돋울 수 있다.

10) 졸업식

활동목표

◆ 졸업하는 유아들이 여러 사람들로부터 축하받고, 교사와 친구들과 마지막 인사를 나눌 수 있는 졸업식을 거행하는 데 목적을 둔다.

소요시간

◆ 1시간 30분

준 비 물

◆ 졸업증서, 의자 세팅, 졸업식 현수막, 태극기, '국기에 대한 맹세' 녹음 파일, 악보, 졸업식 식순지, 졸업가운과 학사모, 졸업선물, 사진기, 슬리퍼, 동영상 PPT

내용 및 순서

① 유치원에 도착하여 선생님과 인사하기

② 다른 교실에서 졸업가운과 학사모를 착용하기

③ 졸업식

- 졸업생 입장, 개회사, 국민의례 및 애국가 제창, 원장님 축사, 졸업증서 및 상장 수여, 나눔의 시간(부모님, 선생님, 친구들에게 하고 싶은 말), 졸업가 및 원가 제창, 폐회사, 공지사항

④ 원장님으로부터 졸업증서와 졸업선물을 한 명씩 차례대로 받은 후, 담임교사와의 개별인사를 위해 다른 교실로 이동하기

⑤ 가족, 교사들과 기념사진을 촬영한 후 개별 귀가하기

비 고

- 졸업식 시작 전과 끝난 직후 동생 반들이 졸업반에게(졸업반이 부모님과 선생님, 동생 반에게) 한마디 남긴 동영상을 계속 재생시킨다. 이 동영상은 졸업식 며칠 전에 개별적으로 촬영하여 편집한다.

11

기관 내 교직원 관계

1. 효율적인 인간관계 형성

2. 자기평가의 이해

1 효율적인 인간관계 형성

유아교사들이 교직 생활에서 어려워하는 부분은 아이들을 가르치는 것이 아니라 가르치는 것 이외의 업무와 교직원 간의 갈등인 경우가 많다. 아이들과 있을 때는 행복하지만 동료교사, 기관장, 직원들 사이에서 발생하는 업무분장과 인간적 갈등 때문에 어려움을 겪는다. 따라서 교사들이 직무에 만족을 느끼고 직무 스트레스를 받지 않으면서 적극적으로 교육을 수행하고 이직 의도를 줄이기 위해서는 바람직한 유아교육기관의 조직문화가 필요하다(Grimmett & Crehan, 1992).

교사가 자신이 속한 조직에 대해 우호적인 관계, 협조적인 분위기, 친근감 등의 긍정적인 요소를 느끼는 경우, 서열의식, 엄격한 보고, 관련절차나 규칙 등이 강조되는 위계문화로 인식하는 경우보다 상대적으로 스트레스 수준이 낮고 대처방식도 적극적이고 긍정적으로 나타난다(석은조 · 신성철, 2008). 따라서 교사가 보다 긍정적이고 적극적인 방향으로 직무 역할을 수행할 수 있도록 교사 자신의 건강한 마인드와 바람직한 조직문화 풍토의 조성이 필요하다.

1) 효율적인 업무분장

초 · 중등학교와 같이 규모가 큰 교육조직의 경우에는 각 과제를 분담할 수 있는 조직적인 체계를 어느 정도 갖추고 있어 각자의 책임에 따라 과제를 수행하지만 규모가 상대적으로 작은 유치원이나 어린이집은 교육과 사무, 재정 관리 측면들이 초 · 중등교육기관과 같이 모두 고려되어야 함에도 불구하고, 조직 체계에 따른 역할이 명확하지 않아 과제 수행 시 갈등과 어려움을 겪고 있다(박은혜, 2006).

적은 수의 교사가 많은 양의 업무를 수행해야 하는 과정에서 업무분장이 효과적으로 되지 않는다면 조직 내의 교직원들을 힘겨운 시간들을 보내야 할 것이다. 업무분장은 공평하지만 효율적으로 이루어져야 한다. 공평하다는 것은 모든 사람이 똑같은 양의 일을 해야 한다는 것을 의미하지는 않는다. 업무의 양에는 다소 차이가 있더라도 각자의 강점과 약점에 따라 가장 잘 할 수 있는 업무를 해결하도록 하는 것이 업무 효율성과 직무 만족도를 높일 수 있다.

이를 위해서는 각 교직원의 업무상의 강점과 약점, 교직원 간의 친밀도를 파악하는 것이 먼저 선행되어야 할 것이다.

(1) 개인에 대한 이해

조직문화 안에서 내가 잘 적응하기 위해서는 조직문화의 특징을 이해하는 것과 더불어 '나를 아는 것'이 필요하다. 그리고 잘 알기 위해서 가장 좋은 방법은 나를 잘 관찰하는 것이다. 매일 나는 무엇을 하며 지내는지, 나의 몸이 가장 피곤할 때와 가장 개운할 때, 내 기분이 좋을 때와 나쁠 때는 언제인지, 내가 좋아하거나 싫어하는 사람, 사물, 일, 날씨, 표정, 맛, 냄새 등 나에 대한 사소한 것 하나하나를 주의 깊게 알아가면서 총체적으로 나를 정의해보자. 그런 다음에 나를 가장 효율적으로 관리할 수 있는 실제적인 방법과 계획을 세울 수 있을 것이다. 나를 발견하기 위한 방법 중의 하나로 반성적 저널 쓰기를 제안해보고자 한다.

아래의 [표 11-2]를 이용해서 하루 동안 내가 했던 일들을 생각나는 대로 모두 적어본다. 그리고 각 활동별로 그 일을 할 때 나의 감정은 어땠는지, 그 일에 대한 업무 효율성은 어땠는지 5점 척도로 점수를 주고, 그 일에 있어서 나의 역할은 무엇이었는지를 기록한다. 이 과정을 통해 내가 선호하는 일과 잘 하는 일, 어떤 역할을 수행할 때 만족을 느끼는지를 알 수 있다. 이러한 저널의 결과 분석을 통하여 내가 힘들어하고 싫어하는 일보다는 내가 잘 하고 좋아하는 일을 선택하고, 나만의 업무 스타일을 만들어 나가는 것이 교사 생활을 하는 데 있어서 매우 중요하다.

아래 [표 11-1] 저널의 주인공은 업무에 소요되는 시간이나 노동의 양과는 상관없이 도서실 정리를 할 때 가장 기쁨을 느끼고 있으며, 10여 분이 걸리는 공문처리를 힘들어하고 있는 것을 알 수 있다. 이와 같은 나의 업무 스타일에 대한 파악은 유치원에서 업무를 나눌 때 내가 선택하면 좋을 것, 성공할 수 있는 것들을 결정할 수 있도록 한다.

표 11-1 반성적 저널의 예시

2○○○년 ○○월 ○○일

활동	감정	효율성	나의 역할	종합평가
출근길에 라디오 듣기	★★★★☆	★★★☆☆	라디오 청취자	• 요즘 차를 구입해서 출근길에 라디오를 듣는 것이 너무 즐겁다. 하지만 출근길에 버스 안에서 하루 업무를 머릿속으로 계획하던 시간이 없어져 아침에 일을 시작할 때 어수선한 느낌이 든다. 출근 후 오늘 할 일을 기록한 다음, 교실에 올라가야겠다.
아이들 머리 빗겨주기	★★☆☆☆	★★☆☆☆	머리 빗겨 주는 사람	• 근린공원으로 도토리를 주우러 다녀온 후 여자아이들의 머리가 많이 헝클어져 있었다. 머리를 다시 빗겨주었으나 "우리 엄마가 해 준거랑 다르네." "○○ 선생님은 예쁘게 묶어주시는데."라며 별로 마음에 들어 하지 않았다. • 나는 어렸을 때부터 늘 짧은 머리였기 때문에 머리를 예쁘게 못 묶는 것 같다. 아이들도 썩 마음에 들어 하지 않는 것 같아 머쓱했다. 앞으로 머리 정돈하는 것은 ○○ 선생님께 부탁해야겠다.
공문 정리	★★☆☆☆	★☆☆☆☆	서류 정리자	• 주임선생님이 안 계셔서 교육청 공문을 내가 처리했다. 공문번호를 찾고 순서에 맞추어 정리하고 공문목록을 정리했다. 처음 해보는 일이라 익숙하지 않은 것도 있었지만, 난 내가 숫자나 순서 짓기와는 정말 친하지 않은 사람이라는 것을 알았다. 단 2분이면 처리할 일을 이 사람 저 사람에게 물어가며 처리하는 데 10분도 넘게 걸렸다. '크게 중요하지 않은 일에 이렇게 신경을 써야 하나?'라는 의문이 밀려왔다.
도서실 정리	★★★★★	★★★★☆	사서	• 교재·교구를 정리하는 김에 거의 10년이 넘도록 정리하지 않은 도서실의 도서를 모두 목록화 하기로 하였다. 정리하다 보니 이런 저런 동화책이 700권이 넘었다. 아주 옛날 동화책들을 다시 들춰보니 왠지 헌책방에 와 있는 듯한 느낌이 들면서 기분이 좋아졌다. 전래동화, 창작동화, 시리즈물, 그리고 애매한 것들은 출판사별로 정리하는 데 거의 5시간이 걸렸지만 다 정리된 책장을 보니 뿌듯했다. 같이 일했던 선생님들이 생각보다 일이 빨리 끝났다며 좋아한다. 또 목록화가 잘 되어 책 찾기가 쉽겠다는 선생님들의 의견이 있어서 책임을 지고 있던 나의 기분이 더 좋았던 것 같다.

반성적 저널은 다른 사람에게 보여주기 위해서가 아니라 오직 나를 이해하기 위해서 작성하는 것이다. 따라서 멋진 문장이나 글을 써야 한다거나 도덕적으로 너무 엄격하게 나의 업무 결과를 판단하는 것은 바람직하지 않다. 가장 편안한 마음으로 솔직하게, 자기 자신에게 최대한 너그러운 태도로 작성하도록 한다. 여러분들도 어느 하루에 있었던 자신의 일과를 돌아보고 반성적 저널을 작성하면서 선호도를 파악해보자. 의외의 자신의 모습을 발견할 수 있을 것이다.

표 11-2 | 반성적 저널의 실제

년 월 일

활동	감정	효율성	나의 역할	종합평가
	☆ ☆ ☆ ☆ ☆	☆ ☆ ☆ ☆ ☆		
	☆ ☆ ☆ ☆ ☆	☆ ☆ ☆ ☆ ☆		
	☆ ☆ ☆ ☆ ☆	☆ ☆ ☆ ☆ ☆		
	☆ ☆ ☆ ☆ ☆	☆ ☆ ☆ ☆ ☆		

(2) 동료에 대한 이해

스스로에게 만족감을 주는 것이 무엇인지 알게 되면 그 다음은 만족을 느끼는 활동을 최대화하고, 만족을 느끼지 않는 활동을 최소화할 수 있도록 일정을 조절하는 방법에 대해서 생각해야 할 차례이다. 이를 위해서는 앞서 설명했던 바와 같이 함께 일하는 동료들과 책임을 교환하는 품앗이 활동이 활성화 되어야 하고, 또한 동료교사에 대한 이해가 선행되어야 한다.

① 관찰

타인을 잘 알기 위해서 관찰만큼 좋은 방법은 없다. 신임교사부터 경력교사, 원장선생님이나 영양사, 기사님 등 조직 내에서 다양한 역할을 수행하는 교직원들을 유심히 관찰하여 정보를 수집한다. 나의 반성적 저널 쓰기와 유사한 방법으로 각각의 교직원은 조직 내에서 어떤 역할을 수행하고 있는지, 선호하는 것과 잘 하는 것, 싫어하는 것과 어려워하는 것이 무엇인지를 관찰한다. 이러한 정보들은 교직원과 친해지기 위해서 무엇을 해야 하는지, 함께 일을 할 때 어떻게 해야 하는지에 대해 의사결정할 수 있는 귀한 자원이 될 것이다.

반드시 업무상의 관계가 아니더라도 누군가 상대방의 호불호(好不好)를 알고 적절하게 반응해주는 것만큼 서로를 기분 좋게 하고 편안하게 하는 일은 없다. 아주 간단한 예로, 재직하고 있는 원의 영양사가 자신의 요리에 대한 자부심이 대단하다는 것을 발견했다면, 식기를 반납하거나 요리 수업을 위해서 주방을 방문했을 때 점심메뉴에 대해 간단한 인사를 하는 센스를 발휘해보자. 또는 다이어트에 열중하고 있는 동료교사를 귀가지도 시간에 마주친다면 “요즘 다이어트 잘 되어가요?”라는 질문을 던지는 관심을 표현해보자.

동료를 관찰함으로써 얻은 결과에 대한 적절한 반응은 조직이 마치 물 흐르듯 유연하게 운영되도록 함은 물론, 교직원 모두가 행복하게 함께 할 수 있는 윤활유와 같은 역할을 할 것이다.

(3) 업무분장과 자료의 공유

① 업무분장

업무분장은 한 해 동안 교육기관을 운영하기 위해서 꼭 필요한 업무를 개인에게 나누는 것이다. 업무분장은 한 해를 시작하는 첫 단추와 같아서 업무가 효과적으로 배정되지 못했을 경우 공동체 안의 모든 사람들이 힘들어짐과 동시에 업무의 효율성이 매우 떨어질 수도 있다. 업무분장을 할 때에는 앞에서 시도했던 것과 같이 공동체를 구성하는 개인의 성향, 업무 스타일, 선호하는 것과 싫어하는 것에 대한 이해를 기초로 해야 한다.

유치원이나 어린이집에서 교사들 간의 갈등이 생기는 것은 업무에 관련된 너무나 사소한 것이거나, 스스로 존중받지 못한다고 여겨지는 때인 경우가 많다. 업무분장을 효율적으로 하는 것은 이러한 소통의 부재로 인하여 발생하는 교직원 간의 갈등을 줄여줄 수 있을 것이다.

생각해봅시다!

1. 아래와 같은 경우는 업무분장의 바람직하지 않은 예이다. 왜 바람직하지 않은지 그 이유를 생각해보자.
   - 경력에 따라 업무가 정해져 있는 경우: 초임교사가 지하 신체활동실 정리, 일 년차 교사는 교재실 정리 등
   - 담당연령에 따라 업무가 정해져 있는 경우: 유아반이 물놀이계획, 유치반이 소풍계획 등
   - 원감이나 주임교사와 같이 운영 책임자가 임의로 업무분장을 하는 경우

2. 가족운동회를 위해서 아래와 같은 업무를 나누려고 한다. 업무를 배정할 때 여러분은 어떤 기준을 가지겠는지 생각해보자. 어떤 성향을 가진 사람에게 업무를 배분하겠는가?
   - 가정으로 보내는 초대장 본 만들기
   - 운동회 물품과 선물 구입을 위해 장보기
   - 운동회 프로그램 계획하기
   - 운동회를 위한 장소 답사 및 환경구성하기

② 자료의 공유

유치원이나 어린이집에서 근무를 하다 보면 제한된 자료(미술용품, 색지, 교재·교구, 도서, 집기 등)를 어떻게 공유하는가에 대한 갈등이 자주 일어나게 된다. 예를 들어, 크리스마스 시즌이 되기 전에 관련된 자료나 환경구성 물품들을 미리 챙겨 특정한 반에서만 자료를 풍부하게 사용하고 다른 반에서는 상대적으로 물품이 부족해지는 상황, 전체로 요리 수업을 해야 하는 경우 특정한 반에서만 낡은 물품들을 사용해야 하는 상황 등을 들 수 있다.

따라서 운영 책임자나 경력교사들은 이러한 경우가 발생하지 않도록 물품이나 수업자료의 공유와 배분을 위해 많은 노력을 해야 한다. 이러한 자료의 부족은 부모나 아이들의 부적절한 피드백으로 연결되고, 교사의 능력 부족으로 평가될 수도 있기 때문이다.

자료의 공유를 위해서 다음과 같은 방법을 활용해볼 수 있다.

첫째, 주제별이나 자료의 종류별로 명확한 자료 리스트를 작성한다. 자료 리스트를 작성하는 것은 모든 교사가 어떤 종류의 자료가 어떤 위치에 있는지 알 수 있어서 필요에 따라 효과적으로 활용할 수 있도록 하기 위함이다. 또한 자료 리스트가 제대로 작성되어 있지 않은 경우, 중복구입이나 제작 등 불필요한 업무를 발생시키는 경우가 생기기도 한다.

둘째, 모두에게 공통으로 필요한 자료는 공평하게 나눈다. 예를 들어, 크리스마스 시즌에는 특정한 색상의 종이나 천 등의 자료가 모든 반에 필요하다. 이런 경우에는 필요한 때가 오기 전에 공평하게 분배하는 것도 하나의 방법이다. 물론 교사들 스스로 타인을 배려하면서 필요에 따라 사용하는 것이 가장 좋은 방법임은 두말할 것이 없다.

셋째, 소모되지 않는 교재·교구의 경우에는 회전식으로 공유하는 방법을 사용한다. 예를 들어, 가을에 관련된 노래, 동극, 이야기 나누기 자료들을 각 반별로 일정을 계획하여 돌아가면서 사용하는 것이다. 또는 새로운 블록을 구입한 경우 한 반에만 배치하거나 모든 반이 똑같이 나누어 블록이 충분하지 않는 상태를 만들기보다 일정 기간 동안 반별로 돌아가면서 사용하는 등의 방법이 있다.

생각해봅시다!

1. 유치원이나 어린이집에서 다음과 같은 자료 공유 방법을 사용하는 것이 효과적인 경우를 생각해봅시다.
   - 자료를 공평하게 나누는 경우
   - 자료를 돌아가면서 사용하는 경우

2) 공동체감 형성

공동체감이란 자신이 큰 집단의 구성원이고 다른 사람에 대해 사려 깊고, 협조적인 행동을 하는 것이 자신뿐 아니라 전체 집단에게 득이 된다는 것을 알고 추구하는 것이다(Marjorie, 2008). 공동체감은 조직을 편안하고 자율적으로 이끌며 발전적인 방향으로 나아가게 함으로써 교육기관 내 교사들의 질적 성장을 가능하게 한다. 공동체감의 형성을 위해서는 다음과 같은 노력이 필요하다.

(1) 교직원 간의 신뢰와 연계

교직원 간의 신뢰는 각자에게 주어진 역할 그리고 기대되는 역할을 얼마나 잘 수행하는가에 따라 결정된다. 이를 위해서는 첫째, 우선 교직원 각자의 능력과 선호에 적합한 업무분장이 이루어져야 한다. 또한 경력에 따라 내가 속한 조직 안에서 수행해야 할 역할이 무엇인지를 이해하고 기대에 어긋나지 않는 업무능력을 발휘해야 한다.

둘째, 솔직한 상호작용이 이루어져야 한다. 업무에 누락이나 실수가 발생하였을 때, 또는 수업이나 학부모 관계에서 어려움이 발생했을 때 '아무도 모를 텐데 그냥 넘어가자.', '결국에는 누군가가 하겠지.', '어차피 우리 반 안에서 이루어진 일인데 뭐' 와 같이 문제를 숨기는 것은 바람직하지 않다. 만약 내가 해결할 수 없는 일이라면 업무와 가장 연관이 있는 경력교사에게 진솔하게 조언을 구하도록 한다.

셋째, 상호 간의 정보를 교환하는 것을 아까워하지 않아야 한다. 가끔 어떤 교사들은 자신이 만들었거나 찾은 흥미 있는 수업 자료를 다른 교사들에게 들키지 않으려고 한다. 교사들은 때로 좋은 수업은 우리 반에서만 이루어져야 하고 좋은 교사로서 나만 성장해야 한다고 생각하는 것 같다. 하지만 그 반대다. 수업에 대한 정보를 많이 교환하고 나눌수록 서로가 발전할 수 있다. 내가 가진 것을 모두 내려놓았을 때 새로운 것을 다시 가질 수 있다. 양손에 든 떡이 아까워서 내려놓지 못하고 전전긍긍한다면 오랜 시간이 지나도 내 손에는 똑같은 크기와 종류의 떡이 들려 있을 뿐이다. 좋은 수업 자료로 우리 원에 속한 많은 아이들이 더 좋은 학습의 효과를 볼 수 있다면 기관이 발전할 것이고, 그 결과 나도 발전할 수 있다는 마음가짐이 바로 공동체감이다.

(2) 상호존중

유아교육기관에는 다양한 역할을 수행하는 교직원들이 존재한다. 직접 수업을 담당하는 교사, 급·간식을 담당하는 영양사, 통학을 담당하는 기사, 운영관리를 책임지는 원장, 4주간의 실습을 하는 예비교사, 또는 수업을 지원해주는 보조교사, 특별활동 교사, 다양한 연령의 자원봉사자 등이 동시에 때로는 간헐적으로 같은 공간과 역할 안에서 함께 생활하며, 기관을 구성하는 구성원이다.

수업을 담당하는 교사들끼리 상호존중의 관계를 형성하는 것도 중요하지만 수업을 지원하는 역할을 수행하는 교직원들이 소외감을 느끼지 않도록 관계를 형성하는 것 또한 중요하다. 적절한 인사와 제스처, 간단한 대화 등을 통해서 기관을 구성하는 모든 교직원들이 내가 하는 일이 인정받고 있고 내가 존중받고 있음을 느낄 수 있도록 한다.

그 결과 교직원 모두가 스스로 기관의 운영을 위해서 필수적인 역할을 하고 있으며, 매우 귀한 존재임을 인식함으로써 보다 건전한 공동체감을 통해 함께 발전할 수 있을 것이다.

표 11-3 | 인사로 시작하는 상호존중의 인간관계

인사는 상대방과 의미 있는 관계를 형성하는 데 가장 기본적인 출발점이 된다. "안녕하세요. 감사합니다."와 같은 일상적인 인사말을 잘 사용하는 것만으로도 훌륭하지만, 매일매일 그 사람에게 적합한 인사말로 하루 또는 업무를 열고 마감하는 것은 상호존중의 인간관계를 형성하는 데 매우 중요한 역할을 할 것이다.

핵가족화와 가정 단위의 문화가 일반화되어 가면서 신세대들은 다양한 사람들과 적절한 상호작용을 경험하고 연습할 수 있는 기회가 줄어들고 있는 것이 현실이다. 따라서 적절한 상호작용을 통해서 타인과 유연한 관계를 형성하는 것은 기술과 노력을 필요로 한다. 기관에 종사하는 사람들과 나눌 수 있는 적합한 인사말들을 브레인스토밍 해보자. 그리고 일상생활에서 많이 사용해보자.

원장님	
선임교사	
후임교사	
영양사	
기사님	
학부모	
실습교사	

2 자기평가의 이해

1) 필요성

교사 자기평가란 교사가 자신의 보다 나은 전문성 개발과 자신의 직무 수행 능력의 향상을 위해 자신의 전문적 자질과 직무 수행활동을 체계적으로 분석하고 평가하는 과정으로 정의할 수 있다. 교사의 교수활동 수행 수준에 대한 일차적인 정보를 제공해 줄 수 있는 출처는 교실 수업활동의 주체이자 평가의 대상인 교사 자신이다. 따라서 자기 평가는 교사 자신을 평가할 수 있는 전문가로 스스로를 인정해 줌으로써 교사의 사기와 동기를 부여해 주고 가르치는 일에 대하여 동료교사와 의논하도록 해주기 때문에 효율성이 높은 편이다. 자기 평가는 직무 수행과 직무의 성과와 관련된 정보의 양이 풍부하다는 것이 가장 큰 장점이다. 물론 자신의 교수활동을 자기 스스로가 평가하기를 꺼려하는 평가 자체에 대한 거부감과 주관적인 편견의 작용으로 인하여 객관성을 보장받기란 매우 어려운 일로서 객관성의 결여 가능성, 정확성과 신뢰성의 부족 가능성, 교사 자신의 능력에 대한 과신 가능성, 평가를 통한 자신의 수업에 대한 합리화 가능성, 평가 결과의 양화 어려움 등이 항상 존재하고 있다(윤미숙, 2007).

그럼에도 불구하고 자기 평가는 특히 교직에 필요하다. 자기 평가는 개인들이 독립적으로 근무하거나 다른 사람들이 개인의 근무 수행을 관찰하기가 어렵거나 불가능한 상황에서, 그리고 개인이 희귀한 기술을 소유하거나 특별히 개인의 발달 및 성장이 강조되어지는 상황에서 필요하다(박영숙, 1992). 교사는 자신으로부터 무엇을 어떻게 가르치고 어떻게 지도성을 발휘하는가에 대한 자료를 수집하고 이에 대하여 체계적인 분석을 시도함으로써 자기 개선을 위한 도움을 받을 수 있다. 자기 평가는 자신의 평가를 지켜보는 기법이므로 자신을 직접 반성할 기회를 제공해 준다(신사숙, 2006).

이처럼 유아교사의 자기 평가 기회가 필요한 만큼, 성공적으로 교사의 역할을 수행하기 위해서는 자기 자신의 능력이나 행동을 판단하고 생각할 수 있는 기회가 제공되어야 할 것이다. 즉 교직 업무를 보다 효율적으로 잘 수행하기 위해서는 유아교사 스스로 자기 평가를 하는 것이 필요하며, 이를 위해서는 바람직한 유아교사의 특성을 인식할 수 있는 자기 평가 척도의 개발이 무엇보다도 시급한 문제가 될 수 있다.

2) 장 · 단점 분석

평가의 목적에서 가장 중요한 것은 개선이다. 개선을 위해서 자기 평가를 하는 것이다. 자신의 장점과 단점을 파악하고 자신의 특성을 이해함으로써 교사로서의 자기 발전을 도모하는 것이다. 특히 유아 교사직은 직무의 성격상 소진될 확률이 높다. 휴식과 재충전 역시 자기 스스로 관리하고 전략을 짜는 것이 필요하다.

주어진 시간은 똑같고 해야 할 업무는 많은 경우, 빠르게 일을 처리하는 사람이 있는 반면 아주 지겨워하며 일의 능률을 올리지 못하는 사람이 있다. 일에 있어 나타나는 개인차는 어쩌면 당연한 것이다. 어떤 교사는 내가 어려워하는 신체표현 수업을 재미있게 잘 진행하는 반면 이야기 나누기는 어려워하는 경우가 있다. 반면 나는 남들이 어려워하는 이야기 나누기를 유아들과 재미있게 진행한다. 내가 모든 것을 다 잘 할 수는 없다. 다른 사람으로부터 도움을 받을 수 있는 것은 받는 것이 좋지만 교사로서 내가 꼭 해야 하는 부분이라면 부족한 능력을 보충하고 개발하는 계획을 구성하고 실천하여 능력을 기르는 것이 필요하다. 하고 싶지 않은 업무를 맡을 때 대부분의 사람들은 감정적으로 피곤해지고 무력감, 또는 피곤함을 느끼게 된다. 하지만 똑같은 상황일지라도 스스로의 삶을 잘 조절하게 되면 자신을 보다 신뢰하게 되는 것은 분명하다. 자신의 장점과 단점을 찾아보는 활동의 실제이다.

표 11-4 | 나에 대한 메타포 형성하기의 예

나에 대한 메타포 형성하기

내용	예
• 5분 동안 나를 나타낼 수 있는 명사를 모두 브레인스토밍한다. • 밑줄 친 곳에 하나의 명사를 선택하고 그 이유를 설명한다. • 원하는 만큼의 단어를 선택하여 나에 대한 메타포(은유)를 형성해본다.	• 나는 사발면이다. 왜냐하면, 아이들에게 질문을 하거나 무언가를 요구하고 난 후 3분 이상 기다리지 못하기 때문이다.

브레인스토밍

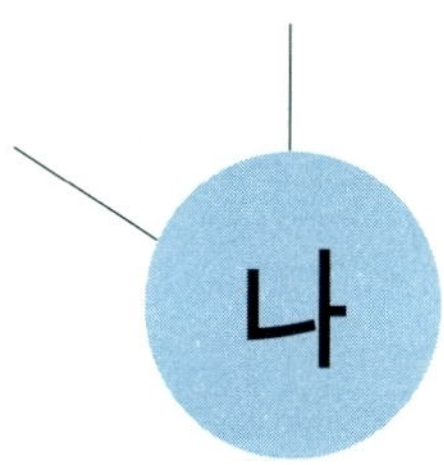

나는 ______________ 이다.

왜냐하면,

나는 ______________ 이다.

왜냐하면,

표 11-5 동료들과 함께 하는 청문회

- 활동을 위한 장소나 자리배치는 롤링페이퍼와 같다.
- 준비된 종이에 이름을 쓰고 옆 사람에게 일정한 방향으로 돌린다.
- 평소에 상대방에게 궁금했던 점 또는 상대방에 대해서 알고 싶은 점에 대한 질문을 적는다.
- 자신의 질문지를 검토한 후 질문지에 대한 사항을 답한다. 모든 질문 중 꼭 밝히고 싶지 않은 항목에 대해서 1번의 노코멘트 찬스를 쓸 수 있다.
- 활동을 위한 규칙은 구성원들이 함께 정할 수 있으며 그 목적이 서로 간의 친목 도모에 있다는 것을 기억하고 상대방의 프라이버시를 침해하는 일이 없도록 주의한다.

________ 의 그것이 알고 싶다!

표 11-6 벤다이어그램의 예시와 작성 연습

- 아래의 벤다이어그램을 이용해서 나의 장점과 단점을 나누어 적는다.
- 장점이지만 단점이, 단점이지만 장점이 될 수 있는 점은 교차된 원에 적는다.
- 벤다이어그램을 작성하는 과정에서 나에 대해 새롭게 발견할 수 있었던 사항을 기록한다.

벤다이어그램

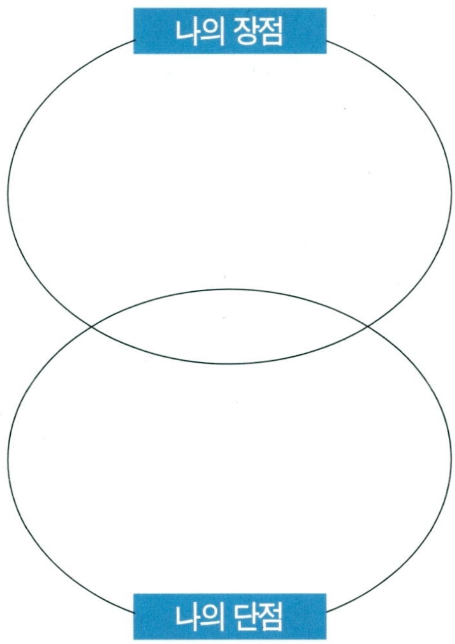

〈나에 대한 새로운 발견〉

출처: 우민정 외(2008). 교사를 위한 영유아 보육의 실제.

3) 자기 관리

교사로서의 성장을 위해서는 자신의 부정적인 측면뿐 아니라 긍정적인 측면에 대해서도 객관적이고 솔직한 자기 이해와 자신을 그대로 받아들이는 자기 수용이 필요하다. 이러한 자기 이해와 자기 수용은 개인의 행동변화와 성장을 촉진하는 시발점이 된다. 장점과 단점을 분석하고 자신을 이해했으면 그 다음으로 필요한 것은 자기 관리 전략이다. 자기 관리는 교사가 변하기 위한 노력으로 자신의 행동을 방향잡고 조절하는 과정으로 스스로 환경 여건을 수정하고 행동 결과를 조정하며 관리하는 것이다. 교사로서 부족한 부분이 무엇인지 파악했으면 이를 개선하기 위한 자신의 전략을 개발하는 것이 필요하다.

자기 관리의 심리적 과정을 세 가지의 뚜렷한 연속적 단계로 설명한다(한은희, 2006). 첫째는 개인이 자신의 행동에 대하여 신중한 주의를 기울이는 자기 점검 단계이다. 이 단계의 시작은 자신에 대해 검토하는 것이며, 여기에서 개인들은 자신의 행동을 판단할 수 있는 수행 기준 혹은 표준을 결정한다. 둘째는 자기 평가 단계이다. 자기 평가가 충분한 가치 검토를 거치지 못하거나 현실적이지 못한 표준이 설정되면 효율적인 자기 관리 과정이 되지 못한다. 셋째는 자기 강화 단계이다. 이 단계는 앞 단계의 결과에 대하여 인지적으로 정서적으로 어떻게 반응하는가에 따르는데 선험적 행동의 강도에 영향을 주는 피드백의 역할을 한다.

여기에서는 시간 관리와 자신의 마음을 관리하는 몇 가지 안내를 한다. 그러나 중요한 것은 교사 스스로 자신의 의지와 노력이 구체적으로 계획되고 실행되어져야 가능하다는 것을 명심해야 한다.

(1) 시간 관리

시간 관리란 시간을 가장 효율적으로 사용하고 자신의 인생을 관리하는 올바른 기술을 일상생활에서 효과적으로 실천하는 것이다. 최근에 와서는 전통적인 시간관은 무너지고 새로운 개념의 시간관이 대두되기 시작하면서 개인차원에서의 시간 관리의 개념이 강조되고 있다. 활동에서 낭비되는 시간을 제거함으로써 자신에게 주어진 시간을 최대한 효율적으로 활용하는 것이다. 시간 관리를 세대적 구분법으로 나누어 1세대는 메모지에 기록하고 목록표를 이용하는 것으로 시간과 에너지가 많이 요구되는 여러 가지 일들을 표시하여 인식하고 총괄시키려는 시도이다. '순서에 따라 하는' 시간 관리로 자기가 하고 싶은 일을 모두 기록하고 다니면서 잊지 않으려 노력하며 일과가 끝나면 대부분을 완성하고 그것을 리스트에서 지워버리려고 한다. 시간 관리 제2세대는 '계획과 준비'를 하는 것으로 달력과 약속 기록부라고 할 수 있다. 우리가 앞일을 계획할 수 있도록 미래에 있을 일과 활동에 대해 스케줄을 작성하는 것이다. 시간 관리 제3세대는 '계획하고 우선순위를 정하고 컨트롤하는' 것이다. 이것은 자신의 가치관과 우선순위를 분명히 하는 데 시간을 투자하기 때문에 목표와 계획을 가치와 결합시켜 개인의 효율성을 크게 끌어올릴 수 있다. 그러나 소중한 것이 긴급성과 가치에 의해 결정되어 그 중요성이 소외된다(정금미, 2003). 1, 2, 3세대의 장점을 모두 포함하고 그 단점을 모두 제거한 보다 더 한 단계 높은 제4세대의 필요성을 제시하고 있다. 소중한 것은 무엇이고 생활에서 어떻게 그것을 먼저 할 수 있는가에 대한 핵심적인 아이디어를 개발하고 최대의 효과를 끌어내는 것이 자기 리더십의 핵심이라고 하였다. 그리고 하루계획을 세울 때, 가장 먼저 고려해야 할 것은 바로 그 활동이 인생에 있어서 내게 소중한 가치를 제공하는 있는 것들인가를 검토하는 일이다. 만일 그렇지 않을 경우 눈앞에 닥치는 급하고 긴급한 일들을 처리하느라 정작 중요한 일들은 자꾸 뒤로 미루게 된다. 그러므로 가장 중요한 활동에 최우선 순위를 두는 제4세대 시간 관리 방법이 가장 효율적이라고 할 수 있다.

(2) 마인드 컨트롤

유아교사로 일한다는 것은 다른 사람들과 함께 일하는 것을 의미한다. '관계성 없이는 교육도 없다'는 말은 교육에서 인간관계의 중요성을 단적으로 나타내 준다. 유아교사로 유아뿐 아니라 동료교사, 학부모, 원장 및 주변 사람들과 관계를 맺게 된다. 이들과 원만한 관계를 맺지 못할 경우, 직무 스트레스는 높아지며 일에 대한 회의감마저 들고 무력감이나 정서적인 갈등 상황에 놓이게 된다. 따라서 교사로서의 유능감을 높이고 업무를 잘 수행하기 위해서는 갈등 관리 능력뿐 아니라 자신의 정서와 감정을 조절할 줄 아는 마인드 컨트롤이 필요하다.

경험과 자기 조절 능력이 부족한 유아들과 함께 있다 보면 교사로서 상식적으로 이해할 수 없는 일들이 많이 일어난다. 이러한 모든 사건들을 아무런 감정 없이 받아들이는 것은 쉽지 않다. 억누르는 것만이 최선은 아니지만 그렇다고 부모나 아이를 대상을 분노나 감정을 발산하는 것 역시 적절치 않다. 유아교사로서의 책임을 지키기 위해 감정의 변화를 인식하고 조절하는 능력이 필요하다. 즉 정서적 안정을 찾기 위해 부정적인 감정을 해소할 수 있는 자신만의 전략을 찾는 능력이 필요하다.

첫째, 이 상황은 곧 끝날 것이다.

교사로서 불안을 느끼는 상황은 몇 주, 며칠, 몇 시간 뒤면 끝날 것이라고 계속 스스로에게 상기시킨다. 그리고 끝나면 마치 아무런 일도 없었던 것처럼 다시 평화로움이 찾아올 것이라고 믿는다. 유아들의 격렬한 정서적 반응은 교사로서 당황스럽지만 유아들의 특성이 그런 것이고 나에게 문제가 있기 때문이 아니라고 생각하며 자신을 컨트롤한다. 자기에게 문제가 있다고 돌리게 되면 문제 사태를 객관적으로 바라보지 못하고 현재가 아닌 과거에 집중하게 된다. "내가 이렇게 했더라면"이라는 생각은 현재에 도움이 되지 않는다. 반성적 사고는 활동이 끝나고 난 후에 또는 하루를 마무리하면서 차분하게 정리할 때 필요하다.

둘째, 나에게도 휴식이 필요하다.

유아들의 요구를 해결해 주는 것만이 아니라 교사로서 나를 재충전하기 위한 휴식도 필요하다는 것을 스스로에게 끊임없이 상기시키도록 한다. 바쁠수록 돌아가라는 말이 있는데, 이것은 오히려 한걸음 뒤로 물러나서 내가 왜 바쁜지, 가장 중요한 일은 무엇인지를 생각하는 여유가 필요하다는 말이다.

셋째, 일과 후에는 일을 멈추는 것이 좋다.

일과 후에는 일을 멈춰야 한다. 일은 내가 근무하는 그곳에 항상 두고 와야 하며, 출근해서 다시 만나야 한다. "아 ! 집에 가서 아이들 이름표에 색칠을 해야겠다.", "코팅한 걸 오려와야지."와 같은 생각은 바람직하지 않다. 이러한 생각은 근무하는 시간을 더 나태하게 만들 수도 있다. 그리고 경험해 본 사람은 모두 알겠지만 집에서 유치원에서 가지고 온 일을 하는 것만큼 비효율적인 작업이 없다. 기관에서 하는 것보다 적어도 2~3배의 시간이 걸린다. 집으로 일을 가져가지 말고 휴식을 취하고 즐기는 것이 다음날 재충전을 위해서 중요하다.

넷째, 한발 물러서서 거리 두기를 하는 것이 필요하다.

갈등은 순식간에 발생되는 것이 아니다. 이전의 경험들이 누적되어 갈등이 발생하려는 기미를 보이기 시작하는 때와 그것이 표면에 드러나게 되는 순간이 있다. 카렌 레빈(Karen Levine, 2002)은 갈등이 발생했을 때에 말하기를 멈추고 아무것도 하지 않기 전략을 즐겨 사용한다고 한다. 같은 맥락으로 우리도 화가 나거나 싸움이 일어나려고 할 때 마음속으로 열까지 세기 전략을 사용하도록 안내한다. 단 십 초의 짧은 시간이 사람들이 마음을 가라앉히고 이성적인 사고를 할 수 있는 충분한 시간이 될 수 있다.

어떤 사람들은 한발 물러서기 전략으로 깊은 심호흡을 몇 번 하기도 한다. 깊은 심호흡을 하면 흥분된 마음이 차분히 가라앉으면서 대화를 할 수 있는 준비가 된다. 산책을 하는 것도 화를 풀기 위해서 사람들이 많이 사용하는 방법이다. 화가 났을 때, 아름답고 풍요로운 자연을 감상하거나 새로운 사람이나 경험을 접할 수 있는 거리를 산책하는 것도 마음의 안정을 찾을 수 있는 좋은 방법이다. 찬물을 마시거나 시원한 공기를 쐬는 것, 운동을 하는 것과 같이 현재의 갈등 상황을 벗어나서 바라볼 수 있는 거리 두기 전략을 사용하는 것이 마인드 컨트롤이다.

12

인사, 복무, 해임

1. 인사

2. 복무

3. 해임

1 인사

인사는 관리나 직원의 임용, 해임, 평가와 관계되는 행정적인 일을 말한다. 유아교육기관의 인사는 공립기관과 사립기관에 따라 다른 기준을 가지고 있다. 공립유치원은 교육공무원법에 따라 인사가 이루어지며, 사립유치원은 교육공무원법에 준하되 기관 자체적인 기준을 혼용하고 있는 경우가 많다. 많은 유사점을 가지고 있지만, 어린이집의 경우 보건복지부 관할이므로 교육공무원법이 아닌 자체적인 기준을 적용하고 있다.

본 장에서는 공립과 사립에 공통적으로 적용되는 인사 기준을 중심으로 설명하고자 한다. 더불어 사립기관에 대한 학생들의 이해를 돕기 위해 사립기관에서 독특하게 이루어지고 있는 몇 가지 사례들을 참고로 제시할 것이다.

1) 임용기준

교육공무원법 제11조에서는 유아교사 임용기준을 아래와 같이 밝히고 있다.

표 12-1 | 교사의 신규채용-교육공무원법 제11조

전형	• 공개전형에 의하며 필기시험, 실기 및 면접시험 등의 방법에 의함
자격	• 채용 예정직에 해당하는 교사자격증 취득자 또는 교사자격증을 취득할 당학년도 졸업예정자
연령	• 제한 없음

(1) 전형

일반적으로 공립유치원의 경우 교육과학기술부의 주관으로 채용인원을 공고하고 1차 필기시험(교육학, 유아교육학, 논술), 2차 실기시험, 3차 면접시험의 순으로 전형이 진행된다. 시립 · 구립 어린이집과 사립 어린이집 중 법인, 기업 어린이집의 경우에는 기관 단위로 채용공고를 내고 서류심사, 기관장 면접의 순으로 전형이 진행된다.

사립유치원과 어린이집의 경우에는 대부분 공개채용을 하지 않으며, 교사양성기관에 채용공문을 보내어 추천을 받거나 기관장이나 조직원 내의 소개로 이루어지는 경우가 많다. 추천이나 소개를 받으면 이력서와 자기소개서를 지참하여 기관장과 직접 면접을 치른 후 채용이 결정된다. 대학부설 유치원이나 어린이집의 경우에는 실기시험을 보는 경우도 있다.

(2) 자격

유치원의 경우 2급 이상의 정교사 자격증, 어린이집의 경우 3급 이상의 보육교사 자격증을 소지하고 있는 사람, 또는 임용보고 전 해당 자격증 취득 예정자는 채용자격을 갖추게 된다.

(3) 연령

유치원이나 어린이집 교사로 임용되기 위한 나이 제한은 없다. 임용고시에 응시하는 경우도 마찬가지이다. 그러나 일부 사립유아교육기관은 나이에 제한을 두거나 채용을 위해 선호하는 연령대의 기준을 자체적으로 가지고 있는 경우도 있다.

2) 임용결격사유

교사는 아이들의 생활 전반에 영향을 미치는 사람이고, 도덕성과 인성이 매우 강조되는 직업이다. 따라서 교사는 반드시 법률적, 경제적, 인성적, 신체적으로 건강해야 하고 스스로를 사회적으로 책임질 수 있는 사람이어야 한다. 교육공무원법 제33조에서는 교육공무원 임용의 결격사유를 아래와 같이 규정하고 있으며, 교사 채용 시 신원진술서를 통해서 이것에 대한 검증과정이 이루어진다.

표 12-2 | 공무원 임용의 결격사유-교육공무원법 제33조

- 금치산자* 또는 한정치산자**
- 파산자로서 복권되지 아니한 자
- 금고*** 이상의 형을 받고 집행 종료 또는 집행을 받지 않기로 확정된 후 5년 미경과자
- 금고 이상의 형을 받고 집행유예 완료 후 2년 미경과자
- 법원의 판결 또는 다른 법률에 의하여 자격 상실 또는 정지된 자
- 징계에 의한 파면 처분을 받을 때로부터 5년 미경과자
- 징계에 의한 책임 처분을 받은 때로부터 3년 미경과자

* 금치산 선고의 이유는 심신상실이다. 금치산 선고는 본인, 배우자, 4촌 이내의 친족, 후견인, 검사 등의 청구에 따라 가정법원이 한다. 이때 심신상실의 상태란 자기가 한 행위의 결과를 판단하는 능력이 거의 없는 상태를 말하며, 대표적으로 정신병을 들 수 있다.

** 심신의 미약 또는 재산낭비로 자기나 가족의 생활을 궁박하게 할 염려가 있는 경우 가정법원으로부터 한정치산의 선고를 받는다. 한정치산의 선고 청구는 본인, 배우자, 4촌 이내의 친족, 후견인, 검사 등이 할 수 있다.

*** 정치범, 비파렴치범, 과실범 등에 주로 규정되어 있으며, 강제노동을 하지 않고 1개월에서 15년 이하의 기간 동안 교도소에서 구금되는 형벌이다.

법률적으로 제한된 임용기준 외에도 도의적인 결격사유를 생각해볼 수 있다. 외부자극에 대한 정서조절능력이 부족한 조울증 또는 우울증이 있는 경우, 아이들과의 상호작용에 치명적인 문제를 발생시킬 수 있다. 또한 자신이 감당할 수 있는 범위를 넘어서는 낭비벽이 있어 기관 내에서 불필요한 채무관계를 발생시키거나 습관적 도벽을 가지고 있는 경우, 사회적으로 교사로서의 품위를 손상시킬 수 있는 사생활의 문제를 가지고 있는 경우 임용이 되었다 할지라도 차후 파면사유가 될 수 있다.

따라서 교사가 되기 위해서 준비하고 있는 예비교사들과 이미 현장에 재직하고 있는 교사들은 생활 전반에 걸쳐서 자기 관리를 철저히 할 필요가 있다.

3) 임용을 위한 준비

신규임용을 준비하는 예비졸업자들은 해당 기관장 면접이 매우 중요하다. 면접을 위해 준비해야 할 사항을 정리해보자.

(1) 이력서 작성

이력서는 취직을 위한 면접의 기회를 얻기 위해 해당기관에 제출하는 개인의 신상정보, 학력, 경력 등을 시간순으로 요약, 또는 나열한 문서이다. 채용을 위해 가장 먼저 접하는 것이 이력서인 만큼 이력서에 스스로를 잘 설명하는 것이 매우 중요하다. 예전에는 이력서를 자필로 작성하는 것이 원칙이었으나 요즘에는 컴퓨터로 작성하는 것이 보편적이다.

① 기초자료

기초자료에 작성하는 인적사항은 주민등록증에 기재된 내용과 동일하게 적는다. 특히 많은 실수를 하는 '호주와의 관계' 는 호주의 입장에서의 관계를 말하는 것이므로 어머니, 아버지 등이 아니라 장녀, 차녀, 삼남 등으로 기재해야 한다.

② 학력사항

학력은 고등학교 때부터 명시하는 것이 일반적이며, 졸업날짜는 관계서류를 찾아 정확하게 기재한다. 대학은 졸업년도 2월 '졸업예정' 이라고 기재한다.

③ 경력사항

경력사항은 채용기관과 관련된 것을 적는 것이 일반적이지만 예비교사의 경우 신규임용이므로 재학기간 동안 전공에 관련된 경험이 얼마나 풍부한지 어떠한 역할을 했는지와 같은 것들을 표현하는 것이 좋다. 따라서 재학기간 중 전공 동아리활동이나 과대표, 학생회활동, 유치원이나 어린이집 봉사활동, 종교단체에서의 임시 교사활동 등에 관한 것을 기입할 수 있다.

④ 개인 능력 및 장단점

자격은 전공과 관련된 각종 자격증과 면허증 발급사항 등을 기재한다. 신규임용의 경우 기본적으로 유치원 2급 정교사 자격증과 보육교사 2급 자격증을 '취득 예정' 으로 기입하고 경력교사의 경우에는 자격증 취득일과 발령기관명을 정확하게 기재한다. 기입한 자격증은 모두 복사하여 사본을 첨부하는 것이 원칙이다.

포상은 신규임용의 경우 재학기간에 받았던 장학금, 교내 · 외 행사나 대회에서 수상한 내용들을 기록하고, 경력교사의 경우 신규임용의 내용을 포함하여 개인의 수상내역을 기록한다.

컴퓨터 능력은 일반적으로 유아교육기관에서 소용되는 워드 프로세서나 엑셀, 포토샵의 사용능력 정도를 표시한다. 이러한 컴퓨터 능력은 현장에서 많이 활용되기 때문에 적어도 '중' 이상의 실력을 갖출 수 있도록 연습을 해두는 것이 좋다.

⑤ 가족사항

가족사항은 나와의 관계, 이름, 생년월일, 학력, 직업, 동거여부 등을 솔직하게 기록한다.

⑥ 그 밖의 작업들

이력서를 모두 작성하면 출력하여 내용을 점검한 후 자필서명을 하고 도장을 사용할 경우에는 반드시 빨간 인주를 사용한다. 마지막으로 구김이나 흠이 없도록 깨끗이 제출하는 것에 신경을 써야 한다. 면접 시 기관장이 이력서를 요구할 때 가방에서 반으로 접히거나 구깃구깃한 이력서를 꺼내는 경우, 이력서에 오물이 묻거나 잉크가 번져 있는 경우 상대방에게 좋지 않은 첫인상을 남기게 되기 때문이다. 이력서와 관련 자료들을 집게나 클립을 사용하여 모은 후 투명 파일이나 서류봉투에 넣어서 제출하거나 면접 시 지참한다.

표 12-3 | 이력서 작성 시 주의사항

공란상실 (空欄喪實)	• 이력서의 한 줄 한 줄은 개인의 성실성과 책임감을 재는 척도가 된다. 이력서에 빈 칸이 많다는 것은 자신의 역량을 키우기 위한 노력이 부족하거나 성의가 없다는 생각을 하게 한다. 자신에 대한 생각을 총 정리한 후 꼼꼼하게 최선을 다해서 한 칸 한 칸을 채워 가도록 한다.
오타박멸 (誤打撲滅)	• 오타는 상대방에게 흐트러진 의지와 마음가짐을 드러낸다. 이력서를 작성하고 난 후 반드시 다시 한 번 읽어보고 오타가 발견되면 반드시 재출력하고, 되도록 수정액이나 테이프를 사용하지 않도록 한다.
사진심경 (寫眞心境)	• 사진은 나를 총체적으로 드러내는 거울과 같다. 사진을 찍을 때는 세미정장이나 블라우스의 단정한 복장과 머리모양을 유지하고 과도한 포토샵은 피하도록 한다. 사진은 3개월 이내에 촬영한 것을 부착하고 즉석사진이나 개인이 직접 찍은 출력사진은 부착하지 않도록 한다.

위에서 설명한 내용에 기초하여 나의 이력서를 작성해보자. 무작정 컴퓨터 앞에 앉지 말고 펜을 들기 전에 각 항목에 대하여 생각을 정리하고 해당하는 자료를 찾아 정리하는 과정을 먼저 갖도록 하자.

먼저 고등학교, 대학교 졸업장과 각종 자격증, 상장들을 찾아 준비하고, 부모님의 생일, 나의 한자 이름들을 미리 알아둔다. 나의 취미나 특기 등도 간단하게 메모를 해놓은 후 시작하면 이력서를 효과적으로 작성할 수 있다.

표 12-4 | 이력서의 예

〈사진〉	성 명(한자)	(한자:)	
	주민등록번호	–	
	전화번호	(HP:)	
	비상연락처		
	E-mail		
주소			
호주성명		호주와의 관계	

학력사항		
기간	상세내용	비고

경력사항	
기간	관련내용

자격 및 포상	자격 및 포상명	취득일	발행기관명
컴퓨터 능력	(상 / 중 / 하)	(상 / 중 / 하)	
취미		특기	

가족사항					
관계	성명	생년월일	학력	직업	동거여부

위의 사실이 틀림없음을 서약합니다.

작성일 년 월 일

작성자 ____________ ㊞

(2) 면접

공립유치원을 제외한 유아교육기관에 지원하는 경우 면접을 통해서 임용이 결정되는 경우가 가장 많다. 채용면접을 위한 준비에 대해 알아보자.

① 면접 대상 기관의 자료 수집

해당 기관의 홈페이지를 검색하거나 선배의 도움을 받아 면접하러 가야 할 유치원이나 어린이집에 대한 정보를 수집한다. 위치는 어떠한지, 학급의 수, 원아 수, 학급 당 원아 수, 교육 프로그램의 유형, 원훈 등에 대해 미리 아는 것은 면접에 임하는 기본적인 자세이다.

② 이력서와 자기소개서 준비

이력서와 자기소개서를 진솔하게 작성한다. 자기소개서는 너무 길지 않도록 2장 이내로 작성하고 사진이나 그림자료를 활용하는 것도 좋다.

③ 옷차림

면접 복장의 경우 흔히 블랙과 화이트 톤의 정장을 떠올린다. 그러나 실제적으로 우리나라에서 블랙을 잘 소화할 수 있는 여성은 약 20%에 지나지 않는다고 한다. 또 블랙과 화이트 톤의 정장은 경직되고 어두운 인상을 줄 수 있기 때문에 블라우스나 스카프, 액세서리를 이용한 포인트 색상의 매치로 경쾌하고 산뜻한 이미지를 연출할 필요가 있다. 보통 치마의 길이는 무릎 위 5cm 정도가 적당하고 검정색 스타킹이나 두꺼운 레깅스는 피한다.

구두 굽 역시 5cm 정도가 적당하며 지나치게 높은 킬 힐이나 단화의 종류인 플랫슈즈는 면접용 구두로 적합하지 않다. 가방이나 기타의 장신구는 심플하게 착용한다. 치렁치렁한 귀걸이, 피어싱, 화려한 반지, 묵직한 시계, 화려한 네일 등은 교사 면접 시 적절하지 않다. 머리 스타일은 오픈 페이스(Open Face)를 기본으로 하여 자신의 얼굴이 잘 드러나도록 한다. 긴 생머리나 파마머리는 단정하게 묶고, 앞머리가 눈썹 밑으로 내려와 얼굴을 가리지 않도록 한다. 눈이 부신 립글로스와 볼터치와 같은 짙은 화장이나 염색도 적절하지 않다.

④ 대화하기

면접 시 예상되는 질문 목록을 만들고 그에 대한 답을 미리 예상해보자. 사립교육기관 면접 시 예상되는 아래의 질문에 대한 답을 구상해보자.

예상 질문의 예

- 우리 유치원에 대해서 좀 알고 왔어요?
- 집은 어디예요? 출퇴근하기는 괜찮겠어요?
- 어느 유치원에서 실습했어요? 실습은 어땠어요?
- 신입교사의 역할이 뭐라고 생각해요?
- 어느 연령을 맡아보고 싶어요? 원하는 연령을 맡지 못할 수도 있는데?
- 피아노(컴퓨터)는 어느 정도 할 수 있어요?
- 결혼계획 있어요?

질문에 답을 할 때에는 항상 미소를 지으며 말끝을 흐리지 말고 분명하게 한다. 너무 과하게 고개를 끄덕이거나 추임새를 넣는 것도 주의한다. 만약 내가 자신 없는 부분에 대한 질문을 받았을 경우 지금은 부족하지만 앞으로 준비하고 노력하겠다는 의지를 보이도록 한다.

4) 임용절차

면접을 다녀온 후 10일 이내에 해당기관에서 연락이 올 것이다. 너무 조급한 마음에 미리 기관에 전화를 해서 면접 결과를 물어보는 것은 실례가 될 수 있다. 채용통보를 받은 후에는 임용을 위한 서류들을 준비해야 한다. 유치원교사는 임용한 날로부터 7일 이내 관할 교육청에, 어린이집 교사는 임용한 날로부터 15일 이내에 관할 구청에 임용보고가 이루어져야 한다.

(1) 임용서류의 종류 및 작성

① 기본증명서 2부

기본증명서는 동사무소에서 떼어 제출한다.

② 최종학력증명서 1부

졸업 예정인 학교의 증명서 발급기를 사용하거나 인터넷 증명서 발급기관을 통해서 졸업증명서를 발급받아 원본을 제출한다.

③ 교원자격증 사본 1부

교원자격증은 졸업을 기준으로 받는다. 유치원 임용 시에는 유치원 2급 정교사 자격증을, 어린이집 임용 시에는 보육교사 2급 자격증 원본을 기관에 제출하면 기관장이 복사하여 원본 대조필 후 제출한다.

④ 공무원채용신체검사 원본

공무원채용신체검사는 가까운 종합병원에서 받을 수 있다. 접수 시 채용신체검사를 신청하고 약 30분의 검사를 받으면 1일이 지난 후 검사결과를 받을 수 있으며 수령한 검사서를 원본 그대로 제출한다.

⑤ 신원진술서 2부

신원진술서는 위에서 설명했던 교원 임용결격사유를 확인하는 서류로 경찰서로 보내지며 서식은 대형서점에 가면 구입할 수 있으며 자필로 작성한다.

⑥ 인사기록카드 2부

인사기록카드는 교사 재직 중의 경력과 포상, 자격 연수 등의 내용을 관리하기 위하여 유치원 1부, 교육청 1부를 보관한다. 인사기록카드 역시 대형서점에서 구입할 수 있으며 자필로 작성한다.

⑦ 성범죄 경력조회 결과서(보육교사 임용에 해당)

보육기관에 임용보고를 하는 경우에는 성범죄 경력조회 결과서를 추가로 제출해야 한다.

2 복무

복무는 자신이 속한 직업군에서 마땅히 수행해야 할 업무에 힘쓰는 것을 말한다. 국·공립유치원을 제외한 유아교육기관에서는 표준화된 복무기준을 가지고 있지 않은 경우가 대부분이다. 하지만 유아들의 생활에 직접, 간접적으로 영향을 미치는 교사로서 책임과 의무를 다하여 업무에 임하는 것은 전문직업인으로서 기본 자세이다. 또한 교원임용결격사유가 발생하지 않도록 자기 자신을 관리하고, 교사로서 발전하고자 하는 의지를 가지고 좋은 본보기가 되기 위한 자세로 교직생활에 임해야 할 것이다.

이 파트에서는 복무기간 중 알아두어야 할 급여와 자격연수에 관련된 기본적인 지식을 알아보도록 한다.

1) 급여

급여는 공립유치원의 경우 교육공무원 보수 체계를 따르는 것이 원칙이고, 그 외의 경우는 호봉을 기준으로 한 기본급을 최소로 하여 기관에 따라 아래 보수체계의 일부를 선택 지급한다.

기본급인 호봉은 아래의 호봉 기준표에 따르며, 경력의 연차에 따라 호봉이 하나씩 상승한다. 3년제 유아교육과를 졸업한 경우 유치원교사는 7호봉, 보육교사는 1호봉을 받는다. 4년제 유아교육과를 졸업한 경우 유치원교사는 8호봉, 보육교사는 1호봉을 받는다.

사립유치원의 경우 급여 책정 시 호봉을 기준으로 담임수당과 교직수당, 정근수당을 선택하여 주는 경우가 많다. 기관에 따라 교통비를 급여에 포함시키는 경우도 있다. 2010년 현재 담임수당은 11만 원, 교직수당은 25만 원이며, 정근수당은 호봉에 따라 다르게 책정되고 교통비는 기관에서 임의로 정한다.

어린이집의 경우에는 급여 책정 시 호봉을 기준으로 시에서 지원되는 처우개선비가 포함된다. 처우개선비는 민간, 가정 평가인증을 통과한 보육시설의 경우 월 9만 원, 미통과 시설의 경우 월 7만 원이 지급되고 시립, 법인, 직장 영아전담 평가인증 보육시설의 경우 분기별 4만 원이 지급된다. 처우개선비는 보육시설 채용일 3개월 경과 후부터 지원된다.

표 12-5 | 교육공무원 보수의 체계

구분		내용	비고
1. 봉급		호봉표에 따름	
2. 상여금(정근수당)		근무연수에 따라 호봉의 50% 이내	
3. 성과상여금		직급별 기준액	
정액수당	1. 가족수당	배우자와 직계존비속	
	2. 자녀학비보조수당	중, 고별(급지별)	
	3. 정근수당 가산금	근무연수에 의함(5, 10, 15, 20년)	
	4. 교직수당	장학관, 장학사, 고교 이하 교원	25만 원
	5. 교직수당 가산금 1)	경력 30년 이상, 만 55세 이상인 교원	원로교사
	6. 교직수당 가산금 2)	고교 이하 각급 학교 보직교사	보직교사
	7. 교직수당 가산금 3)	특수학교, 국악고 교원 등	
	8. 교직수당 가산금 4)	학급 담임교사	11만 원
	9. 교직수당 가산금 5)	호봉별 지급(농 · 공 · 수산, 해운계 고교 교원)	실과교원
	10. 교직수당 가산금 6)	고교 이하 각급 학교 보건교사	보건교사
	11. 교원보전수당	국 · 공립 유 · 초 및 도서벽지 중고 교원	
	12. 교원보전수당 가산금	국 · 공립 유 · 초등 교원	
	13. 연구업무수당		
	14. 특수지근무수당	도서벽지 근무자에게 직급별 차등 지급	
	15. 관리업무수당	각급 학교 학교장 등	
	16. 모범공무원수당	모범공무원	
	17. 시간 외 근무수당		
	18. 명예퇴직수당	명예퇴직 확정자, 정년 잔여기간별	명예퇴직자
	19. 육아휴직수당	육아휴직자(휴직 최초 1년간)	육아휴직자
실비변상	1. 정액급식비		
	2. 교통보조비		
	3. 가계지원비		
	4. 명절휴가비	연 2회	추석, 설
	5. 직급보조비	교장, 교감, 장학관, 장학사 직급별 차등	
	6. 특정업무비	공립독립 유치원장, 초 · 중 · 고 교장 등	

표 12-6 유치원 교사 호봉표(2010년 기준)

호봉	봉급액	호봉	봉급액	호봉	봉급액	호봉	봉급액
1	922,000	11	1,244,600	21	1,859,500	31	2,610,400
2	953,400	12	1,279,400	22	1,932,300	32	2,689,300
3	995,200	13	1,342,900	23	2,004,600	33	2,769,400
4	1,016,900	14	1,406,600	24	2,077,000	34	2,849,300
5	1,048,900	15	1,470,100	25	2,149,300	35	2,929,400
6	1,080,700	16	1,533,800	26	2,221,800	36	3,009,000
7	1,112,100	17	1,596,900	27	2,297,500	37	3,078,400
8	1,143,600	18	1,662,800	28	2,373,200	38	3,147,900
9	1,175,700	19	1,728,500	29	2,452,100	39	3,217,500
10	1,210,400	20	1,794,000	30	2,531,400	40	3,266,600

표 12-7 보육교사 호봉표(2010년 기준)

(단위: 원)

호봉	시설장		보육교사		취사부	
	보수총액	월지급액	보수총액	월지급액	보수총액	월지급액
1	19,583,930	1,631,990	16,220,770	1,351,730	13,323,830	1,110,320
2	20,113,060	1,676,090	16,690,570	1,390,880	13,716,260	1,143,020
3	20,769,620	1,730,800	17,205,370	1,433,780	14,276,170	1,189,680
4	21,391,330	1,782,610	17,745,750	1,478,810	14,573,680	1,214,470
5	22,018,600	1,834,880	18,290,820	1,524,240	14,894,540	1,241,210
6	23,399,950	1,950,000	19,547,710	1,628,980	15,570,760	1,297,560
7	24,227,950	2,019,000	20,376,080	1,698,010	16,251,920	1,354,330
8	24,769,070	2,064,090	20,748,860	1,729,070	16,518,520	1,376,540
9	25,483,720	2,123,640	21,315,440	1,776,290	17,062,360	1,421,860
10	26,204,810	2,183,730	21,929,240	1,827,440	17,589,640	1,465,800
11	27,110,050	2,259,170	22,726,210	1,893,850	18,299,600	1,524,970
12	27,901,340	2,325,110	23,410,580	1,950,880	18,919,820	1,576,650
13	28,500,060	2,375,000	24,009,420	2,000,790	19,433,010	1,619,420
14	29,141,670	2,428,470	24,543,990	2,045,330	19,967,580	1,663,970
15	29,783,150	2,481,930	25,078,690	2,089,890	20,480,890	1,706,740

2) 승급

일정기간의 교육경력이 지나면 자격의 승급기회가 주어진다. 보육교사와 유치원 교사의 급수별 자격조건은 아래와 같다.

표 12-8 | 보육교사 자격조건

자격	자격조건
보육교사 3급	• 고등학교 또는 이와 동등 이상의 학교를 졸업한 자로서 보건복지가족부령이 정하는 교육훈련시설에서 1년의 교육과정을 이수한다.
보육교사 2급	• 전문대학 또는 이와 동등 이상의 학교에서 보건복지가족부령이 정하는 보육관련 교과목 및 학점을 이수하고 졸업한 자. • 보육교사 3급 자격을 취득한 이후 6개월 이상의 보육업무 경력을 소지하고 보건복지가족부 장관이 정하는 승급교육을 받고 소정의 시험을 통과한 자.
보육교사 1급	• 보육교사 2급 자격을 취득한 이후 3년 이상의 보육업무 경력을 소지하고 보건복지가족부 장관이 정하는 승급교육을 받고 소정의 시험을 통과한 자. • 보육교사 2급 자격과 보육관련 대학원에서 석사학위를 취득한 자로서 1년 이상 보육업무 경력과 보건복지가족부 장관이 정하는 승급교육을 받고 소정의 시험을 통과한 자.
시설장	• 보육교사 1급 자격을 취득한 후 2년 이상의 보육 등 아동복지업무 경력이 있는 자. • 유아교육법에 의한 유치원 정교사 2급 자격을 취득한 후 5년 이상의 보육 등 아동복지업무 경력이 있는 자. • 유치원 원장의 자격을 가진 자. • 초등학교 정교사 자격을 취득한 후 5년 이상의 보육 등 아동복지업무 경력이 있는 자. • 사회복지사 1급 자격을 취득한 후 5년 이상의 보육 등 아동복지업무 경력이 있는 자. • 간호사 자격을 취득한 후 7년 이상의 보육 등 아동복지업무 경력이 있는 자. • 7급 이상의 공무원으로 보육 등 아동복지업무에 5년 이상 근무한 경력이 있는 자.

표 12-9 | 유치원교사 자격조건

자격	자격조건
2급 정교사	• 3, 4년제 유아교육과 평점 3.0 이상으로 졸업한 자. • 아동학과의 경우 졸업자 중 성적 상위 10%에 해당하는 자.
1급 정교사	• 2급 정교사 자격을 가지고 교육현장에서 3년 이상의 경력을 소지하고 국가에서 시행하는 1급 정교사 연수를 이수하고 시험에 통과한 자.
원감	• 1급 정교사 자격을 가지고 교육현장에서 5년 이상의 경력을 소지하고 국가에서 시행하는 원감연수를 받고 소정의 시험에 통과한 자.
원장	• 원감 자격을 가지고 교육현장에서 5년 이상의 경력을 소지하고 국가에서 시행하는 원장연수를 받고 소정의 시험에 통과한 자.

3 해임

유치원이나 어린이집을 그만두는 해임에 필요한 서류는 자필 사직원과 비밀엄수 서약서이다. 퇴직 시에는 재직하였던 근무기관에서 작성하였던 일체의 서류와 자료(생활기록부, 학급 경영록, 관찰일지 등)를 기관에 제출하는 것이 원칙이다. 비밀엄수에 해당하는 내용은 재직하였던 기관의 특성화된 프로그램이나 내부서류, 유아 개인, 학부모에 대한 정보에 해당한다. 이와 같은 정보를 개인이나 타인의 이익을 위하여 활용하는 것은 교육윤리에 어긋나는 행동이다.

유아교육기관에는 사직원이나 비밀엄수 서약서 양식을 구비하지 않고 있는 경우가 많고 해당교사에게 알아서 작성하라는 요구를 하기도 한다. 그런 경우 아래의 예시를 활용하여 교육기관에 따라 적절하게 변형하여 작성할 수 있다.

표 12-10 | 사직서의 예

사 직 원

본인은 금번 개인적인 사유 (　　　　　　　　)로 인하여 사직코자 하오니 이를 청허하여 주시기 바랍니다.

20 . .

대한민국 유치원(어린이집) 근무

교사 ______________ 印

대한민국 유치원(어린이집) 원장 귀하

표 12-11 | 비밀엄수 서약서의 예

비밀엄수 서약서

본인은 대한민국 유치원(어린이집)을 퇴직함에 있어, 근무기간에 작성하였던 서류와 자료를 모두 기관에 귀속하였으며, 이에 관한 일체의 내용을 불특정 다수의 사람들에게 공개하거나 다른 기관의 이익을 위하여 활용하지 않을 것을 서약합니다.

20 . .

대한민국 유치원(어린이집) 근무

교사 ______________ ㊞

대한민국 유치원(어린이집) 원장 귀하

13

공문서 관리

1. 공문서의 개념
2. 문서 처리의 원칙 및 문서의 성립과 효력
3. 문서 작성의 실제
4. 문서의 등록

1 공문서의 개념

공문서란 행정기관이 공무상 작성 또는 시행 하거나 행정기관이 접수한 모든 문서를 말한다(사무관리규정 제3조 제1호).

2 문서 처리의 원칙 및 문서의 성립과 효력

표 13-1 | 문서 처리의 원칙

즉일처리의 원칙	• 문서의 내용 또는 성질에 따라 그 처리기간이나 방법이 다를 수 있으나, 효율적인 업무수행을 위하여 그 날로 처리하는 것이 바람직하다.
책임처리의 원칙	• 문서는 정해진 사무분장에 따라 각자가 직무의 범위 내에서 책임을 가지고 관계규정에 따라 신속 · 정확하게 처리하여야 한다.
적법처리의 원칙	• 문서는 법령의 규정에 따라 일정한 형식의 요건을 갖추어야 함은 물론 권한 있는 자에 의하여 작성 · 처리되어야 한다.
전자처리의 원칙	• 문서의 기안, 검토, 협조, 결재, 등록, 시행, 분류, 편철, 보관, 보존, 이관, 접수, 배부, 공람, 검색 · 활용 등 문서의 모든 처리절차가 전자문서시스템에서 전자적으로 처리되도록 하여야 한다.

본 장의 공문서 관리에 대한 내용은 사무관리 실무편람(행정안전부, 2008)을 중심으로 내용을 정리하였다.

문서 성립은 결재권자가 결재를 한 순간부터 일어난다. 발송을 필요로 하지 않는 내부결재문서 외에는 문서의 성립과 효력발생 시기에 차이가 있다. 문서 시행이 필요한 문서는 수신자에게 도달되면 효력을 발생한다(사무관리규정 제8조 제1항).

표 13-2 | 문서의 성립과 효력 발생 시기

문서 종류	문서의 성립과 효력 발생 시기
일반문서	• 수신자에게 도달된 때
전자문서	• 수신자의 컴퓨터 파일에 기록된 때
공고문서	• 당해 공고문서 자체에 특별한 규정이 있는 경우를 제외하고는 그 고시 또는 공고가 있은 후 5일이 경과한 날부터 효력 발생

3 문서 작성의 실제

1) 문서 작성의 일반 사항

구분	내용
용지의 규격	• 흰색 A4 용지인 가로 210cm, 세로 297cm
용지의 여백	• 위 3cm, 왼쪽 2cm, 오른쪽 1.5cm, 아래 1.5cm
글자	• 어문 규범에 맞게 가로로 검은색 또는 파란색채 한글로 작성하되 필요한 경우 한자, 외국어도 쓸 수 있다.
숫자	• 아라비아 숫자
연호	• 서기연호를 쓰되 '서기'는 표기하지 않는다. (예 2005.)
날짜	• 날짜의 표시는 연월일 대신 온점으로 표시한다(규정 제10조 제3조). '2010. 9. 2.~2010. 9. 5.'나 '2010. 9. 2.(목)' 등이 원칙에 맞는 표기방식이다. 다만, 연월일 사이는 한 타씩 띄우는 것이 좋다.
시 · 분	• 24시각제에 따라 숫자로 표기하되, 시 · 분의 글자는 생략하고 쌍점(:)을 찍어 표시한다. (예 오후 3시 20분 → 15:20)
금액의 표시	• 아라비아 숫자로 쓰되, 숫자 다음에 괄호를 하고 한글로 기재(예 금15,000원(금일만오천원))

2) 기안문 작성요령

(1) 기안문의 종류

- 일반기안문: 일반문서, 전자문서 모두 사용 가능
- 간이기안문(내부결재문서용): 보고서, 계획서, 검토서 등

【문서에 로고/상징/마크/홍보문구 표시】

○○ 유치원

수신자 ▼▼제주시 ○○초등학교장
제 목 ▼▼초등학교 현장학습 방문 의뢰

우리 유치원 운영계획에 의거 아래와 같이 귀 기관을 견학하고자 하오니 협조하여 주시기 바랍니다.

▼▼1.▼첫째 항목: 제목의 첫 글자와 같은 위치에서 시작
▼▼▼▼가.▼둘째 항목: 앞 항목 위치에서 2타 띄우고, 시작
▼▼▼▼▼▼1)▼셋째 항목: 항목 부호와 그 항목의 내용 사이 1타 띄우기
▼▼▼▼▼▼▼▼가)▼넷째 항목
▼▼▼▼▼▼▼▼▼▼(1)▼다섯째 항목
▼▼▼▼▼▼▼▼▼▼▼▼(가)▼여섯째 항목
▼▼▼▼▼▼▼▼▼▼▼▼▼▼①▼일곱째 항목
▼▼▼▼▼▼▼▼▼▼▼▼▼▼▼▼㉮▼여덟째 항목
▼▼▼▼▼▼▼▼▼▼▼▼▼▼▼▼▼▼더 계속되는 경우
거. 거), (거), {거} 등으로 이어 표시

붙임▼▼1.▼○○○계획서 1부: 본문이 끝난 다음 줄에 붙임의 표시
▼▼2.▼○○○명단 1부.▼▼끝.: 붙임물이 두 가지 이상인 때에는 항목을 구분하여 표시

○○ 유치원장

수신자
★⊙ 담당자 ○○○ 원감 ○○○ 원장 ○○○
협조자 교사 ○○○
시행 ○○유치원-1 (2010. ○○. ○○.) 접수 ( )
우 690-000 ○○도 ○○시 ○○동 / www.xxx.go.kr
전화 (064)7○○-○○○○ 전송 (064)7○○-○○○○/담당자의 공식 전자우편주소/공개 구분

※ 발의자(★) · 보고자(⊙)의 표시는 직위 또는 직급 앞 또는 위에 표시
▼ 표시는 1타: 영문, 숫자(1타) / 한글 1자(2타)

3) 기안문의 서식 및 처리요령

(1) 일반기안문(시행문 겸용) 예시*

ㅇ ㅇ 유치원 ①

수신자 ㅇㅇ시 교육청 교육장(ㅇㅇ과장) ②

(경 유) ③

제 목 ④

ㅇㅇ 유치원장 ⑤

교 사 ⑥ **원 감** ⑥ **원 장** ⑥

협조자(직위/직급) 서명 ⑥

시 행 ㅇㅇ-125(2008. 3. 5.) ⑦ **접 수** ㅇㅇ-351 (2008. 3. 5.) ⑦

우 690-ㅇㅇㅇ ⑧ 주소 서귀포시 ㅇㅇ동 ㅇㅇ번지 ⑧ / 홈페이지 주소 ⑨ www.ㅇㅇ.co.kr

전화 (064) ㅇㅇㅇ-ㅇㅇㅇㅇ ⑩ 전송 (064) ㅇㅇㅇ-ㅇㅇㅇㅇ ⑩ / ㅇㅇ@ㅇㅇ.net ⑪ /

공개 ⑫

※ 2004년 1월 1일부터 기안문과 시행문이 하나의 서식으로 통합됨에 따라 별도의 시행문을 작성하지 않는다. 다만, 결재가 끝난 이후에 종이문서의 경우에는 기안문을 복사하여 관인을 찍으면 시행문이 되고, 전자문서의 경우에는 전자문서시스템에서 전자이미지 관인을 찍으면 시행문이 된다.

① 행정기관명

문서를 기안한 부서가 속한 행정기관명(유치원명)을 기재한다.

② 수신자(　　　)

수신자명 또는 수신자 기호를 먼저 쓰고, 이어서 괄호 안에는 처리할 자(보조기관 또는 보좌기관을 말한다)의 직위를 쓴다.

수신자가 많아 본문의 내용을 기재할 난이 줄어들어 본문의 내용을 첫 장에서 파악하기 곤란한 경우는 두문의 수신자란에 '수신자 참조' 라고 쓰고, 결문의 발신명의 밑의 왼쪽 기본선에 맞추어 수신자란을 설치하여 수신자명 또는 수신자 기호를 표시한다.

- 수신처가 1곳인 경우

수신자 ○○시 ○○교육청 교육장(관리과장)

- 수신처가 2곳 이상인 경우

수신자 수신자 참조
수신자 ○○시 ○○교육청 교육장(관리과장), ○○시장(사회복지과장), …

③ (경유)

경유문서인 경우에 (경유)란에 '이 문서는 경유기관의 장은 ○○○(또는 제1차 경유기관의 장은 ○○○, 제2차 경유기관의 장은 ○○○)이고, 최종 수신기관의 장은 ○○○입니다.' 라고 표시하고, 경유기관의 장은 제목란에 '경유문서의 이송' 이라고 표시하여 순차적으로 이송하여야 한다.

④ 제목

그 문서의 내용을 쉽게 알 수 있도록 간단하고, 명확하게 기재한다.

⑤ 발신명의

합의제 행정기관 또는 행정기관의 장의 명의를 기재하고, 보조기관 또는 보좌기관 상호 간에 발신하는 문서는 그 보조기관 또는 보좌기관의 명의를 기재한다.

- ○○유치원장

⑥ 기안자 · 검토자 · 협조자 · 결재권자의 직위/직급

직위가 있는 경우에는 직위를 온전하게 쓰고, 직위가 없는 경우에는 직급을 온전하게 쓴다. 다만, 기관장과 부기관장의 직위는 간략하게 쓴다.

- 교사 김○○ 원감 이○○ 원장 최○○

⑦ 시행 처리과명-일련번호(시행일자) 접수 처리과명-일련번호 (접수일자)

처리과명(처리과가 없는 행정기관은 10자 이내의 행정기관명의 약칭)을 기재하고, 일련번호는 연도별 일련번호를 기재하며, 시행일자와 접수일자란에는 연월일을 각각 온점(.)을 찍어 숫자로 기재한다. 다만, 민원문서인 경우로서 필요한 경우에는 시행일자와 접수일자란에 시 · 분까지 기재한다.

⑧ 우 주 소

우편번호를 기재한 다음, 행정기관이 위치한 도로명 및 건물번호 다음에 괄호하여 주소를 기재하고, 사무실이 위치한 층수와 호수를 괄호 안에 기재한다.

- 우 690-○○○ 주소 제주시 ○○동 ○○-○

⑨ 홈페이지 주소

행정기관의 홈페이지 주소를 기재한다.

- www.mogaha.go.kr

⑩ 전화 · 전송

전화번호와 모사전송번호를 각각 기재하되, (　　　) 안에는 지역번호를 기재한다. 기관 내부문서의 경우는 구내 전화번호를 기재한다.

⑪ 공무원의 공식 전자우편주소

행정기관에서 공무원에게 부여한 전자우편주소를 기재한다.

⑫ 공개구분

공개 · 부분공개 · 비공개로 구분하여 표시한다. 부분공개 · 비공개인 경우에는 공공기관의 기록물 관리에 관한 법률 시행규칙 제16조의 규정(별표 11)에 의한 공개여부 구분번호를 선택하여 (　　　) 안에 표시한다.

⑬ 관인생략 등 표시

발신명의의 오른쪽에 관인생략 또는 서명생략을 표시한다.

- 기안자 · 검토자 및 결재권자(직위/직급) 서명: '기안자 · 검토자 및 결재권자'의 용어는 표시하지 아니하고, 기안자 · 검토자 및 결재권자의 직위/직급을 쓰고 서명한다.
- 협조자(직위/직급) 서명: '협조자'의 용어를 표시한 다음, 이어서 직위/직급을 쓰고 서명한다.
- 전결 및 서명 표시 위치: 사무관리규정 제16조 제2항 및 동규정시행규칙 제19조 제1항의 규정에 의하여 결재권이 위임된 사항을 전결하는 경우에는 행정기관의 장의 결재란을 설치하지 아니하고 전결하는 자의 서명란에 '전결' 표시를 한 후 서명한다.
- 전결 · 대결 및 서명 표시 위치: 사무관리규정 제16조 제3항 및 동규정시행규칙 제19조 제2항의 규정에 의하여 위임전결사항을 대결하는 경우에는 행정기관의 장의 결재란을 설치하지 아니하고 전결하는 자의 서명란에 '전결' 표시를 한 후 대결하는 자의 서명란에 '대결' 표시를 하고 서명하며, 위임전결사항이 아닌 사항을 대결한 경우에는 행정기관의 장의 결재란을 설치하지 아니하고 대결하는 자의 서명란에 '대결' 표시를 하고 서명한다.
- 발의자(★) · 보고자(◉)의 표시는 직위 또는 직급 앞 또는 위에 한다.
- '수신자'는 '받는 자'로 사용할 수 있다.

⑭ 기타

- 연명부 등의 서식을 작성하는 경우
  - 기재사항이 서식의 중간에 끝나는 경우: 기재사항의 마지막 다음 줄에 '이하 빈 칸'이라고 표시한다.

응시번호	성명	주민등록번호	주소
10	김길동	xxxxxx-xxxxxxx	도봉구 번동 413-58
33	홍기용	xxxxxx-xxxxxxx	종로구 청운동 30-5
		이하 빈 칸	

- 기재사항이 서식의 마지막 칸까지 작성되는 경우: 서식의 칸 밖 다음 줄의 왼쪽 기본선에서 1자를 띄우고 '끝' 자를 표시한다.

응시번호	성명	주민등록번호	주소
10	김길동	xxxxxx-xxxxxxx	도봉구 번동 413-58
33	홍기용	xxxxxx-xxxxxxx	종로구 청운동 30-5

▼▼끝.

(2) 근거 공문에 의한 공문서

○ ○ 유치원

수신자 ○○시 교육청 교육장
(경 유)
제 목 교육과학기술부 정책연구 설문지 제출

---

1. 관련: 제주시교육청 초등교육과-16612(2009. 07 .15.)*
2. 위와 관련하여 우리 유치원 특별활동 운영 실태와 관련된 설문지를 제출합니다.

붙임: 유치원 특별활동 조사표 1부. 끝.**

○○ 유치원장 ㊞

수신자

기안자 **원 감** **원 장**
협조자(직위/직급) 서명
시 행 ○○-125 (2008. 3. 5.) **접 수** ○○-351 (2008. 3. 5.)

우 690-○○○ 주소 서귀포시 ○○동 ○○번지 / 홈페이지 주소 www.○○.co.kr
전화 (064) ○○○-○○○○ 전송 (064) ○○○-○○○○ / ○○@○○.net / 공개

* 이전 공문 근거 번호임
** 문서의 '끝' 표시

① 본문이 끝났을 경우
- 1자(2타)를 띄우고 '끝' 자를 쓴다.
  예 ○○○를 제출합니다.▼▼끝.

② 붙임물이 있는 경우
- 붙임의 표시를 한 다음에 1자(2타)를 띄우고 '끝' 자를 쓴다.
  예 붙임 1. 서식승인 목록 1부.
  2. 승인서식 2부.▼▼끝.

③ 본문 또는 붙임의 표시문이 오른쪽 한계선에서 끝났을 경우
- 다음 줄의 왼쪽 기본선에서 1자(2타)를 띄우고 '끝' 자를 표시한다.
  예 붙임 ———————————————————— 1부.
  ▼▼끝.

(3) 내부결재 공문서

내부결재문서는 행정기관이 내부적으로 업무계획 수립, 처리방침 결정, 업무보고, 소관사항 검토 등을 할 때 작성한다.

○○ 유치원

수신자 내부결재
(경 유)
제 목 효율적인 유치원 종일반 운영을 위한 간담 경비 지급

유관기관 인사를 모시고 효율적인 유치원 종일반 운영을 위한 다양한 의견 수렴의 장을 마련하고자 아래와 같이 오찬간담회를 실시하겠습니다.

- 아 래 -

1. 일시: 2009. 08. 21.(금)
2. 장소: 제주시내 음식점
3. 참가 대상: 유관 관계 인사 2명, 원장, 원감 외 2명
4. 소요 경비: 금 일십만 원 내
5. 지출 과목: 학교 운영비, 업무추진비. 끝.

○○ 유치원장 ㊞

수신자

기안자 **원 감** **원 장**
협조자(직위/직급) 서명
시행유치원 ○○-125 (2008. 3. 5.) **접 수** ○○-351 (2008. 3. 5.)

우 690-○○○ 주소 서귀포시 ○○동 ○○번지 / 홈페이지 주소 www.○○.co.kr
전화 (064) ○○○-○○○○ 전송 (064) ○○○-○○○○ / ○○@○○.net / 공개

* (기안문) 수 신 자: 내부결재
발신명의: 미표시
**(기록물 등록대장) 수신자란 내부결재

***결문
- 결재순서: 기안자 → 검토자 → 결재권자
- 전자문서 발송 시에는 결재권자 서명 윗칸에 날짜표기(예 3/1)

(4) 협조 공문에 의한 공문서

○ ○ 유치원

수신자 제주 ○○대학 총장

(경 유) 유아교육과 학과장

제 목 유치원 학부모교육 강사 초빙 협조

우리 유치원 학부모교육 강의를 위해 귀 대학 유아교육과 ○○○ 교수를 초빙하고자 하오니 다음의 내용을 참고하시어 협조하여 주시기 바랍니다.

- 다 음 -

1. 일 시: 2009년 ○월 ○일 ○요일(11:00~12:00)
2. 장 소: 초등학교병설유치원(급식실)
3. 강의내용: 유치원 교육과정의 바른 이해. 끝.

○○ 유치원장 ㊞

수신자

기안자 **원 감** **원 장**

협조자(직위/직급) 서명

시행유치원 ○○-125 (2010. 3. 5.) **접 수** ○○-351 (2010. 3. 5.)

우 690-○○○ 주소 서귀포시 ○○동 ○○번지 / 홈페이지 주소 www.○○.co.kr

전화 (064) ○○○-○○○○ 전송 (064) ○○○-○○○○ / ○○@○○.net / 공개

4 문서의 등록

외부에서 문서가 도착되면, 접수 대장에 항목별로 기록한 후 도착한 문서에 접수일자, 접수번호 등을 기록하여 문서 접수부에 철한다. 유치원에서 외부로 문서를 발송할 때, 발송 대장에 항목별로 기록한 후 발송할 문서에 발송일자, 발송번호 등을 기록, 복사하여 문서발송부에 보관하고 원본을 발송한다. '사무관리규정' 제24조에 따라 문서는 생산한 즉시 등록대장에 등록하고 생산등록번호를 부여한다.

기록물 등록대장

(○○유치원 기관코드: 연도:)

기본등록사항												
등록 구분	생산 (접수) 일자	생산 (접수) 등록 번호	첨부 번호	제목	쪽수	결재 권자	기안자 (업무 담당 자)	시행 일자	수신 자* (발신 자)	문서 배부 번호	생산 기관 등록 번호	전자 기록물 여부
•	•	•	•	•	•	•	•	•	•	•	•	•
2(일반 문서 생산 · 발송)	3. 5	13100 92-10		주요 기록물 관리 지침 통보	20	원장	홍길동	3. 5	제주 도제 주시 교육 청교 육장			전자
•	•	•	•	•	•	•	•	•	•	•	•	•

* 등록번호 표시

- 기안문 · 시행문 서식의 생산문서는 등록번호란(종전의 문서번호란)에 표기
- 카드 · 도면 · 보고서 등은 좌측 상단에 등록번호 표기
- 기타 접수문서는 우측 상단에 별도의 접수처리 표시를 하여 등록번호 표기
- 사진 · 테이프 · 필름 · 디스켓 등에도 등록번호 표기

참 고 문 헌

경상북도교육연구원(1994). 유치원교사 실무 수첩. 서울: 경상북도교육연구원.

고미경(2006). 유아교사론. 서울: 창지사.

곽은복(2006). 아동안전관리. 서울: 학지사.

곽현주(2004). 수업반성과정과 유치원교사의 교수행동. 중앙대학교 대학원 박사학위논문.

곽현주(2006). 부모관계-어떻게 하면 부모와의 관계가 긍정적으로 유지될 수 있을까? 한국유아교육협회 제41회 유아교육 교사 연수.

곽현주(2010). 영유아교사의 전문성 강화를 위한 교육적 기록과 활용-가정연계문서 작성. 한국유아교육협회 제45회 유아교육 교사 연수.

교육과학기술부(2007). 유치원교육과정 해설. 교육인적자원부 고시 제2007-153호.

교육과학기술부(2008). 유치원 교육과정.

교육과학기술부(2009). 유치원교육활동지도자료 11. 특별한 날들.

교육과학기술부(2009). 유치원 교육과정 해설 총론.

구수연 · 곽현주 · 나성식(2006). 사립유치원 교직문화의 특질에 관한 연구. 유아교육학논집, 10(4), 103-124.

권기욱(2006). 유치원 학급 경영. 서울: 보현사.

김경철 · 김은정 · 배혜경(2008). 유치원 포트폴리오 평가수행과정에서 나타난 교사의 경험. 열린유아교육연구, 13(5), 327-348.

김경화(2001). 유아교육기관의 유형별 운영관리수준분석. 연세대학교 대학원 박사학위논문.

김남연 · 김현주 · 안혜준(2008). 초임 유치원 원감 되어가기-초임 원감의 자전적 문화기술지. 유아교육학논집, 12(3), 195-217.

김동춘(1997). 교사가 지각한 유아교육기관의 조직 문화와 조직 효과성과의 관계 연구. 서울여자대학교 대학원 박사학위논문.

김미연(2008). 교사 책무성-전문성에 기초한 교사 평가 준거연구. 강원대학교 대학원 박사학위논문.

김신재(1986). 유치원 부모교육 프로그램 변화에 대한 연구. 이화여자대학교 교육대학원 석사학위논문.

김유경(2003). 가정통신 부모교육에 대한 부모의 인식. 대진대학교 대학원 석사학위논문.

김윤환(1992). 기본생활예절 교육에 관한 연구. 한국교원대학교 대학원 석사학위논문.

김은영(2006). 유치원교사의 직무 분석. 이화여자대학교 대학원 박사학위논문.

김은희(2000). 레지오 에밀리아 접근법의 이해와 현장 적용: 다양하게 표상하며 몰입하여 사고하기. 서울: 창지사.

김은희 · 홍순옥 · 임영심 · 하정희 · 황해익 · 정수경 · 이대균 · 김경철 · 유구종 · 유경숙(2006). 가르치기와 배우기: 레지오 에밀리아 접근법의 협력적 탐구. Victoria R. Fu, Andrew J. Stremmenl, & Lynn T. Hill. (2001). *Teaching and learning*. Merrill Prentice Hall. 서울: 창지사.

김인영(1994). 초임교사의 직무수행에 영향을 주는 준거집단 연구. 한국교원대학교 대학원 석사학위논문.

김주건(1992). 유아교육기관의 경영관리. 서울: 창지사.

김준규 · 박희숙 · 추성경(2005). 유아 생활지도. 서울: 동문사.

김진한(2009). 교사를 위한 교직실무. 서울: 학지사.

김현주(2005). 사립유치원교사 문화의 특질: 어느 사립 유치원교사들의 이야기. 중앙대학교 대학원 박사학위논문.

김현주 · 조형숙(2006). 사립유치원교사문화의 특질. 유아교육연구, 26(1), 43-67.

김희연 · 신옥순 · 연비숙 · 유혜령 · 정선아(2007). 포스트모던 유아교육: 새로운 이해와 실천을 열어가기. Gunilla Dahlberg, Peter Moss, & Alan Pence. (1999). *Beyond quality in early childhood education and care postmodern perspectives*. 서울: 창지사.

김희진 · 오문자(1997). 어린이들의 수많은 언어. Carelyn Edwards, Lella Gandini, & George Forman. (1993). *The hundred language of children: the Reggio Emilia approach to early childhood education*. 서울: 정민사.

박성옥 · 이영환 · 한유미 · 곽혜경 · 양연숙 · 이진숙 · 장혜자 · 안은숙 · 이민경 · 김연주(2003). 영유아의 건강과 안전. 서울: 창지사.

박수악(1998). 유치원 부모교육의 실태 및 어머니와 교사의 요구 분석. 부산대학교 대학원 석사학위논문.

박영숙(1992). 교원 근무성적 평가체제 개선 방안연구. 이화여자대학교 대학원 박사학위논문.

박은혜(1999). 유아교사교육에서 저널 쓰기 활용에 대한 고찰. 한국교사교육, 16(2), 95-216.

박은혜(2003). 유아교사론. 서울: 창지사.

박은혜(2006). 영유아교사의 전문성 향상. 강원유아교육학회, 학술대회, (1), 53-60.

백혜리(2008). 보육교사론. 서울: 동문사.

부산광역시교육청. 유치원평가 자체지표. www.pen.go.kr

서울특별시교육연구정보원(2006). 교직실무편람(수정본). 서울특별시교육연구정보원.
서영숙 · 서지영(2001). 다양성과 협력의 가치: 레지오 에밀리아 접근법. 서울: 학지사.
서정화(1989). 교육인사행정. 서울: 세영사.
서혜정(2007). 컴퓨터 활용과 교재 · 교구 연구. 서울: 파란마음.
서혜정 · 한애희(2006). 신임유아교사로서의 첫출발. 서울: 파란마음.
석은조 · 신성철(2008). 유아교사가 지각한 유아교육기관의 조직문화유형에 따른 직무스트레스와 스트레스대처방안. 미래유아교육학회지, 15(1), 327-347.
신사숙(2006). 초등학교 교사 자기 평가 현장적용 방안 연구. 아주대학교 대학원 석사학위논문.
심진구(1994). 초등교사론. 서울: 교육과학사.
송진숙 · 권희경(2003). 유아교육기관에서의 유아의 적응과 유아의 사회적 능력 및 문제행동에 관한 연구. 열린유아교육연구, 8(3), 207-225.
안선희(2002). 유아의 유치원 초기 적응에 관한 연구. 미래유아교육학회지, 9(1), 201-219.
염지숙 · 이명순 · 조형숙 · 김현주(2008). 유아교사론. 서울: 정민사.
영유아보육법령. 2010년 일부개정.
영유아보육법시행규칙. 2009년 일부개정.
영유아보육법시행령. 2009년 일부개정.
오연주 · 안은숙 · 김혜수 · 이은상 · 이경실 · 고영주 · 이명희(2003). 제작 과정 중심의 교재 · 교구 이론과 실제. 서울: 창지사.
오채선(2003). 네 교사를 통한 포트폴리오 평가 경험의 의미. 열린유아교육연구, 8(2), 1-28.
우민정 · 박성희 · 안지영 · 김민정(2008). 영유아보육의 실제. 서울: 정민사.
우민정 · 박성희 · 안지영 · 김민정(2009). 교사를 위한 영유아 보육의 실제. 서울: 정민사.
유수경 · 황해익(2006). 유아교사의 교사 포트폴리오 모형개발 연구. 한국열린유아교육학회, 춘계학술대회, 293-322.
유아교육법. 2008년 일부개정.
유아교육법시행규칙. 2009년 일부개정.
유아교육법시행령. 2010년 일부개정.
유아교육진흥원. 제1주기 유치원평가 편람. www.seoul-i.go.kr
유안진 · 김연진(1997). 부모교육. 서울: 동문사.
유혜령(1998). 교수매체 환경과 유아의 경험양식에 관한 현상학적 연구: 자유선택활동을 중심으로. 유아교육연구, 18(1), 131-152.
윤미숙(2007). 초등학교 교사의 직무수행 태도 및 능력에 관한 자기 평가. 경남대학교 교육대학원 석사학위논문.
이기숙 · 장영희 · 정미라 · 배소연 · 박희숙(1997). 영유아를 위한 안전교육과 응급처치. 서울:

양서원.

이대균 · 송정원(2000). 최신 유아교재 · 교구 연구 및 지도. 서울: 양서원.

이명숙(1999). 유아교육기관 가정통신문에 나타난 부모교육내용 분석. 경희대학교 교육대학원 석사학위논문.

이연섭(1998). 레지오접근법의 첫걸음. Hendrick, J. (1998). *First steps toward teaching the Reggio way*. 서울: 정민사.

이연숙 교수연구실(1997). 환경 형태학적 접근을 통한 어린이집 실내 공간 디자인이론. 서울: 교육과학사.

이영석(1997). 유아교육론. 서울: 양서원.

이영자 · 신동주(2008). 유아교육기관 운영관리. 서울: 창지사.

이원행(2008). 자기 평가를 통한 초등학교 교사의 전문적 발달수준 비교. 인천교육대학교 대학원 석사학위논문.

이재옥(1999). 교육패러다임의 변화와 교사 역할 재정립에 대한 일 고찰. 사회과학연구, 6(1), 19-31.

이종현(2004). 초등교사의 발달 지향적 자기평가도구 개발 연구. 한국교원대학교 대학원 박사학위논문.

이진희(2006). 유아 포트폴리오 평가의 수집과정 및 활용: 한 미국 유아교육 프로그램을 통한 사례연구. 아동교육, 15(2), 229-239.

이칭찬 · 주상덕(2009). 교직실무이론. 서울: 동문사.

이현옥 · 김지영(1999). 유치원교사들의 유아 포트폴리오 활용실태. 유아교육연구, 19(1), 151-167.

이혜란(2003). 유아의 사회적 접근 행동에 관한 연구. 열린유아교육연구, 8(1), 225-251.

이희선(1994). 어머니와 교사가 지각한 아동의 기질 및 유치원 적응과의 관계. 아동학회지, 15, 117-128.

임승렬(2001). 유아교사 평가의 새로운 접근. 유아교육연구, 21(1), 87-116.

정계영 · 김미애 · 심지민(2000). 예비교사들의 교원 양성과정의 유효성 인식과 교직 전문성 인식에 관한 연구. 경북전문대학논문집, 18(1), 151-170.

제주특별자치도교육청. 유치원평가 자체지표. www.jje.go.kr

조미상(2002). 유치원에서의 부모교육 유형 및 내용분석. 이화여자대학교 교육대학원 석사학위논문.

조성미(2006). 유치원 가정통신문에 대한 부모와 교사의 인식. 공주대학교 대학원 석사학위논문.

주봉관(2007). 유아교사의 사기에 관한 연구. 중앙대학교 대학원 박사학위논문.

주선희(2002). 포트폴리오 평가에 대한 유치원교사의 인식 및 적용 실제에 관한 연구. 원

광대학교 교육대학원 석사학위논문.

지금수 · 송진숙(2002). 부모의 양육태도, 유아의 정서지능, 유아교육기관에서의 적응에 관한 연구. 영유아보육학회지, 30, 231-248.

채경란(2007). 가정통신문을 통한 가정과의 연계가 기본생활습관지도에 미치는 영향. 강남대학교 교육대학원 석사학위논문.

최인경(2003). 교사의 교직 전문성 인식과 직무 스트레스와의 관계. 서강대학교 교육대학원 석사학위논문.

충남교육청. 유치원평가 자체지표. www.cne.go.kr

탁미경(1996). 유아교사 자기 평가 척도의 개발에 관한 연구. 부산대학교 교육대학원 석사학위논문.

탐라교육원(2006). 2006 유치원 원감 자격연수 Ⅰ. 탐라교육원.

한국교육개발원(1999). 학교급별, 직급별, 취득자격별 교원 직무 수행 기준에 관한 연구.

한상원(2003). 초등교사의 근무 부담과 전문성에 대한 인식. 인천교육대학교 교육대학원 석사학위논문.

한상진(2001). 유아교사 포트폴리오 평가 모형 개발을 위한 기초연구: 교사의 교수 · 학습 과정에 대한 자기 평가를 중심으로. 부산대학교 대학원 석사학위논문.

한성희 · 임연진(2005). 교수 · 학습 방법 향상을 위한 영유아 교재 · 교구연구. 서울: 창지사.

현안상(1996). 중학교 초임교사의 직무 수행에 영향을 주는 준거 집단 연구. 한국교원대학교 대학원 석사학위논문.

홍계옥(2001). 어머니의 자기-지각, 양육행동 및 유아의 기질과 유아의 사회적 능력. 아동학회지, 22(2), 2-14.

황기우(1992). 교육문화의 생성과정 분석. 고려대학교 교육문제연구, 17, 213-228.

황순성(1989). 여교사의 자질 및 직무수행능력에 대한 여교사 자신과 준거 집단의 인지차에 관한 연구. 충남대학교 교육대학원 석사학위논문.

황해익 · 송연숙 · 정해영(2003). 유아행동관찰. 서울: 정민사.

Asher, S. R. (1983). Social competence and peer status; Recent advances and future directions. *Child Development, 54*, 1427-1434.

Carson, T. R. (1997). *Reflective practice and a reconceptualization of teacher education*. 허숙 · 유혜령 편(1997). 교육현상의 재개념화. 서울: 교육과학사.

Clark, P. G. (1994). Learning on Interdisciplinary Geron to Logical Teams. *Educational Gerontology, 20(4)*, 349-364.

Connelly, F. M., & Clandinin, D. J. (1988). *Teacher as curriculum planners: Narratives of experience*. New York: Teachers College Press.

DeMarie, D. (2001). *A trip to the zoo: children's words and photographs*. ED 452-997.

Dodge, K. A. (1983). Behavior antecedents of peer social status. *Child Development, 54*, 1386-1399.

Fields, M. V., & Fields, D. (1994). Constructive guidance and discipline for childhood education, 4th. 이희영 · 허승희 역(2006). 아동 생활지도: 구성주의적 접근. 서울: 21세기사.

Goldstein, L. (1997). *Teaching with love: A feminist approach to early childhood education*. 사랑으로 가르치기(2001). 염지숙 역. 서울: 창지사.

Grimmett, P. P., & Crehan, P. E. (1992). The nature of collegiality in teacher development: the case of clinical supervision. *Teacher development and educational change, 12(2)*, 56-85.

Gullo, D. F. (1997). Assessing student learning through the analysis of pupil products. In B. Spodek & O. N. Saracho (eds). *Issues in early childhood educational assessment and evaluation*. New York: Teachers College Press.

Hiderbrand, V. (1979). *Introduction to early childhood teacher education*. New York: Macmillian publishing Co. Inc.

Klein, H. A. (1982). The relationship between children's temperament and adjustment to kindergarten and Head Start Settings. *The Journal of Psychology, 112*, 259-268.

Matthews, K. (2002). Building a Community of Experience. *Young Children. 57(6)*, 86-89.

Putallaz, M. (1983). Predicting children's sociometric status from their behavior. *Child Development, 54*, 1417-1426.

Reiman, A. T. & Thies-Sprinthall, L. (1998). *Mentoring and Supervision for Teacher Development*. New York: Addison Wesley Longman, Inc.

Rubin, Z. (1980). 이영환 · 박성옥 역(1991). 아동의 친구관계. 서울: 양서원.

Woodlinger, M. G. (1990). A case study in the use of Guided reflection. *The Alberta Journal of Educational Research, 36(2)*, 115-132.

http://iyua.net/

http://tvpot.daum.net/encoder/PotEncoderSpec.do

http://www.ancamera.com/

http://www.edupre.co.kr/

http://www.microsoft.com/downloads

http://www.mypola.com/

저자소개

곽 현 주

중앙대학교 대학원 유아교육학과 유아교육 전공(문학박사)
현) 배화여자대학 유아교육과 교수

구 수 연

중앙대학교 대학원 유아교육학과 유아교육 전공(문학박사)
현) 군산대학교 아동가족학과 교수

박 성 희

중앙대학교 대학원 유아교육학과 박사과정 수료
현) 영진전문대 유아교육과 전임강사

서 동 미

중앙대학교 대학원 유아교육학과 유아교육 전공(문학박사)
현) 경동대학교 유아교육과 교수

서 혜 정

숙명여자대학교 아동복지학과 아동보육과 교육 전공(문학박사)
현) 제주한라대학 유아교육과 교수

손 혜 숙

중앙대학교 대학원 유아교육학과 유아교육 전공(문학박사)
현) 경인여자대학 유아교육과 교수

이 명 순

중앙대학교 대학원 유아교육학과 유아교육 전공(문학박사)
현) 청강문화산업대학 유아교육과 교수

이 혜 경

중앙대학교 대학원 유아교육학과 유아교육 전공(문학박사)
현) 아주대학교 교육대학원 교수

유치원 교사를 위한 교직실무

초판 1쇄 인쇄 2012년 8월 18일
초판 3쇄 발행 2014년 8월 26일

지은이_ 곽현주 · 구수연 · 박성희 · 서동미 · 서혜정 · 손혜숙 · 이명순 · 이혜경
펴낸이_ 황호철
펴낸곳_ 도서출판 파란마음

주소_ 140-845 서울시 용산구 백범로90라길 47 | 전화_ (02) 3275-2110~1 | 팩스_ (02) 3275-2199
홈페이지_ http://paranmaum.co.kr/

등 록_ 2006년 4월 24일 · 제302-2006-00024호

ISBN 978-89-92546-68-3 93370
값 16,000원